一本书读懂 数字化转型

陈雪频 —— 著

Executives' Guide to
**Digital
Transformation**

机械工业出版社
China Machine Press

图书在版编目（CIP）数据

一本书读懂数字化转型 / 陈雪频著 . —北京：机械工业出版社，2020.12（2023.1 重印）

ISBN 978-7-111-66926-5

I. 一… II. 陈… III. 企业管理 – 数字化 – 研究 IV. F272.7

中国版本图书馆 CIP 数据核字（2020）第 227374 号

数字化是这个时代最大的外部变量，也是很多企业必须面对的现实问题。但很多企业对数字化转型的理解过于片面，以为数字化转型就是"两微一抖"，它们或开个网店，或组织线上培训课，真正将数字化落地的企业少之又少。

本书旨在全面系统地介绍数字化转型的由来和本质，分析数字化对行业和企业影响的方方面面，解读部分数字化转型成功案例，以及推荐一些数字化转型的实用工具，以帮助企业决策者做到数字化转型的"取势、明道、优术"，真正帮助企业实现数字化转型落地。

一本书读懂数字化转型

出版发行：	机械工业出版社（北京市西城区百万庄大街 22 号　邮政编码：100037）
责任编辑：	刘新艳
责任校对：	殷　虹
印　　刷：	北京联兴盛业印刷股份有限公司
版　　次：	2023 年 1 月第 1 版第 10 次印刷
开　　本：	147mm×210mm　1/32
印　　张：	11.75
书　　号：	ISBN 978-7-111-66926-5
定　　价：	79.00 元

客服电话：（010）88361066　68326294

版权所有·侵权必究
封底无防伪标均为盗版

献给陈璟坤、陈璟灿兄弟
以及数字化时代的"后浪"们

赞　誉

有一个故事，说的是一个听力有障碍的人看见别人放鞭炮，惊讶地说："怎么好好的一个花纸卷，说散就散了？"对，不是因为我们观察不细致，而是因为我们缺少某些维度的感官，导致我们看不到这个世界更多的真相。数字化时代的到来，与此类似。感谢陈雪频老师对"数字化转型"所进行的全面的、结构化的思考。他的这本书增补了我们观察现实的一个重要维度。很荣幸，得到 App 的实践也被收入了本书中。

——罗振宇，得到 App 创始人

认识雪频多年，他一直从事企业管理的研究和实践，在我心中他是一个"知行合一"的人。他研究企业转型已超过 10 年，三年前蓝狮子出版了他的《重塑价值：中国企业转型路径》一书。在数字化浪潮的大背景下，雪频与时俱进，完成了该书的姊妹篇——《一本书读懂数字化转型》。这本书中有十几家企业数字化转型的案例，兼具理论和方法，对想要数字化转型的中国企业颇有借鉴价值，是一本值得一读的好书。

——吴晓波，著名财经作家

我们谈数字化，谈数字化转型，要回到事情的根本。如何持续提高效率，如何持续推动创新，才是企业经营者始终要思考的根本问题。传统企业数字化转型，只有紧扣效率提升和创新推动这两大目标，才不至于走偏。

此外，我们要辩证地看待数字化。对于互联网企业来说，生而数字化，当业务遇到天花板时，反而要思考怎么和实业相结合。只有传统企业才有数字化转型一说，这种转型要根植于自身固有的优势。

任何转型升级都是困难的，企业家本人能否做出改变，能否以空杯心态接纳新事物，十分关键。陈雪频先生的这本数字化转型新作，深入浅出、案例丰富，值得好好读。

——刘德，小米科技联合创始人、高级副总裁，
小米集团组织部部长

在数字经济时代，各个企业都面临着巨大的挑战和机遇。在新冠肺炎疫情的冲击下，数字技术和数字经济的强大韧劲和支撑作用更加凸显，进一步加速了全球经济社会的数字化进程。在新形势下，每一家企业都需要重新思考和科学认识数字化转型，运用数字化思维和解决方案构建新的组织与价值体系，实时洞察和

充分满足海量客户的多样化需求。《一本书读懂数字化转型》很好地阐述了企业数字化转型的思考逻辑、实施路径和最新实践，内容充实、可操作性强，可以帮助企业家和高管更好地理解与实现数字化转型和高质量发展。

——欧阳澄，阿里研究院资深专家、
阿里跨境电商研究中心主任

"数字化转型"不是一句口号，而是利用数字化工具优化企业经营和管理，重塑组织和协同。2020年的疫情"黑天鹅"加速了数字化转型，对于零售企业来说，提升效率是数字化转型的核心要义。名创优品的数字化路径是"明道"之后的"优术"，是基于数字化和大数据的智能选品、供应链协同、精准营销、千店千面……用数字引擎赋能业务和管理，降本增效。数字化大潮是不可逆的大趋势，只有管理者的认知和行动跟上变化甚至早于变化，才能让企业可持续发展，立于不败之地。通过多年对优秀企业数字化转型实践的观察，在本书中雪频从问题、认知到案例逐一剖析，给予了企业管理者"知行合一"的借鉴和启发。

——叶国富，名创优品联合创始人

当今世界正处于百年未有之大变局，以人工智能为核心驱动力的第四次工业革命风起云涌，人工智能正将人类社会带入智能时代。在我国，经济已由高速增长阶段转向高质量发展阶段，正处在新旧动能转换的关键时期。国家提出"新基建"，通过科技端基础设施建设，加快新兴科技突破和落地应用的速度，为企业广泛运用人工智能、云计算、大数据等技术加速数字化、智能化转型升级创造了契机。相信本书会给正在关注和思考如何进行数字化、智能化转型的读者带来很多启发。

——吴甜，百度集团副总裁、深度学习技术及应用国家工程实验室副主任

认识雪频老师很多年，其引导时代的思想和对企业深入的研究一直让我很敬佩。所以，我在得知其正在写一本关于企业数字化转型的书后很感慨，在多年的企业经营实践后，我深刻地体会到数字化转型对于企业的意义。雪频老师在正确的时间点，用通俗易懂的语言和案例，从"取势、明道、优术"三个方面系统地阐述了企业数字化转型之路。我推荐本书给那些对数字化转型感兴趣并且需要对其建立整体认知的人。雪频老师还承诺会在未来的版本中不断迭代相关知识、方法与案例，这是读者的福音，衷心感谢雪频老师的研究与付出！

——张蕴蓝，酷特智能总经理

2012年初夏，昆山沪光确定了"数字化战略"布局，在行业内率先启动并落实了智能制造的转型升级工作。回顾这些年积累的经验，我们清楚地认识到数字化是智能制造的基础，也是实现智能制造的必经之路。在数字化工厂建设方面，昆山沪光逐步开发实施了数字化管理、研发、制造、办公等多个平台，从而构建了昆山沪光集团化的大数据分析板块，初步实现了智能分析与决策。在不断深化开发各个系统的同时，昆山沪光实现了全过程的

数据贯通，旨在用数字化的理念，寻找一种可以复制的行业方法。愿好友雪频的这本《一本书读懂数字化转型》能够给大家在企业转型方面提供一些帮助和启发。

——成三荣，昆山沪光董事长

2020年是数字化转型元年，奥康也在积极转型。我认为，在数字化时代，领导者一定要"用数据说话"，利用数据做决策，建立起"数据收集—数据分析—数据应用"的系统工程，以此来指导战略、组织、管理和运营。我建议每个企业的CEO都读一读这本《一本书读懂数字化转型》，相信书中大量鲜活的案例以及可以落地的方法，会带给你启发。

——王振滔，奥康控股董事长

初识雪频是16年前，那时他在国内一线财经媒体从事企业管理报道，数字化是其中重要的方向，那时中国刚加入WTO不久，企业数字化也刚刚起步，雪频即敏锐地意识到数字化大潮已来袭，开始关注中国企业数字化的趋势。此后他在传媒、咨询和投资等领域的创新，始终未离开数字化的命题。如今，数字化已经是每个企业的生命线和必需品，数字化能力成为企业的核心竞争力。数字化的模式也发展到智能化、大数据、云等新方向。一切都在重新定义，雪频的这本《一本书读懂数字化转型》厚积薄发又适逢其时。它穿透历史，指向未来，道与术并存，理论和案例兼备，是数字化转型的指南。

——康健，爱库存副总裁、《福布斯》中文版前主编本书出版，恰逢多事之秋，对于很多人的工作和生活来说，数字化转型从锦上添花变成了雪中送炭，但本书绝非应景之作。雪频潜心研究数字化转型多年，身边聚集了一群学者和经营管理者，本人有幸身在其中，对他关注的领域有切身体会。面对数字化时代，无论是个人还是组织，只有两个选项：要么乘风破浪，要么被淹死。我估计不出本书可以救活多少人、多少组织，但我希望本书能把很多人"推下水"。我所理解的数字化精神，无非三个互为因果的创新：技术创新、商业模式创新、生活方式创新。正因为这三者之间的互动，世界才变得越来越美好。我祝愿大家在阅读本书的过程中迸发这三种创新的灵感。

——风里，《领导力语法》作者

没有哪个企业家不关注数字化转型，也没有哪个专家能说清数字化转型。这正是数字化转型本身的特点：重要性不言而喻，意味深远，触及企业和人的"基因"，没人有经验，不存在标准答案。数字化转型与生俱来就是在迭代中学习、进化。陈雪频的这本书从企业管理的多个方面探索了转型之路，具有很强的时效性；最难能可贵的是附有众多案例。相信这些探索会成为很多企业家转型路上的"他山之石"。

——林光明，《敏捷基因》作者

智能时代要求我们在理念和观念上建立新的认知，围绕人、价值和可持续发展建立新的能力体系以实现组织的转型。雪频在本书中呈现的18个精彩案例，不仅从多维角度审视了数字化转型遇到的问题和挑战，还体现了转型的可能性和意义所在。建议先读案例，再读正文。积跬步以至千里，数字化转型之路需要我们砥砺前行。

——于保平，复旦大学管理学院商业
知识发展与传播中心主任

数字化是企业面临的全新环境，这个全新环境的基础是互联网、大数据、人工智能以及 5G 技术。数字化经营的关键是适应与利用这个环境，实现更加高效与低成本地服务客户，并在这个过程中变革组织，实现敏捷经营，基业长青。雪频的这本《一本书读懂数字化转型》系统地阐释了组织规划数字化经营战略、推动组织文化变革的具体方法，相信它会给思考数字化转型的企业管理者以启发与指导。

——高松，华东理工大学教授、创课群落创始人、
《赋能团队》作者

借助不断发展的计算机软硬件技术，人类正快速进入用 0 和 1 标记信息的数字化时代，数字技术正全方位地影响人们的工作和生活。雪频的这本书基于当下数字化的时代背景，用大量鲜活的数字化场景案例生动地描绘了商业社会和职场中数字化发展的画卷。相信通过本书，研究者和实践者能更加系统地感受数字化时代的脉动，更理性地认识社会经济和管理领域数字化发展之道。

——郑兴山，上海交通大学安泰经济与管理学院教授、博士生导师

从IT时代跨入DT时代，许多企业面临数字化转型，这方面的书很多，但鲜有书像陈老师的这本书这样全面、深入地探讨从模式到战略、从产品到服务、从营销到渠道、从组织到人才、从文化到领导力的数字化转型方法，不仅有方法论，还有鲜活的案例。得益于作者深厚的产业、投资、咨询经验，本书视野开阔、高屋建瓴、洞察未来，全书娓娓道来，读来如沐春风，作者总结的转型七步法也很独到，这是一部不可多得的好书。

——叶阿次，外滩商学院院长

数字化是我们这个时代的地基，如果地基不牢固，企业的经营管理大厦就无法基业长青。雪频兄是一位与时代同步的管理学者，他选择了一个独特的视角谈数字化：通过大量中国企业数字化转型的案例，让企业家和管理层对数字化转型建立整体认知，让数字化瞬间变得可触摸。这是一本值得细读、深读、读了再读之书。

——邓斌，《华为管理之道》作者，华为原中国区规划咨询总监

本书作者陈雪频先生是国内较早关注传统企业数字化转型的专家，他有着深厚的管理咨询背景，同时还担任投资人的角色，他的视角既客观又充满实操性。他写的海尔转型案例就带有自身的经验和体会，比如他提到了小村资本对海尔洗衣的介入，而他就是小村资本的合伙人。这种实践视角是我们在看待当下传统企业数字化转型时非常缺少的。转型对于企业而言是生死问题，对于如何避免空谈，陈雪频先生为我们提供了一个好样本。

——郝亚洲，《海尔转型笔记》作者

数字化转型正在改变一切,谁也无法置身事外。对企业而言,数字化既是挑战又是机遇。成功实现数字化转型,既是企业核心竞争力的重要组成部分,也是检验企业家领导力的试金石。雪频长期关注、参与企业数字化转型,他的新书《一本书读懂数字化转型》全面、系统地解读了企业数字化转型的趋势、方法和路径,配以丰富鲜活的案例,旨在帮助企业家对数字化转型建立整体认知,可以作为一本帮助企业家推动企业数字化转型的指导工具书、实务操作指南,非常值得一读。

——罗新宇,上海国有资本运营研究院院长

在此次新冠肺炎疫情中,移动电商、在线教育、互联网医疗等顺势而上,得益于我国已经夯实了数字经济发展所必需的基础设施,比如云计算、移动支付和物流供应链。在危机中育新机、开新局,数字经济是众望所归的发力方向。雪频敏锐地意识到,在中国传统的经济格局中,服务业是一个被严重低估的领域,未来,推动中国服务业水平提升并进行数字化升级是必由之路,诚如斯言。

——刘功润,中欧陆家嘴国际金融研究院院长助理

集成电路、人工智能、大数据、物联网、云计算、5G……的大爆发使"一切皆可数字化,万物皆可互联化"。数字技术从最初的信息通信领域向人类生活各领域全面融合。ICT成为"新基建",数据成为重要的生产要素……社会的发展路径因数字化而被重新定义。面对正加速到来的崭新数字化社会和层出不穷的数字技术、

模式、场景……，政府、企业和个人该如何应对？如何抓住机遇？尤其是传统领域、传统产业，如何成功实施数字化转型？读完本书，你会豁然开朗！雪频兄用他丰富的经验和深邃的思考告诉你如何在数字化转型中"取势、明道、优术"。

——纪飞峰，中国经济体制改革研究会会员、莫干山研究院特约研究员

目 录

赞誉

序言：数字化正在重塑一切

第 1 章　**数字化时代已经到来**　/ 1

数字化对我们生活的影响　/ 2
数字技术和基础设施　/ 5
从工业革命的历史看待数字化　/ 12
数字经济与智能经济　/ 16
"新基建"与数字经济　/ 22
案例 1-1　人工智能助力新冠肺炎疫情防控　/ 26
本章核心观点　/ 32

第 2 章　**数字化转型势不可当**　/ 34

数字技术推动数字化转型　/ 34

数字技术对行业的影响 / 36

数字技术对企业的影响 / 39

数字化转型的现状和趋势 / 49

案例 2-1　阿里钉钉助力数字化转型 / 59

本章核心观点 / 64

第 3 章　数字化改变商业模式　/ 67

数字化如何改变商业模式 / 67

重塑商业模式的注意事宜 / 78

案例 3-1　拼多多创新商业模式 / 82

案例 3-2　名创优品重塑商业模式 / 90

本章核心观点 / 100

第 4 章　制定数字化转型战略　/ 103

数字化企业的五个核心理念 / 104

数字化转型需要的战略思维 / 106

敏捷、共创和迭代的数字化转型战略 / 110

用 BLM 制定数字化转型战略 / 112

案例 4-1　小米模式是如何演进的 / 117

案例 4-2　得到战略演进背后的长期主义 / 128

本章核心观点 / 133

第 5 章　数字化时代的产品和服务　/ 136

产品和服务正在融合 / 137

产品设计的产品思维 / 139

用设计思维开发产品 / 141

让产品像游戏一样有吸引力 / 144

让用户参与产品的设计 / 146

用行为标签替代身份标签 / 147

用"大中台、小前台"开发产品 / 149

案例 5-1　小米如何能持续推出爆品 / 152

案例 5-2　快手如何做短视频产品 / 158

案例 5-3　腾讯助力云南文旅的数字化转型 / 162

本章核心观点 / 168

第 6 章　数字化时代的营销和渠道　/ 171

新媒体对消费者的影响 / 172

新媒体对营销的影响 / 173

从零售行业的变迁看渠道之变 / 176

电子商务的各种新模式 / 178

数字化融合线上和线下 / 181

数字化营销的方法论 / 183

案例 6-1　支付宝助力服务业数字化转型 / 188

案例 6-2　腾讯智慧零售助力零售行业数字化 / 195

本章核心观点 / 200

第 7 章　数字化时代的领导力　/ 203

数字化转型需要领导力 / 204

数字化转型对领导力的新需求 / 207

清晰的使命、愿景和价值观 / 211

终身学习，提升自己的格局 / 214

知人善任、激励他人、达成目标 / 216

领导者必须具备创新能力 / 218

转型需要坚韧不拔的意志 / 222

利用私人董事会发展领导力 / 225

案例 7-1　如何让价值观真正落地 / 229

本章核心观点 / 234

第 8 章　数字化时代的组织和人才　/ 237

组织要顺应环境变化而转型 / 238

组织形态也要发生相应变化 / 240

组织和战略相互影响 / 244

组织和个人的关系在变化 / 248

让组织成为"人才联盟" / 251

通过"内部创业"推动组织转型 / 254

案例 8-1　腾讯的战略进化和组织变革 / 258

案例 8-2　海尔如何进行组织转型 / 265

本章核心观点 / 270

第 9 章　数字化时代的管理和企业文化　/ 273

从控制到赋能的转变 / 274

激活个体，激活组织 / 276

数字化时代的人才培养 / 278

从标杆学习到内生进化 / 282

考核：从 KPI 到 OKR 的转变 / 284

支持数字化转型的企业文化　/ 287

案例 9-1　字节跳动如何做到 5 万人在家协同办公　/ 290

案例 9-2　奈飞如何打造企业文化　/ 294

本章核心观点　/ 298

第 10 章　数字化转型如何落地　/ 301

企业变革八步法　/ 302

数字化转型七步法　/ 304

数字化转型中顾问如何创造价值　/ 314

案例 10-1　酷特智能如何实现数字化转型　/ 320

案例 10-2　昆山沪光如何打造智能工厂　/ 328

本章核心观点　/ 335

跋　不管是"前浪"还是"后浪",都要一直"浪"　/ 339

参考文献　/ 344

序言：数字化正在重塑一切

2020年元旦刚过，一场新冠肺炎疫情让我们所有人猝不及防。这是自1918年西班牙型流感以后最严重的全球性公共卫生危机，这场百年一遇的流行病改变了个人的生活方式，对企业和经济产生了重大影响，甚至对全球的政治格局产生了深远影响。

在所有变化之中，有一个趋势正在变得越来越明显，那就是数字化，它对企业和个人的影响越来越大。在新冠肺炎疫情防控期间，我们进入公共场所都会被要求出示"健康码"，只有当健康码是绿色时才能进入，而健康码就是数字化的社会管理工具。数字化比较深入的行业，比如电子商务、直播平台，这次不仅没有受到疫情的影响，反而迎来了一波快速发展，而那些依赖于人与人接触的服务业，这次则受到了非常大的冲击。

数字化并不是刚刚出现的新趋势，它是过去几十年技术创新的延续。从自动化到信息化，从互联网到人工智能，都是数字化不断演进的体现。这次疫情相当于给数字化按下了快进键，很多企业都在加速进行数字化转型。它们开始意识到：时间不多了，数字化不仅关乎效率高低，更关系到企业的生死——再不数字化，就会被淘汰！

每一次大灾难都会引爆行业大洗牌。2003年"非典"时期，很多传统零售企业都面临生死攸关的考验，但电子商务却在这一时期发展起来。当时淘宝和京东等电子商务网站刚刚成立，"非典"催化了电子商务行业的兴起。企业也是从那个时候开始使用数字化营销和电子商务平台的，这可以理解为企业在营销和渠道层面的数据化，也是最早的数字化。

这次新冠肺炎疫情为很多行业的全面数字化转型按下了快进键。和17年前"非典"时主要聚焦于营销和渠道领域不同，这次数字化转型的范围要大得多。除了营销和渠道需要数字化升级之外，整个公司的商业模式、产品和服务、组织和人才、经营和管理都面临数字化转型的问题，甚至整个公司的战略规划方式都会因为数字化而与以前完全不同。

和数字化转型相关的还有"新基建"。2018年12月的中央经济工作会议首次提出"新基建"的概念。"新基建"是"新型基础设施建设"的简称，包括5G基站建设、人工智能、工业互联网等板块。2020年3月，在中国抗疫的关键时期，中共中央政治局常务委员会召开会议提出，加快5G网络、数据中心等"新基建"的建设进度。据不完全统计，截至4月中旬已有13个省、自治区和直辖市发布了2020年"新基建"相关重点项目投资计划,其中8个省份公布了计划总投资额,共计33.83万亿元,远超2008年金融危机爆发后的4万亿元投资。这些都说明政府越来越重视数字化。

和数字化转型相关的还有产业互联网。从2016年开始,阿里巴巴、腾讯、百度这样的互联网巨头纷纷开始布局产业互联网。阿里巴巴提出了"五新战略"——新零售、新制造、新金融、新技术和新能源;腾讯创始人兼董事长马化腾认为,互联网的上半场是消费互联网,下半场则是产业互联网,也就是利用互联网等技术帮助产业转型;百度的李彦宏则力推智能经济。这些都是互联网巨头开始意识到产业互联网价值的体现。

数字化转型的趋势已经势不可当,企业需要重新思考和评估数字化转型。几年前,企业对数字化的理解还停留在技术、应用和营销层面,但现在的理解要深入和全面得多,因为它们意识到:数字化不仅影响了企业的营销和管理,而且影响了企业的外部环境,影响了组织与环境的关系、组织与战略的关系、组织与个人的关系,以及个人与个人的关系。因此,要真正完成数字化转型,必须是更加全面和系统的数字化。企业需要透过直播带货等热闹的表象,看到其背后的趋势和商业逻辑,只有这样才能获得长久的价值。

基于这样的需求,企业家和高管需要一本让他们能够全面解读企业数字化转型的书。但遗憾的是,我在看了几十本有关数字化转型的书后,发现这些书要么偏技术应用层面,主要是给技术人员看的;要么是从职能层面谈数字化,比如数字化营销、数字化组织，主要是给部门负责人看的。这些书本身也不错，但如果缺乏整体认识的话，就很容易导致"只见树木，不见森林"，对数字化的理解比较片面。

为了回应这样的需求，在这次疫情防控期间，我开始写这本数字化转型的书，为的是让企业家和管理层对数字化转型建立整体认知。2017年我出版了《重塑价值：中国企业转型路径》一书，这是一本指导企业转型的书，其中也涉及了数字化对企业的影响。本书在该书的基础上更加聚焦，集中探讨数字化对企业转型各方面的影响，而且引用了很多新的案例。可以说，本书相当于该书的姊妹篇，当然，这是一本全新的书。

为了方便大家理解，我把本书的整体结构分成三个部分：取势、明道、优术。其中，第1章的内容和"取势"有关，主要回答两个问题：①什么是数字化？②为什么要数字化转型？第2章的内容和"明道"有关，也主要回答两个问题：①数字化转型到底改变了什么？②数字化转型的本质是什么？第3～10章的内容和"优术"有关，我从企业转型的各个方面阐述了数字化转型，并用企业案例让读者有更直观的了解。

为了让本书好读，我尽可能做到深入浅出，除了讲理论之外，还讲了具体方法以及数字化转型案例。在企业案例方面，我尽可能选择中国企业的最新案例，其原因有两个方面：一方面，中国企业有大量成功的数字化转型案例，即便放在全球来看也并不逊色，我们不必"言必称希腊"；另一方面，这些案例都基于调研和采写而成，比那些基于二手素材的国外案例更有说服力，也更贴近中国企业的实际情况。

需要说明的是，虽然我把案例放在各章后面，但并不意味着这些案例只和所在章的主题相关，只是重点在这个领域，内容也和其他章有关。这样安排的好处是案例比较完整，缺点是可能不是那么严谨。我曾经想过把一个案例拆分在不同的章中，但后来考虑到本书是给管理者看的，阅读体验更重要一些，因此我还是把案例完整地放在了一起。

还需要说明的是，我使用了一些企业如何应对新冠肺炎疫情的案例，在我写作的时候，这些案例还是比较新鲜的，但当本书成书的时候，可能时效性就不是那么强了。我之所以还是坚持使用这些案例，是因为在疫情这样的极端状况下，数字技术的价值更加凸显，这些技术在疫情之后也依然用得上，并不会因为疫情结束就过时了。

管理是一门"知行合一"的学问。我深知要完成数字化转型，只有一本书是远远不够的，更重要的是数字化的实践。为了推动企业的数字化转型，我也和一群朋友用咨询、培训和投资的方式帮助企业进行数字化转型。当然，我也希望本书未来能不断迭代，我会不断更新其中数字化的知识、方法和案例，让本书保持开放性，这也是数字化的应有之义。

希望你能从本书中有所获益，也希望你能提出建设性意见，我会在未来的版本中把这些意见体现出来，让我们共创和迭代本书，让本书也变得"数字化"吧。

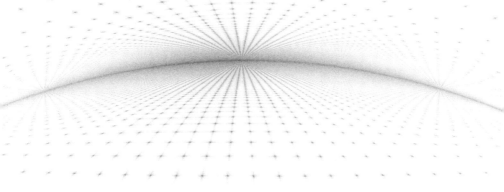

第 1 章

数字化时代已经到来

数字化正在改变我们的生活和工作。无论是在生活中还是在工作中,你都会接触到大量 App,其中有微信、QQ、淘宝、支付宝、百度、拼多多、抖音、快手这样的生活中的"国民级 App",也有钉钉、腾讯会议、飞书这样的偏企业层面的 App。如果问这个时代最大的技术变量是什么,我想非"数字化"莫属。

数字化不仅改变了我们个人的生活和工作,也对企业产生了深远的影响。最近几年,产业互联网成为热点,这意味着数字化对产业的深度渗透,企业只有不断数字化才能生存下来。2020 年初开始的新冠肺炎疫情更是按下了企业"数字化转型"的加速键,数字化已经不是锦上添花,而是事关企业生死:要么主动数字化,要么被淘汰出局。

基于数字化转型的重要性和紧迫性,我们需要更加全面和系统地理解数字化。在本书的第 1 章中,我想首先回答两个问题:

什么是数字化？为什么要数字化转型？

数字化对我们生活的影响

说到数字化，你能想到什么？从生活经验出发，你大概能想到这些：智能手机、移动互联网、即时通信、电子商务、数字化营销、在线教育、电子政务等。这些都是我们每天可以随时感知到的，它们正在深刻地影响我们的工作和生活。

智能手机在中国已经非常普及。2019 年，中国手机用户数量已经达到 10.8680 亿[一]。排除那些年纪太小的儿童和年纪太大的老年人，绝大多数中国人基本上"人手一机"，而且，大家使用手机的时间很长——平均每天使用手机 6.2 小时[二]，可以说，我们对手机的依赖程度已经非常高了。

使用智能手机必须有移动互联网。截至 2020 年 3 月，我国网民规模为 9.04 亿，互联网普及率达 64.5%[三]。在中国的广大农村及偏远地区已实现 4G 网络的覆盖，移动互联网比有线互联网更加普及。截至 2020 年 3 月，我国移动电话基站总数达 852.3 万个，同比增长 28.8%。其中，4G 基站总数为 551 万个，占比为 64.7%[四]。5G 基站也在快速建设。

和智能手机高度相关的是各种 App。2019 年，在全球月活用

[一] 艾瑞咨询报告。
[二] QuestMobile 报告
[三] 中国互联网络信息中心（CNNIC）第 45 次《中国互联网络发展状况统计报告》。
[四] 工信部发布的《2020 年一季度通信业经济运行情况》。

户排名前 10 的 App 中,有 6 个来自中国,分别是微信、抖音、支付宝、QQ、淘宝和百度。①截至 2019 年第三季度,微信月活账户达到 11.51 亿个,而且这一款 App 占到所有 App 用时的 30% 以上。即时通信、短视频、在线支付、电子商务、信息搜索和游戏成了使用频率最高的 App。

电子商务改变了很多人的购物习惯。一说到电子商务,大家很容易就会想到"双 11",这俨然已经成了全民欢庆的节日。2019 年 11 月 11 日,天猫 14 秒成交额破 10 亿元,1 分 36 秒成交额破 100 亿元,全天成交额达 2684 亿元。在"双 11"期间,全国快递行业邮递件业务量达 28 亿件,210 万名一线快递员平均每人每天要送 240 多件快递。截至 2020 年 3 月,我国网络购物用户规模达 7.10 亿,交易规模达 10.63 万亿元,同比增长 16.5%。②

电子商务的发展不仅体现为数量的快速增长,也体现为新模式的纷纷涌现,比如,拼多多和淘宝对农村市场的渗透,形成了一个广大的"下沉市场",人们不仅在淘宝和拼多多上消费,还借助淘宝和拼多多来卖货。在过去几年里,跨境电商、直播带货、工厂电商、社区零售等新模式蓬勃发展,也成了网络消费增长的新亮点。

视频 App 和游戏 App 也是很多人常用的。截至 2019 年 6 月,我国网络视频用户规模达 7.59 亿,较 2018 年底增长 3391 万,占网民整体的 88.8%。③除了数量的增长,各大视频平台进一步细分

---

① App Annie,《2020 年移动市场报告》。
② 中国互联网络信息中心第 45 次《中国互联网络发展状况统计报告》。
③ 中国互联网络信息中心第 44 次《中国互联网络发展状况统计报告》。

内容品类,并对其进行专业化生产和运营,行业的娱乐内容生态逐渐形成。除了电视剧、电影、综艺、动漫等核心产品外,视频平台还不断向游戏、电竞、音乐、文学、电商等新兴产品类型拓展,以 IP 为中心整合成了一个娱乐内容生态。

在线教育和直播这几年也快速发展,新冠肺炎疫情更是使在线教育爆发式增长。截至 2020 年 3 月,我国在线教育用户规模达 4.23 亿,较 2018 年底增长 110.2%,占网民整体的 46.8%。⊖ 2020 年初,全国大中小学推迟开学,2.65 亿名在校生转向线上课程。与此同时,视频会议室、直播录像室、多媒体教室等硬件设施不断完善,名校名师课堂下乡、家长课堂等形式逐渐普及,为乡村教育的发展提供了新的解决方案。

2020 年暴发的新冠肺炎疫情也让健康码变得非常流行,其背后则是电子政务的完善。早些年,办理一个证明可能需要跑很多地方,但现在下载一个电子政务的 App 就能处理大多数事情。截至 2020 年 3 月,我国在线政务服务用户规模达 6.94 亿,较 2018 年底增长 76.3%,占整体网民的 76.8%。⊜ 与此同时,国家及各地区政务服务平台提供疫情信息服务,协助推进精准防疫,这已经成为创新政府管理和优化政务服务的新渠道。在一体化在线政务服务平台建设方面,各级政府加快办事大厅线上线下融合发展,"一网通办""一站对外"等逐步实现,各级政府的服务模式也在不断创新。

上面是与人们的工作和生活息息相关的内容,这是数字化的全部吗?不是,这些都是大家能感知到的产品和服务。在这些产

⊖⊜ 中国互联网络信息中心第 45 次《中国互联网络发展状况统计报告》。

品和服务背后，还有各种各样的技术和基础设施。

数字技术和基础设施

数字化是信息化的升级。在信息化时代，人们把各种信息输入计算机，然后用计算机处理相关信息，比如，企业资源计划（ERP）、办公自动化（OA）、客户关系管理（CRM）、商业智能（BI）系统都属于信息化的范畴。但随着人工智能、云计算、大数据和智能终端的普及，数据能自动产生并被集中处理，这让我们对数据的利用程度大大提高，并改变了我们的生产和生活方式，这就是从信息化到数据化的转变。我们以前经常用到"信息技术"（IT）这个词，如今该词正在被"数字技术"（DT）替代。

从信息化到数字化，其背后是三种底层技术（各种智能终端、中央信息处理功能以及互联网）的广泛应用和升级改造。

首先是智能终端的广泛使用，智能终端包括手机、可穿戴设备、传感器和应用程序。这些设备可以自动产生和传输信息，比如，当我们用手机定位系统时，手机会自动向系统发送我们的位置信息；当我们使用支付软件时，手机会自动向系统提供我们的信用信息；当我们使用社交媒体时，我们也在不断生产信息。个体不只是信息的消费者，也是信息的生产者，而且生产的方式越来越自动化，这样就可以产生海量信息，为大数据提供基础。

其次是中央信息处理功能的升级，主要体现为人工智能、大数据和云计算的广泛应用。在信息时代，数据处理是由一台计算机完成的，但互联网可以把计算能力集中在一起，通过网络向每个终端输出计算能力。这个变化很像第二次工业革命中电力的演进，在第二次工业革命早期，很多工厂都有自己的发电站，但后来发现这样不经济，于是发电厂开始集中化，并通过庞大的网络来供电，这样，每个工厂和家庭只要接入电网就可以获得电力。现在的网络也出现这种趋势，那就是计算能力的集中化，中央计算处理系统越来越复杂，引入诸如人工智能、大数据和云计算等，终端只需要具备简单的处理和展示功能。

最后是互联网的升级。从有线互联网到无线互联网，我们摆脱了物理空间的限制，可以随时随地接入网络。从3G到4G再到5G，网速变得越来越快，同时接入的设备也越来越多，响应时滞越来越短，智能驾驶、物联网变得越来越成熟和普及。

为了方便大家理解，我们可以把各种智能终端比喻成人的肢体，把各种中央信息处理功能比喻成人的大脑，而把互联网比喻成人的神经系统。这三种数字化底层技术的升级往往是相互影响的，成为我们这个时代最大的技术变量。

接下来我会对这些与数字化相关的技术进行逐一解释。由于同一个词的定义比较多元，为了统一，我主要采用"科普中国"中的素材，这是百度和中国科协的合作平台。

1. 人工智能

人工智能（artificial intelligence，AI）专家、美国斯坦福大学教授N.J.尼尔逊教授认为："人工智能是关于知识的学科——怎样表示知识以及怎样获得知识并使用知识的科学。"另一位人工智能专家、美国麻省理工学院教授帕特里克·温斯顿认为:"人工智能是研究如何使计算机去做过去只有人才能做的智能工作。"

综合两位教授的看法,人工智能是研究人类智能活动的规律,构造具有一定智能的人工系统,研究如何让计算机去完成以往需要人类的智力才能胜任的工作,也就是研究如何应用计算机的软硬件来模拟人类某些智能行为的基本理论、方法和技术。总的说来,研究人工智能的一个主要目标是使机器能够胜任一些通常需要人类智能才能完成的复杂工作。

人工智能是一门跨学科的科学,它由不同的领域组成,如机器学习、计算机视觉等科学和技术,还涉及心理学和哲学等人文学科。该领域的研究包括机器人、语言识别、图像识别、自然语言处理和专家系统等。未来人工智能带来的科技产品,可以对人的意识、思维的信息过程进行模拟。人工智能不是人的智能,但能像人那样思考,也可能超过人的智能。

2. 云计算

云计算(cloud computing)的发展分为两个阶段。在发展早期,云计算是一种分布式计算,是指通过网络"云"将巨大的数据计算处理程序分解成无数个小程序,然后用由多台服务器组成的系统处理和分析这些小程序,得到结果并返馈给用户。这项技术可以在很短的时间内(几秒钟)完成对数以万计的数据的处理,从而提供强大的网络服务。如今,云服务已经不仅是一种分布式计算,还是分布式计算、效用计算、负载均衡、并行计算、网络存储、热备份冗余和虚拟化等计算机技术混合演进并跃升的结果。

从广义上说，云计算是与信息技术、软件、互联网相关的一种服务。所谓的云计算，就是把各种计算资源集合起来，通过软件实现自动化管理，只需要很少的人参与，就能让资源被快速提供。也就是说，计算能力作为一种商品，可以在互联网上流通，就像水、电、煤气一样，可以方便地取用，且价格较为低廉。

云计算不是一种全新的网络技术，而是一种全新的网络应用概念。云计算的核心概念是，以互联网为中心，在网站上提供快速且安全的云计算服务与数据存储，让每个使用互联网的人都可以使用网络上的庞大计算资源与数据中心。云计算是继互联网、计算机后在信息时代的一种新的革新，云计算是信息时代的一次大飞跃，未来可能是云计算的时代。

3. 大数据

大数据（big data）本是一个 IT 行业术语，是指无法在一定时间范围内用常规软件工具捕捉、管理和处理的数据集合，是需要新处理模式才能具有更强的决策力、洞察力和流程优化能力的海量、高增长率和多样化的信息资产。

麦肯锡全球研究院（MGI）给出的定义是：一种规模大到在获取、存储、管理和分析方面大大超出了传统数据库软件工具能力范围的数据集合，具有海量的数据规模、快速的数据流转、多样的数据类型和价值密度低四大特征。

大数据技术的战略意义不在于掌握大量的数据信息，而在于对这些具有意义的数据进行专业化处理。换而言之，如果把大数据比作一个产业，那么这个产业实现盈利的关键在于提高对数据的"加工能力"，通过"加工"实现数据的"增值"。

从技术上看，大数据与云计算就像一枚硬币的正反面一样密不可分。大数据必然无法用单台计算机进行处理，必须采用分布式架构。大数据的特色在于对海量数据进行分布式数据挖掘，但是，它必须依托云计算的分布式处理、分布式数据库和云存储、虚拟化技术。

4. 5G

5G 的中文全称是"第五代移动通信技术"，是 4G（LTE-A、WiMax）、3G（UMTS、LTE）和 2G（GSM）的延伸。和 4G 等前几代移动通信技术相比，5G 在以下几个方面有了突破性进步。

（1）传输更快：峰值速率达到 Gbit/s 的标准，在连续广域覆盖和高移动性下，用户体验速率达到 100Mbit/s，可满足高清视频、虚拟现实等的大数据量传输。

（2）时滞更短：空中接口时延水平在 1ms 左右，可满足自动驾驶、远程医疗等的实时应用。

（3）容量更大：超大网络容量，连接数密度大幅度提高，具有千亿台设备的连接能力，可满足物联网通信。

（4）系统的协同化、智能化水平提升：表现为多用户、多点、多天线、多摄取的协同组网，以及网络间灵活的自动调整。

5G 技术的主要应用场域如下。

（1）车联网与自动驾驶：由于汽车处于高速驾驶状态，因此自动驾驶对通信时滞要求很高，5G 技术很好地解决了这个问题，自动驾驶时代逐步到来。

（2）外科手术：5G 技术的延时只有 1ms，基本同步，而且下载速度高达 50G/s，确保了大量影像资料可以被及时传输，从而可以进行远程手术。

（3）VR 游戏：以前的 VR 技术受限于带宽不够，导致 VR 游戏的画面不是很清晰，会使用户感觉眩晕，5G 技术可以让用户的体验更好。

（4）物联网：物联网并不是一个新概念，但在很长时间里一直受到单位面积接入单元的限制，没有被很好地应用起来，5G 技术解决了这个问题，物联网迎来快速发展的时期。

5. 工业互联网

工业互联网（industrial internet）的概念最早由通用电气于 2012 年提出，随后美国的五家行业龙头企业联手组建了工业互联网联盟（IIC），将这一概念大力推广开来。除了通用电气这样的制造业巨头，加入该联盟的还有 IBM、思科、英特尔和 AT&T 等 IT 企业。

工业互联网的本质和核心是通过工业互联网平台，把设备、生产线、工厂、供应商、产品和客户紧密地联结融合起来。它可以帮助制造业拉长产业链，形成跨设备、跨系统、跨厂区、跨地区的互联互通，从而提高效率，推动整个制造服务体系智能化；还有利于推动制造业融通发展，实现制造业和服务业之间的跨越发展，使工业经济的各种要素资源能够高效共享。

6. 物联网

物联网（internet of things，IoT）即"万物相连的互联网"，

是在互联网的基础上延伸和扩展的网络,是将各种信息传感设备与互联网结合起来形成的一个巨大网络,实现了在任何时间、任何地点,人、机、物的互联互通。物联网通过射频识别、红外感应器、全球定位系统、激光扫描器等信息传感设备,按约定的协议,把任何物品与互联网相连接,进行信息交换和通信,以实现对物品的智能化识别、定位、跟踪、监控和管理。

物联网是新一代 IT 的重要组成部分,IT 行业又称其为"泛互联",意指物物相连,万物万联。由此,"物联网就是物物相连的互联网"。这有两层意思:第一,物联网的核心和基础仍然是互联网,是在互联网的基础上延伸和扩展出的网络;第二,其用户端可以延展到任何物品,物品之间可以进行信息交换和通信。

7. 区块链

区块链(blockchain)本质上是一个去中心化的数据库,同时它作为比特币的底层技术,是一串使用密码学方法相关联产生的数据块,每个数据块中都包含了一批次比特币网络交易的信息,用于验证其信息的有效性(防伪)和生成下一个区块。区块链是分布式数据存储、点对点传输、共识机制、加密算法等计算机技术的新型应用模式。

从科技层面来看,区块链涉及数学、密码学、互联网和计算机编程等很多科学技术。从应用角度来看,简单来说,区块链是一个分布式的共享账本和数据库,具有去中心化、不可篡改、全程留痕、可以追溯、集体维护、公开透明等特点。这些特点保证了区块链的"诚实"与"透明",为区块链获得信任奠定了基础。

区块链丰富的应用场景,基本上基于区块链能够解决信息不对称问题,实现了多个主体之间的协作信任与一致行动。

区块链有以下几个特点。

(1)去中心化。区块链技术不依赖额外的第三方管理机构或硬件设施,没有中心管制,除了自成一体的区块链本身,通过分布式核算和存储,各个节点实现了信息自我验证、传递和管理。去中心化是区块链最突出、最本质的特征。

(2)开放性。区块链技术基础是开源的,除了交易各方的私有信息被加密外,区块链的数据对所有人开放,任何人都可以通过公开的接口查询区块链数据和开发相关应用,因此整个系统信息高度透明。

(3)独立性。基于协商一致的规范和协议(类似于比特币采用的哈希算法等各种数学算法),整个区块链系统不依赖额外的第三方,所有节点都能够在系统内自动安全地验证、交换数据,不需要任何人为干预。

(4)安全性。只要不能掌控全部数据节点的51%,就无法肆意操控修改网络数据,这使区块链本身变得相对安全,避免了主观人为的数据变更。

(5)匿名性。除非法律规范有要求,否则单从技术上讲,各区块节点的身份信息不需要公开或验证,信息传递可以匿名进行。

从工业革命的历史看待数字化

要理解数字化的必要性,探究数字化的本质,需要有历史的纵深感。回顾工业革命的发展历史有助于我们理解数字化的本质，获得对数字化的洞见。

从18世纪60年代开始，人类社会历经四次工业革命，现在正处于第四次工业革命的进程之中。每一次工业革命都诞生了许多技术，但如果选择其中最具代表性的技术，则分别是蒸汽机、发电机、计算机和互联网。与这四种技术相对应的四个关键词分别是机械化、电气化、信息化和数字化，这四个词高度概括了工业革命的演进历程。

第一次工业革命：机械化

第一次工业革命开始于18世纪60年代，标志性事件是织布工哈格里夫斯发明了"珍妮纺织机"，从此棉纺织业中出现了螺机、水力织布机等先进机器。不久以后，采煤、冶金等许多工业部门也陆续出现机器生产。随着机器生产越来越多，原有的动力（如畜力、水力和风力）等已经无法满足需要。1785年，瓦特制成的改良型蒸汽机投入使用，它提供了更加便利的动力，推动了机器的普及和发展，人类社会由此进入了"蒸汽时代"。蒸汽机的广泛应用意味着生产不再依赖于水力和畜力，大机器生产开始取代工场手工业。大机器生产促进了工厂和城市的兴盛，生产力开始了第一次大爆发。

第一次工业革命催生了一批新行业，比如铁路、钢铁、机器、轮船等。当时的很多企业后来大多消失在时间的长河，但还有一小部分存活下来，比如杜邦公司、后来合并成蒂森克虏伯公司的蒂森公司和克虏伯公司。

第二次工业革命：电气化

1866年，德国人西门子研制出发电机，随后电灯、电车、电影放映机相继问世，人类进入了"电气时代"。19世纪七八十年代，以煤气和汽油为燃料的内燃机相继诞生，解决了交通工具的发动机问题，让汽车、轮船和飞机得到了迅速发展，并推动了石油开采业的发展和石油化工工业的产生。19世纪70年代，美国人贝尔发明了电话，90年代，意大利人马可尼发明了无线电报，为迅速传递信息提供了可能。发电机、电灯、电车、内燃机、电话和电报等技术的发明，推动了第二次工业革命的诞生。

第二次工业革命催生了一批新行业，比如电力、通信、化学、石油和汽车等，这些新行业都要求实行大规模的集中生产，这也让生产和资本变得更加集中，少数采用新技术的企业挤垮了大量技术落后的企业，并催生了诸如卡特尔、辛迪加和托拉斯这样的垄断组织，企业的规模越来越大，生产效率越来越高。当时诞生了许多现在依然活跃的跨国公司，包括德国的西门子、奔驰公司，美国的通用电气、通用汽车、埃克森美孚、朗讯公司。

第三次工业革命：信息化

20世纪40年代，第三次工业革命开始，其代表技术是电子计算机、原子能、航天、人工合成材料、分子生物学等。

第三次工业革命让生产效率的提升从以前主要依靠提高劳动强度，变成通过生产技术的不断进步、劳动者的素质和技能不断提高。这也使经济、管理、生活等发生重大变化，人类的衣、食、住、行、用也在发生重大变革。

在这些技术中，对人类社会影响最大的是计算机的发明和应用，它推动了生产自动化、管理现代化、科技手段现代化和国防技术现代化，也推动了情报信息的自动化。

第三次工业革命也催生了一大批新行业，比如计算机、新材料、生物制药、航空航天、原子能等，现代服务业也是从这个时代开始兴起的，经济全球化和全球产业分工成为趋势。第三次工业革命期间诞生了一大批现在依然活跃的公司，比如苹果、微软等。

第四次工业革命：数字化

现在，我们正处于第四次工业革命。第四次工业革命是第三次工业革命的延续，相当于第三次工业革命的升级版，其标志性事件是万维网的诞生。1990年，蒂姆·伯纳斯·李第一次成功通过互联网（Internet）实现了HTTP代理与服务器的通信，这意味着万维网的诞生。万维网让互联网开始走向商用并成为一个产业，让人从信息化时代走向数字化时代。

第四次工业革命催生了很多新兴行业，比如互联网、人工智能等，也催生了很多公司，包括现在十分活跃的亚马逊、谷歌、Facebook、阿里巴巴、腾讯、百度、小米等，一些传统企业也在通过转型涉足这些行业，比如IBM、苹果、微软、华为等。

技术革命背后的本质是什么

回顾这四次工业革命的发展历程，你能发现什么共同点吗？

吴军在《全球科技通史》中提供了一个很好的解释科技进步的模型。他从能量和信息两个维度来看待技术的发展。从这四次工业革命来看，第一次和第二次工业革命的重心是对能量的充分利用，第三次和第四次工业革命的重心是对信息的充分利用。当综合运用信息和能量的时候，人类改造世界的能力大大增强，这就是我们审视这四次工业革命的思维框架。

我们以人类最古老的通信行业为例来说明，自从有了人类文明，就有了通信的需求。这个行业先后以这样的"面目"出现：烽火、驿站、电报、电话、模拟手机、智能手机、智能设备。技术变化很大，但其实背后改变的只是两样东西：第一是通信的效能，从单字节信息到多字节信息，从文字到语音，从语音到视频，内容越来越丰富；第二是通信的效率，它让人和人之间联系的速度越来越快，而且成本越来越低，以前是"烽火连三月，家书抵万金"，现在则可以随时随地和地球另一端的朋友取得联系。

每一次工业革命都催生了一批新的行业和企业，也摧毁了一批传统行业，并对其他行业产生革命性影响。100多年前，发电机的发明对人们的生活和生产产生了很大的影响，另外，企业也面临是否接入电网的问题，因为如果不能接入电网，企业将失去竞争力。在互联网时代，企业同样面临是否接入互联网的问题，因为不接入互联网，不实现数字化转型，企业将面临淘汰。

数字经济与智能经济

正如邓小平说的那样，"科学技术是第一生产力"，每一次技术变革都会对经济发展产生颠覆性影响。同样的道理，数字技术的发展催生了"数字经济"。

什么是数字经济呢？《二十国集团数字经济发展与合作倡议》对数字经济有这样的定义："数字经济是指以数字化的知识和信息为关键生产要素、以现代信息网络为重要载体、以信息通信技术的有效使用为效率提升和经济结构优化的重要推动力的一系列经济活动。"

数字经济的发展经历了四个阶段，每个阶段都有其代表性技术：第一个阶段是20世纪70年代PC的发明和普及；第二个阶段是20世纪90年代基于PC的有线互联网的普及；第三个阶段是21世纪10年代基于手机的移动互联网的普及；现在则是物联网和人工智能普及的第四个阶段。

第一个阶段是计算机尤其是PC的发明和普及，是数字经济的第一次创新周期，这一周期造就了计算机行业的巨头，比如美国的IBM、惠普等。随着PC行业的衰落，这些公司也都经历了衰落和转型；有些公司通过成功转型重新焕发了生机，比如IBM、微软和苹果；有些公司未能成功转型相对没落，比如戴尔和惠普；还有一些公司破产或者被并购了，比如王安和康柏。

第二个阶段是基于PC的有线互联网的普及，是数字经济的第二次重要创新周期，这一周期造就了我们今天所见的大多数巨型互联网公司，比如美国的FANG［Facebook、亚马逊（Amazon）、奈飞（Netflix）和谷歌（Google）］，以及中国的BAT（百度、阿里巴巴和腾讯）。这些现在依然活跃的公司都经历过多次转型，也有一些公司因为没能成功转型而由盛转衰，比如雅虎和搜狐等。

第三个阶段是基于手机的移动互联网的普及，这是数字经济的第三次创新周期。这一周期使移动终端与针对个人的应用和服务公司兴起，比如苹果、三星、华为、小米、OPPO等智能手机公司的崛起，字节跳动、美团及滴滴等针对个人的应用和服务公司的出现。有些在PC互联网时代表现一般的公司（比如微软）也借云计算重返巅峰，但更多公司没能保持这种优势，比如摩托罗拉和诺基亚，以及一些PC互联网时代的门户网站。

第四个阶段是物联网和人工智能的普及，这是数字经济的第四次创新周期。这一周期的主要代表是以物联网和人工智能为核心的智能化，它将成为在未来相当长的时间里，全球经济中最活跃、最具创新力的部分。这次创新不仅会催生一批新的明星公司，而且会使类似苹果和微软这样的公司实现转型崛起，还会大幅改变传统行业，促进传统行业的数字化转型。在产业和整个经济层面，物联网和人工智能推动的智能化可能会带来更多的改变，一个国家和地区的智能经济发展水平，将成为决定其全球竞争力的重要变量之一。

百度董事长兼CEO李彦宏把第四个阶段的数字经济称为智能经济，并认为它会在三个层次带来实质性的经济和产业结构影响。

首先是智能交互层次，对应的是各种终端设备和应用服务，其商业模式主要是2C。移动互联网时代对应的是智能手机和各种App，但人工智能和物联网会超越智能手机的范围，比如智能音箱、各种可穿戴设备、传感装置和机器人等，这必将导致整个行业重新洗牌。未来围绕着5G终端、智能音箱、智能硬件等新的终端领域的竞争会异常激烈，能顺应趋势的公司会快速崛起，不能顺应趋势的公司会逐渐衰落甚至消失。

其次是基础设施层次，对应的是 5G 网络、云计算、大数据、人工智能等，这些基础设施最终都会通过云服务的模式对外开放共享，其商业模式主要是 2B。该层次的创新不如智能交互层次那样明显，但影响深远，比如谷歌这样的消费互联网公司一直在基础设施领域投资，亚马逊和微软则通过云服务享受了价值转移的红利。

最后是产业智能化层次，对应的是交通、医疗、城市、教育等具体行业的智能化，以及在智能化基础之上，这些行业之间的相互影响，其商业模式可能是垂直整合的，既有 2B 的成分，也有 2C 的成分。PC 互联网和移动互联网对行业的改造主要集中在信息、零售、旅游、酒店、本地生活服务与金融等个人信息驱动的行业，但物联网和人工智能驱动的智能经济不但包括人的信息，还包括物的信息，比如无人驾驶就集合了人和物的信息，带来了很多创新机会。

智能经济的这三个层次会互相影响。智能交互层次的创新会给基础设施层次贡献通用的能力，比如搜索引擎本身是一种消费端的应用，但它也是人工智能的第一个重要应用场景，它背后依托的就是人工智能等核心技术。同时，智能交互层次还会产生大量数据，这些又是人工智能的生产资料。类似无人驾驶这样的产业智能化，也会产生大量可以用于其他行业的通用技术，这些技术最终会成为基础设施的一部分，以云服务的方式提供给所有行业。

除了生产力的重构，智能经济还在重构生产关系。如果说互联网对经济的改变主要在信息流、资金流和物流的匹配效率上，那么人工智能和物联网带来的改变不仅是这些环节效率的大幅提升，还有组织模式的重大变化。它将使人类向解放自己的双手甚至是部分脑力迈出巨大一步，这将改变人类的生存、生活方式和价值观，并对社会的方方面面产生深远影响，而这些又会反过来形塑经济形态并成为新的竞争力来源。

人工智能正渗透到各个不同的行业，无论是零售、交通、医疗、教育还是制造业，都在快速地实现智能化，并产生了新的商业模式，改变了我们的工作和生活。

人工智能对人们工作和生活的影响会经历三个阶段，用禅宗的话来说就是三重境界："看山是山，看水是水""看山不是山，看水不是水""看山还是山，看水还是水"。

什么叫"看山是山，看水是水"呢？比如，在三五年前，我们就看到火锅店用机器人提供服务，有的面馆用机器来做刀削面。又如，最近两年一些银行引入人形机器人作为大堂经理，在人们排队的时候给大家讲笑话，这些机器代替人的尝试其实跟人工智能没有关系。认为"人工智能就应该长得像人"其实是一种误解，这不是真正的新业态，山是山，水是水，技术是技术，产业是产业，没有真正地融合起来。

如果企业仅仅将人工智能看成移动互联网的一次改良式创新，那么就无法清零自己，不能对这一机会的颠覆性有一个全面的认识，也就无法针对新的应用场景和技术可能构建全新的商业模式。这样一来，过去就将成为阻碍你通往更广阔未来的瓶颈。

现在人工智能开始进入"看山不是山,看水不是水"的状态。也就是说,人工智能不是看上去像人,而是像人一样思考,这需要对企业的业务逻辑有深入思考。

比如,2019年7月,百度和浦发银行联合推出了金融领域的首个"数字人"员工,借助自然语言理解、知识图谱、深度学习等技术,数字人能够自我更新金融知识,深刻理解客户需求,能够为普通客户提供VIP式的一对一服务。这项技术未来可以应用于任何行业和企业,它们可以应用这项技术定制自己的"数字人",实现一"人"服务千万人。

如今的人工智能技术已经可以实现仅仅听一个人说20句话,就能合成这个人的声音;根据一个人20岁时的照片就可以知道他40岁长什么样,60岁长什么样,80岁长什么样。基本上一个人的一言一行、一举一动及其思维方式都可以用机器计算出来。所以,我们今天的人将来把这些思想存储下来,就可以跟几百年之后的人进行沟通对话。

下一步的人工智能将会上升到更高一层的境界,那就是"看山还是山,看水还是水"。当人工智能渗透到越来越多的产业,打通越来越多的行业时,技术就会化有形为无形,回归到产业的本质:智能交通的本质还是交通,AI教育的本质还是教育,技术不过是让这些产业变得更加高效而已。这也是产业智能化的生命力,源于与实体经济紧密结合,让技术提升品质之心,让AI复活工匠之魂,做出更好的产品,提供更佳的服务,创造更大的价值。

2018年中国数字经济规模达到31.3万亿元,保持着全球第二大数字经济体的地位,名义增长20.9%,占GDP比重为34.8%。

麦肯锡按照数字化程度把产业分为五个集群：㊀

（1）信息与通信技术（ICT）、媒体、金融和保险。

（2）面向消费者的行业：娱乐休闲、零售贸易。

（3）政府相关行业：公用事业、医疗保健、政府政务、教育。

（4）资本密集型行业：高端制造、油气、基础产品制造、化工和制药。

（5）本地化和碎片化行业：农业与狩猎、个人与本地服务、酒店服务、建筑。

"新基建"与数字经济

2018年12月，中央经济工作会议首次提出了"新基建"的概念。所谓"新基建"，就是"新型基础设施建设"的简称，包括5G基站建设、特高压、城际高速铁路和城际轨道交通、新能源汽车充电桩、大数据中心、人工智能、工业互联网七大"新基建"板块。在这七大"新基建"板块中，与数字化直接相关的有四项，分别是5G基站建设、大数据中心、人工智能、工业互联网。

"新基建"是相对于"老基建"而言的，我们一说到"老基建"，就会想到"铁公机"，也就是铁路、公路、机场。"新基建"中除了四项与数字化直接相关的，另外三项分别是特高压、城际高速铁路和城际轨道交通、新能源汽车充电桩，分别与电网、高铁和新能源汽车有关。随着5G、人工智能、大数据、区块链、IPv6等核心技术领域的快速发展，其深度融合形成的产业互联网

㊀ 麦肯锡，数字时代的中国：打造具有全球竞争力的新经济。

将成为推动数字经济发展的新动能。

首先,5G商业化的全面启动将有力推动科技产业创新升级。截至2019年12月,中国已经建成5G基站超13万个,5G产业链推动人工智能与物联网融合向智联网发展。

其次,人工智能技术在我国实现快速发展,2019年中国的人工智能企业数量超4000家,位列全球第二,在智能制造和车联网等应用领域优势明显。

最后,在政府与企业的共同推动下,中国的区块链发明专利数量实现连续两年(2018年和2019年)位居全球第一,区块链技术已经在很多传统产业的数字化转型升级过程中发挥作用。

阿里巴巴董事会主席兼CEO张勇认为,随着数字技术的普及运用,人们愈发感受到托举产业数字化、数字产业化的新型基础设施的重要性。"新基建"作为新兴产业,一端连接着巨大的投资与需求,另一端连接着不断升级的消费市场,必将成为未来中国经济社会繁荣发展的重要支撑。数字基建将为提升中小企业竞争力、消费驱动经济增长、创造更多就业机会等方面提供坚实支撑。同时,数字基建还将成为各地政府提升现代化治理能力的有力抓手。⊖

如果说工业经济活动主要建立在以铁路、公路、机场等为代表的传统基础设施建设上,那么数字经济则主要建立在5G网络、大数据中心、人工智能、工业互联网、物联网等基础设施之上。加快"新基建"的进度,不是简单地加快基础设施建设,而是与产业化应用协调推进,既能增强基建稳增长的传统属性,又可以

⊖ 人民日报,新型基础设施建设拓展创新发展空间。

助推创新和拓展新消费、新制造、新服务。因而，国家对"新基建"的投资既是国家通过投资促发展，也是企业面向未来谋布局。

数字基建是"新基建"的重要组成部分，推进数字基建，不仅可以帮助中小企业利用数字工具提高市场响应能力，而且有助于金融机构快速分析和评价授信企业，及时化解中小企业融资难问题。比如，越来越多的人习惯了线上消费，这促使更多传统企业转向线上寻找新机遇。推进数字基建，可让数字化进一步深入各类消费场景。对高校毕业生来说，他们也将在数字基建中获得并创造新就业机会。只有夯实数字化基础，完善智能化发展生态，企业才能更好地发挥创新主体的作用，助力我国经济培育新增长点，形成新动能。

百度公司董事长兼CEO李彦宏认为，新冠肺炎疫情对经济发展造成了冲击，但也加速了新型基础设施建设。这不仅能在中短期内创造大量投资机会、提升发展动能，而且能加速智能经济的落地和智能社会的到来，提升人类应对类似不确定性风险的能力。同时，"新基建"还会降低创业的门槛，提升创新的速度，助推生产效率变得更高更有弹性，给人们带来更加丰富的生活。⊖

现在，全球正迎来新一轮的创新红利期，以人工智能为核心驱动的智能经济，将成为经济发展新引擎之一。在新的红利期，人工智能将从人机交互、基础设施、行业应用三个层面对社会、经济和生活产生广泛而深远的影响。这些将重塑人类的经济结构和生产关系，使人类进入更具创造力、生命力的时代。

中国无疑是最有能力抓住这轮机会的国家之一，因为我们对

⊖ 人民日报，"新基建"加速智能经济到来。

技术有长期而持续的重视和投资。2019年,我国研发投入达2.2万亿元,超过经济合作与发展组织(OECD)国家的平均水平,位居全球第二;截至2019年10月,我国人工智能专利申请量累计已达44万余件,全球排名第一。同时,我国政府高度重视技术发展,积极创造良好的创新激励空间,进一步引导市场主体向更先进的生产力聚集。中国还拥有全球最大规模的制造业和应用市场、最多的研发人员,这些都将为人工智能发展创造更多更好的应用场景,加速中国制造升级,实现新旧动能转换。

案例导语 数字化的趋势由来已久，2020年暴发的新冠肺炎疫情让数字化对工作和生活的影响变得更加真切。可以说，数字技术在此次抗疫过程中发挥了重要的积极作用，具体应用包括信息披露、辟谣专区、健康码、电子商务等，百度、腾讯和阿里巴巴都做出了重大贡献。

为了更直观地理解数字技术对人们工作和生活的影响，我特意选择百度的人工智能技术对新冠肺炎疫情防控的影响作为案例，这些人工智能技术具有普遍性，而且会不断更新和进化。

案例 1-1

人工智能助力新冠肺炎疫情防控

百度曾经一度掌控了互联网信息的入口，"有事情，百度一下"成为一代人的行为习惯。但随着移动互联网尤其是社交媒体的兴起，百度的信息掌控优势被大大削弱，信息获取的方式变得更加多元化，微信、微博、今日头条都在分散百度的流量，百度似乎有点没落了。

2020年初暴发的新冠肺炎疫情让百度重回人们的视野中心。疫情让人们从被动的信息阅览转变为主动的搜索。人们需要了解疫情的最新数据和新闻，需要了解自己周围的感染情况，需要求证各种疫情信息的真假，这时使用搜索引擎比社交媒体更加方便。

疫情期间人们更需要权威信息，但权威媒体的来源较为分散，而且及时性略有欠缺,而社交媒体上的信息又鱼龙混杂,容易产生"信息茧房",不断强化人们的偏见。这个时候,人们就会主动搜索、主动求证信息的真实性。在疫情防控期间,与"新型冠状病毒"相关的主动搜索量出现激增,仅在百度平台上,这个词的日均搜索浏览量就高达 10 亿人次。

搜索呈现出的民生真实诉求,也让搜索和民意呈现出一种"共振"现象,这有利于政府和企业做出科学决策。除了搜索之外,百度还在地图、智能外呼、AI 测温、无人车、机器人等方面做了很多与疫情相关的尝试,为疫情防控做出了贡献。

搜索为何能反映真实民意

在疫情发展的不同阶段,人们搜索的关键词是不同的,这些词反映了不同阶段的民意。

百度搜索指数显示,在疫情暴发初期,"野味"成为第一搜索热词。随着时间的推移,"口罩""酒精"等的搜索量增多,而在一些疫情严重的地方,"心理疏导""咽喉痛"的搜索量激增 74 倍。随着复工复学的临近,"远程办公""在线教育""复工"等词的搜索量暴增,这些反映了人们的关注点。

各种互联网媒体都在关注疫情,为何只有搜索能反映民意与舆论走向?

最主要的原因是,搜索大数据能收集到海量的、具备分析价值的真实用户的意愿与行为。涉及疫情的媒体虽然很多,包括新闻资讯平台、短视频平台以及社交媒体,但上面的信息鱼龙混杂。"众声喧哗"中充斥着大量无用的社交信息,聒噪中夹杂着"水军"与机器的操纵,信息过载成为常态。因此,这些媒体并不能真实反映用户的需求以及获得真实民意的反馈。

相对于各种媒体的"众声喧哗",搜索背后是大量用户的主动求证行为。用户此时在搜什么,反映了用户在想什么,这些数据反映了人们的关切点,能更准确、及时地反映用户的真实意愿。与此同时,百度可以通过"搜索+信息流"的模式,以及"百度指数"等大数据处理和分析手段,将有价值的信息从不断增加的海量数据中提取出来,提高信息的准确性。

在疫情防控期间,平均每天有10亿多人次通过百度搜索了解疫情,这带动了更多的搜索内容维度,能反映更多社会与经济问题的细节。比如,百度的搜索大数据报告显示,部分线下产业受疫情影响严重,其中旅游业、酒店业、装修业以及房地产业最为严重。

由于搜索引擎的关键词能反映民意,因此很多权威媒体也会用百度热搜的关键词来确定报道方向。百度搜索指数呈现的每一搜索热度曲线几乎都精准揭示了线下民众的需求与关注,可以说它是疫情下社会心态、社会问题、舆论动态的承载器与晴雨表。

利用百度大数据可以筛选出全民关注的舆情与民意走势,可供地方政府或机构做决策时参考,为舆论民调与民情的把控提供了可行的观察方向与视角。百度大数据还可以为企业和个人提供数据样本,帮助更多中小企业制订因地制宜的本土性方案。

搜索像一面镜子,映照出民众最迫切的需求,而对民意的洞察可以提供一定的数据决策价值,将其输出给地方政府与机构、民众,也就实现了"取之于民,用之于民"。

用权威信息来辟谣和消除恐慌

疫情之下,另一个现象就是谣言四起,加剧了公众的焦虑和恐慌。

疫情初期网络上有各种谣言，比如"抽烟的人不易感染""盐水漱口、熏醋能预防感染""政府安排飞机洒药"等；随着复工复学的临近，有关各地封城、封路、限行的谣言也纷至沓来；还有各种社交媒体对疫情数据的质疑。这些都在一定程度上造成了公众恐慌。

消除谣言最好的方式就是做好知识普及和信息透明，让权威机构的声音能传递出去。为此，百度上线辟谣专区，依托百家号平台和各类权威信息渠道，构建起了拒绝谣言和恐慌情绪的信息壁垒。

除了辟谣之外，百度通过提供与新冠病毒相关的知识，让用户更全面地了解疫情信息。

比如，百度App上线了新冠病毒智能自测工具，它利用百度AI和大数据技术，通过学习国家卫健委发布的最新版《新型冠状病毒感染的肺炎诊疗方案》，并结合百万份在线咨询案例，可对用户目前的身体状态进行智能分析，测出感染新冠肺炎的可能性，并给出相应建议。

百度"问医生"针对疫情严重的城市提供了覆盖全科室病症的 7×24 小时免费咨询服务，减轻了这些城市的医护负担，降低了交叉感染风险。百度地图上线了200余个城市的"疫情小区"地图，可以显示用户当前所在城市的疫情场所个数，以及最近的疫情点名称和该疫情点人流聚集地等实时信息简报，方便用户快速了解周边的疫情情况，及时做好防疫工作。

信息的厚度决定了样本的丰富程度与全面性、权威性，影响人们对事件的成因机制与动态脉络的把控。比如，百度除了通过搜索关键词对事件脉络、谣言鉴别等做梳理之外，还能对病毒解释、病因、就医、治疗、产业防疫、用户心理等诸多方面提供权威知识与应对方案。

百度在知道、百科、文库积累了10亿多条优质内容。知道、百科和文库这三大产品与中国科协、中国抗癌协会、人民日报数字传播、国家哲学社会科学文献中心等7000多家权威机构建立了合作。百度还先后投资了果壳、知乎等头部优质垂类内容，内容品质大大提升。

利用人工智能助力企业复工

2020年2月中旬以后，很多企业都面临复工的问题，这个时候百度利用AI系统，一方面指导企业的复工，另一方面助力中小企业克服疫情带来的影响。

比如，通过对广东省的开工关注度进行大数据分析发现，开工关注度较高的行业是金融、机械、电子电气与纺织业，这意味着这些领域对复工的诉求较高。

百度还通过"免费开放AI技术、帮助传统企业线上化转型、全方位营销赋能"等一系列措施，助力中小企业应对疫情带来的影响。

智能化的运作方式还能最大限度地帮助企业开源节流，比如，百度智能云推出的智能电费优化服务可以帮助制造企业在零投入、零成本、零维护、零风险的情况下节省基本电费，并免费帮助企业逐步构建综合能源管理系统，降低人员日常用能抄录成本，指导工厂合理用能，以达到真正的降本增效目的。

百度Apollo及生态合作伙伴也在全国各地为企业员工顺利复工复产"开路"。百度Apollo的自动驾驶小巴"阿波龙"为员工进行快餐配送服务，避免了人与人的不必要接触；利用无人智能防疫车进行消杀作业，避免了人类从事高危作业的风险。

百度地图除了AI大数据"火力全开"外，还上线了"复工地图"，将超市、商场、餐厅等与日常生活密切相关场所的营业状态、最新营业时间为用户清晰展示出来，不仅保障了用户准确出行，也为中小企业和商家线下带客提供了精准、即时的信息。

一系列带有鲜明的百度AI特色的扶持动作，在助力中小企业智能节流、效率提升和面向未来AI化与数字化转型上发光发热。让一些看上去高深复杂的AI技术能力快速、高效地落地并产生价值，也指引企业用最新科技手段寻找发展突破点及武装自己。

人工智能在疫情防控方面的其他应用

除了上面说到的技术之外，百度还利用其他人工智能技术来助力疫情防控。

智能外呼。社区居民信息排查是防止新冠肺炎疫情扩散的重要措施，但社区住户密集、流动大的状况，让人员较少的基层医疗卫生机构、居委会等组织难以快速完成居民排查。百度智能外呼平台具有批量一对一电话呼叫的领先功能，用AI机器人代替人工打电话，一秒可直呼1500个电话，比人工电话的效率高数百倍，还能降低医护人员感染的风险。

AI测温。测温是疫情防控的重要措施。百度AI测温系统以非接触、无感知的方式，可靠、高效地解决了在公共场所人员高度聚集、高流动性情况下的体温实时初筛检测问题，有效降低了人员聚集造成的交叉感染风险，协助工作人员快速发现、识别体温疑似异常人员。该系统还解决了因佩戴口罩而使面部识别特征减少的难题。

AI口罩检测。基于百度飞桨上免费开源的业内首个"口罩人脸检测及分类模型"，可以准确地对未佩戴口罩以及错误佩戴口罩的情况进行识别和检测。未来AI口罩检测方案除落地在医院等医疗机构场所外,还可以衍化功能落地在其他场景,比如在建筑工地,可以检测人员是否佩戴了安全帽;在一些特定的危险工作场所,可以检测人员是否穿戴了安全服等。

疫情机器人。在新冠肺炎疫情防控期间,医院、社区、机场等公共场所存在测温、消毒等安全防御措施不足且人员面临高感染风险的问题,为此,百度与东软集团联合打造了一套机器人抗疫解决方案,集信息采集、体温监测、医护助理、无接触配送、消杀巡逻五大功能于一体,通过科技手段抗击疫情,在医院抗疫、企业复工、人员返程等场景中为人们提供安全保障。

智能咨询助手。百度灵医智惠推出的智能咨询助手包含常见问题解答、标准化预问诊路径、在线医生咨询辅助三大模块,向在线健康咨询平台、政府疫情防控平台、互联网医院等提供在线健康咨询服务的平台免费开放API接口,为第三方平台的在线科普、咨询服务提效,极大地缓解了在线咨询平台的人力压力。

本 章 核 心 观 点

1. 数字化是这个时代最大的技术变量,所有个人、企业和政府都会面临数字化的问题,新冠肺炎疫情加速了企业的数字化转型,使之成为生死攸关的问题。
2. 数字化在我们生活中的影响力越来越大,我们经常接触的手机、移动互联网、电子商务、在线教育、在线娱乐和电子政务都是数字化给我们的生活带来的影响。
3. 数字化的基础设施包括5G、大数据、云计算、人工智能、物联网、区块链和工业互联网等，在这些基础设施之上，还有大量应用层面的产品和服务。

4. 回顾了四次工业革命的演进史，工业革命主要是能量和信息的革命，数字化是第四次工业革命的关键词，核心在于让信息变得更加高效。

5. 数字经济的发展也经历了四个阶段，前三个阶段分别是PC的发明和普及、基于PC的有线互联网的普及和基于手机的移动互联网的普及，现在正处于以物联网和人工智能为代表的第四个阶段。

6. 人工智能对人们工作和生活的影响会经历三重境界："看山是山，看水是水""看山不是山，看水不是水""看山还是山，看水还是水"。

7. 数字技术必然带来数字经济，自20世纪60年代以来，数字经济在经济增长驱动中的比重越来越大，未来有可能高达60%。

8. 数字基建是"新基建"的重要组成部分，它不仅可以拉动国内投资，还可以带动其他产业的转型升级，是中国未来几年最重要的投资。

第 2 章

数字化转型势不可当

第 1 章主要介绍了数字化,以及数字化对工作和生活的影响与数字化背后的技术元素,还从工业革命演进的历史分析了数字化的本质,明确了数字化对经济和企业的影响,以及信息化和数字化之间的关系。由此可以看出,数字化是信息化的延续,数字化时代已经到来。

数字化对行业和企业有什么影响呢?数字化转型到底意味着什么?这是第 2 章要讨论的问题。这一章的目的是帮助读者建立其对数字化转型的全局视野和整体认识,并对现在中国企业的数字化现状有个初步了解,从而为数字化转型的"优术"打好基础。

数字技术推动数字化转型

在数字技术快速发展的大趋势下,企业的数字化转型将势不可当。

什么是数字化转型呢？中国国家发改委的定义是："传统企业通过将生产、管理、销售各环节都与云计算、互联网、大数据相结合，促进企业研发设计、生产加工、经营管理、销售服务等业务数字化转型。"从这个定义来看，数字化转型的驱动力是数字技术，涉及企业的方方面面，其目的是企业的转型和发展。

数字化是信息化的升级，数字化转型也是信息化改造的升级。阿里研究院把以前的信息化改造称为数字化转型1.0，把现在这个阶段称为数字化转型2.0。信息化改造和数字化转型的区别主要体现在以下五个层面（见图2-1）。

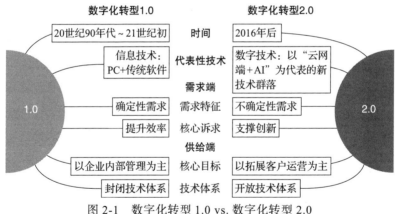

图2-1 数字化转型1.0 vs. 数字化转型2.0

资料来源：阿里研究院，钉钉价值报告。

一是在技术架构上实现从信息技术到数字技术的转变。信息化改造基于传统架构＋桌面端；数字化转型是以云网端＋人工智能互联网（AIoT）等为代表的新技术群落。

二是在需求特征上实现从面对确定性需求到不确定性需求的转变。在信息化改造时代，无论是ERP还是CRM，都是基于规模化导向的确定性需求；在数字化转型时代，客户需求、市场竞争环境快速变化，不确定性增强。

三是在核心诉求上实现从提升效率到支撑创新的转变。以前企业引进企业资源管理是为了在面对确定性需求时提高生产效率和管理效率；现在企业做数字化转型是为了在面对不确定性需求时，为企业的业务创新、管理创新、组织创新提供支撑。

四是在核心目标上实现从以企业内部管理为主向以拓展客户运营为主的转变。以前企业提供一套基于硬件+软件的解决方案，核心是解决企业内部的管理问题；现在企业不仅提供硬件+软件的解决方案，更重要的是提供一套以消费者为核心的运营方案。

五是技术体系实现从封闭技术体系向开放技术体系的转型。以前企业更多考虑的是面向内部资源优化，最终形成的是一套封闭的技术体系；数字化转型企业思考的问题是构建基于全局优化的开放技术体系，实现与供应商、供应商的供应商、代理商以及客户的数据集成。

数字技术对行业的影响

数字技术对商业的影响可以从两个维度来看：行业和企业。从行业维度来看，数字化催生了一些新行业，消灭了一些旧行业，创新了一些传统行业。

首先，数字技术创造了与数字化相关的行业，比如我们经常说的 ICT 行业都是随着数字技术的创新而诞生的。新的行业里也诞生了新的企业，比如谷歌、亚马逊、Facebook、高通、阿里巴巴、腾讯、百度、京东、美团、滴滴、拼多多、字节跳动这样的企业都是新行业里的新企业。还有一些是新行业里的旧企业，它们从信息化基础设施升级为数字化基础设施，本身也在做数字化转型，非常典型的有 IBM、苹果、微软等。

这些数字化基础设施有明显的规模效应，最后往往会形成强者恒强的寡头垄断局面。这样的情况在前几次工业革命中都出现过，一种新技术出现以后，会有大量公司涌入与之相关的行业，然后是竞争加剧，大量中小企业倒闭，大型企业的规模优势越来越明显，最后使行业的集中度越来越高，形成寡头或者双寡头垄断。

比如，在第二次工业革命早期，很多工厂都有自己的发电站，后来随着大型发电站和大规模电网的出现，很多企业都不再需要建立自己的发电站，直接接入电网就行。经过一百多年的发展，现在的发电站和电网作为基础设施已经越来越集中化，后来者进入这个行业的门槛越来越高，甚至进入这个行业变得不再那么必要，因为这个行业的格局已经基本确定了。

在数字化时代，这样的规律也在重演。早些年，稍微有点规模的企业都有自己的计算机中心，但随着云计算的发展，绝大多数企业不再需要自建计算机中心，从外部购买云计算服务就行，从而专注于自己的核心技术、产品和服务。同样，能提供云计算、人工智能和大数据这种基础设施的公司会越来越少，呈现强者恒强的"马太效应"，最后形成寡头垄断。

随着数字化对行业渗透的深入，它对企业竞争力的影响也会变弱。首先应用数字技术的企业会有一定的先发优势，但随着数字技术的普及，这种先发优势会逐步被消化掉。未来的数字技术就像现在的电力一样,变成一种人人可用的基础设施,正如没有电力将会寸步难行,但使用电力也不会带来更多的竞争优势,未来的数字技术也是如此。

尼古拉斯·卡尔曾经描述过这种趋势变化。他在《IT不再重要》一书里提到:未来IT将会变得像现在的电力一样普及,因此带来的差异化优势越来越小,直到最后变得习以为常。也就是说,那些现在引进数字技术的企业会拥有一定的差异化优势,但随着数字技术的逐渐普及,企业使用数字技术将成为一种必需,而不会带来额外的竞争优势。

当然,这是一个漫长的过程,不同行业的数字化转型进程也不一样。埃森哲针对全球18个行业、106个细分市场的1万家上市企业展开调研,发现89%企业的数字化颠覆程度正在加速,数字化转型迫在眉睫,但不同的行业受数字化转型的影响也会有明显差异(见图2-2)。

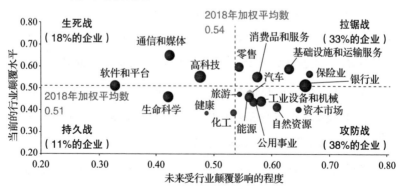

图 2-2 数字化对不同行业的影响

资料来源:埃森哲商业研究院颠覆性指数2.0。

埃森哲把所有行业分成四类：①数字化颠覆已经基本完成的行业，比如高科技、软件平台等行业，那些没有实现数字化转型的企业已经消失不见；②数字化颠覆即将发生的行业，比如公共事业、自然资源、资本市场等行业，它们需要为即将到来的数字化转型做好准备；③数字化颠覆会持续发生的行业，比如零售、银行、保险、交通运输等行业，除了一些个性化服务还需要有人支持外，大量流程性或重复性的工作都会被数字技术所取代；④数字化颠覆影响较低的行业，比如生命科学、医疗保健和化工等行业，这些行业的数字化更多是在前端提升客户体验，在后端提升运营效率。

在所有行业中，短期和长期会受到数字化颠覆的行业加起来的比例高达89%，受数字化颠覆影响不大的行业只占11%。数字化颠覆不再只发生在互联网时代的某些行业，不再只是由电商和通信媒体等来引导，而是会渗透到绝大多数行业。对于89%的行业来说，数字化转型已迫在眉睫，它们必须考虑如何结合行业特征和企业的核心能力进行数字化转型。

数字技术对企业的影响

要想了解数字技术对企业的影响，更多要从微观层面考察数字技术对公司运营的各大职能的影响，包括商业模式、战略、产品、服务、营销、渠道、组织、人才、运营、管理等。数字技术对企业的影响是全方位的，因此也需要有系统思维，否则就会"只见树木，不见森林"。

所谓系统思考，就是要把企业当作一个价值创造、价值传递、价值支持和价值获取的系统（下一章会详细讲述）。其中，价值创造涉及产品和服务，这是企业与消费者建立联系的桥梁，也是最能体现公司实力的载体。价值传递涉及营销和渠道，主要是让客户知晓产品和服务，然后通过合适的方式把它交付到客户手里。价值支持包括组织、人才、经营、管理、领导力等要素，这是公司的中后台系统。价值获取则涉及公司的财务体系和资本模式，包括公司的收益、成本、债务或者股权等。这四大价值模块覆盖了企业绝大多数经营行为。

具体到数字化转型，企业也需要有系统思维，数字化转型会对企业的价值创造、价值传递、价值支持和价值获取四个环节都产生影响。因此要成功实现数字化转型，首先要制定一个全面的数字化战略，然后开始各个环节的数字化，包括产品、营销、渠道、组织、运营、管理等，只有既看到整体，又看到细节，才可能真正实现企业的数字化转型。

衡量一家企业是否成功可以从四个层面入手：第一个层面是企业的财务数据和市场份额，这可以看作衡量一个企业是否成功最可以量化的数据。第二个层面是企业的产品和服务的竞争力，只有有竞争力的产品和服务，才能有优秀的市场表现和财务数据。第三个层面是企业的运营管理体系，包括研发、生产、营销、服务等，只有这些要素好了，才能提供优秀的产品和服务。第四个层面则是企业的组织能力，包括人才、组织，以及企业的使命、愿景、价值观和文化等，这些因素决定了组织的运营管理体系能否高效运转。

如果把一个企业比作一座大厦的话，那么产品和服务就是房顶，营销渠道、运营系统、创新能力、人力资源和财务体系是支柱，使命、愿景、价值观、领导力和企业文化是基石。企业要进行数字化转型，比较容易想到的是产品和服务的数字化转型，但要长期支持这个体系，必须在营销渠道、运营系统、创新能力、人力资源和财务体系方面进行相应的数字化转型，在这背后则是使命、愿景、价值观、领导力和企业文化的转型（见图2-3）。

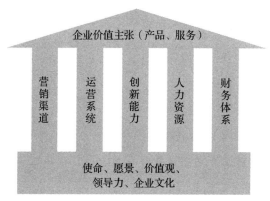

图2-3　企业数字化转型的系统思维

企业在数字化转型过程中，还需要有"见终局、揽全局、知时局、应变局"的战略思维（见图2-4）。

图2-4　企业数字化转型的战略思维

所谓"见终局"，就是要知道数字化转型最后的结果如何。你只有知道五年后企业会变成什么样子，才知道现在应该做什么，这也是典型的"以终为始"的思维方式。目标会让我们有前进的方向，也会推动我们部署未来的计划。"见终局"的思维方式也有利于我们看清问题的本质，而不被各种流行的概念迷惑。

所谓"揽全局"，就是需要同时具备宏观视角、行业视角和微观视角，知道数字化对企业和行业格局的影响，行业里有哪些数字化转型的标杆，以及数字化对企业的各个职能的影响。只有胸怀全局，才能真正做到"取势、明道、优术"，既能看到外部的大趋势，又能看到企业的突破点，而且能弄清楚不同环节的关键，既见树木，也见森林。

所谓"知时局"，就是做事情要分轻重缓急，在不同的时间做不同的事。本书第 10 章提到了数字化转型的七个步骤，这在很大程度就是从点到面、从简单到复杂的过程。企业需要数字化战略，但不可能所有环节同步进行，因此需要有一个时间先后的安排，比如营销和渠道的数字化相对成熟，因此可以最早操作，组织和管理的数字化比较复杂，可以放缓一步。

所谓"应变局"，就是企业需要不断创新，不断调整和优化自己的方向。数字化转型不可能一蹴而就，中间也会遇到很多问题，在遇到问题时，需要及时做出调整，而不是迂腐地一路走到底。你要知道应该如何应对变化，这种变化有的是短期的，有的是长期的，短期的可能是你的收入和现金流，中期的可能是你的组织能力和产品，长期的可能是你的商业模式和战略，所以你要从不同的维度去思考，然后做出好的决策。

下面我分别阐述数字化对企业各方面的影响，后面的章节会对这些影响进行详细阐述，本章主要是为了让读者有整体认识，建立系统思考的方式。

数字化改变商业模式

正如前面提到的那样，企业是价值创造、价值传递、价值支持和价值获取的系统，而技术作为价值创新的核心驱动力，也必然会影响企业的商业模式。数字化转型会对企业的价值创造、价值传递、价值支持和价值获取四个环节都产生影响，因此也必然会改变企业的商业模式，这些改变会在下面的阐述中有具体描述。

即便是互联网的基础设施公司，它们的商业模式也在不断变化。比如，十年前阿里巴巴还是一家典型的电子商务公司，但后来随着它把业务拓展到金融、云计算、人工智能领域，现在的阿里巴巴已经变成了一家生态级的数字基础设施公司。有类似经历的还有腾讯、京东、亚马逊和微软，它们的业务越来越丰富并不断延展，本质上都是在构建数字化的基础设施。

数字化影响战略节奏

传统的战略咨询通常是这样做的：第三方战略咨询公司派出一个项目小组到企业，首先调研客户的需求和现状，然后做市场分析、调研访谈、行业人士的调研，最后制作一份精美的报告，为公司未来 3～5 年的战略规划，但不参与执行。在外部环境和内部组织都在快速变化的数字化时代，这种基于计划和分析，把战略和执行分开的方法也逐渐过时。

在高速变化的数字化时代，战略的制定和执行将不再可分，依靠调研得出的咨询方案未必能体现企业的真实情况，方案的制订者如果不参与执行，方案将无法真正落地。此外，企业的周期越来越短，企业的战略周期也越来越短，这个时候，企业不需要一个长达三年的战略，而是需要一个比以前更敏捷和迭代更快的战略，而且这个战略是集体共创出来的。

产品和服务的数字化

由于数字终端设备的普及，很多知识服务类行业的产品和服务都必须线上化，最典型的行业有新闻出版、教育培训、影音娱乐等。比如，当大家都不再看电视和报纸，改为"刷"微信和抖音了，传统的电视和纸媒肯定会面临行业的断崖式下滑。当大家都不买CD和DVD，改用爱奇艺、优酷和腾讯视频等看电影和电视时，传统的音像制品行业肯定会面临崩盘。当大家开始习惯用得到和喜马拉雅听课或者听书时，线下培训和教育机构的日子就不是那么好过了。

奈飞是一个成功完成产品和服务数字化转型的企业。创办二十多年来，奈飞进行了两次大的数字化转型，第一次转型是从录像带和DVD连锁租借公司变身为在线视频播放平台，第二次转型是从在线视频播放平台涉足电影和电视剧的内容制作，这几年的奥斯卡最佳影片奖都有奈飞的支持。产品和服务的数字化转型推动了企业商业模式的变化。

营销和渠道的数字化

随着人们越来越依赖于从手机等终端设备获取信息，与之对应的是营销方式的巨大改变，那就是营销渠道的线上化和移动化，数字化营销成为主流趋势。现在线上和线下的整合营销成为趋势，比如很多公司的连锁店本身就有营销和服务功能，它们从单一的销售渠道转型为兼具营销、渠道和服务等多重功能的旗舰店，它们还引入了智慧零售系统，通过分析消费者的特征和行为优化产品构成和摆货位置，提高客户的客单价和复购率。

随着电子商务的发展，渠道也越来越线上化，或者说是线上和线下相融合。渠道的数字化不是把线下搬到线上那么简单，而是零售中"人货场"的关系重构。传统零售是让"人找货"，但新零售侧重于"货找人"，它会通过各种数字化手段去洞悉你的需求，有些甚至是你都没有意识到的需求，然后把货品直接推给你。在用淘宝、天猫、京东和拼多多时，不同的人看到的首页是不一样的，你看到的很可能都是你想要的，这样就大大提高了销售的效率。

组织和人才的数字化

企业存在的价值是什么？罗纳德·科斯（Ronald H. Coase）在《企业的性质》这篇文章中说，市场交易是有成本的，通过形成企业这样的组织，并允许某个权威（通常是企业家和管理者）来支配资源，就能节约市场交易成本。企业能让员工的联系更加紧密，协作效率比在市场上高，完成个人无法完成的目标，这也是企业存在的价值。当然，企业运营也需要管理成本，企业的规模在达到一定程度后，就会出现各种官僚现象，导致管理成本高于内部协作产生的收益，此时就会变得"规模不经济"，因此组织的规模也是有边界的。

各种数字技术让企业之间的交易成本变低了，企业内部的组织形态也在发生某种变化。由于市场交易成本降低了，为了平衡管理成本和维持灵活性，企业也不需要那么大的规模，而是专注于自己的核心业务，将非核心业务外包出去。组织规模的小型化、组织结构的扁平化、无边界组织和共享平台的兴起将会成为一个新的趋势。

与此同时，一些新型的协作平台相继涌现，这是一种新型的组织形态，它让个体不再依赖于一家公司就可以向成百上千的客户提供服务。这种趋势产生了两个新"物种"：一是社交媒体和协作平台，二是自由职业者。未来的组织形态会分为三种：具备规模效应的基础设施平台的大公司，专注在某个细分行业和职能领域的中小公司，以及为小微企业和专业人士提供服务的协作平台。

传统公司也会面临这样的组织转型压力。非常典型的案例就是海尔，它本是一家传统的工业公司，组织架构也是传统的金字塔结构，几年前张瑞敏开始做组织变革，让公司从一个科层制的组织架构变成了一个拥有几百家小微企业的平台组织架构。平台提供资金、品牌和供应链的支持，小微企业聚焦于产品和服务，这样既保证了大公司的规模优势，又保证了小公司的灵活性和创业精神。虽然现在说海尔的组织变革成功还早了一点，但大体趋势是对的。

随着经济和技术的变化，资本、组织和个体的关系也在发生变化。在一百多年前的工业时代，由于工业生产非常依赖资本，而且资本相对稀缺，因此资本家（或股东）在组织中更强势，相对而言，管理层和劳工相对不是那么重要。但随着跨国公司的发展，公司的股权变得高度分散，资本也开始变得相对充裕，权力的天平越来越偏向组织的管理层。很多公司的股权高度分散，它们没有"实际控制人"，这时候的管理者往往拥有更大的话语权，并产生了一大批高薪的明星经理人。现在随着各种协作平台的兴起，越来越多的知识工作者不再依附于某一个组织，由于他们同时服务于多家企业，因此他们获得的锻炼机会更多，也能够获得更高的收入。于是一个有趣的悖论就这样出现了：组织更依赖于明星员工，明星员工却不再依赖于组织。

经营和管理的数字化

数字化给经营带来的影响是"无人化"的趋势，包括各种无人工厂、无人超市等。这里所说的"无人"，并非完全没有员工，而是很多流程化的工作都被人工智能和机器人完成，人往往在后面进行操作和监控。

供应链的数字化也让供应链变得更加敏捷，并催生了一种新的商业模式，那就是C2B和C2M，也就是客户可以通过智能终端直接向商家和工厂提交个性化的需求，通过工厂的大规模定制系统，他们可以直接从商家和工厂获得想要的信息。这种新的商业模式将会颠覆原来的多层经销商体系，并大大降低产品的定价，很多企业也都从中获益不少。

数字化给管理带来的一个直接影响是各种在线协同软件的兴起。由于新冠肺炎疫情的缘故，很多公司开始用类似于钉钉、企业微信和飞书这样的在线协同软件。这也让大家的工作流变得更加透明，每个人的工作业绩变得更加直观，为某个工作建立的特殊工作小组使大家的交流也变得更加高效。此外，公司内部的培训也在变得线上化。管理的数字化的效果就是大大提高了内部沟通协作的效率。

数字化给管理带来的另一个影响是，由于知识工作者具有更强的专业性和成就动机，数字化设备让他们的交流幅度大幅增大，从而使组织内部的沟通方式和管理方式也发生了很大变化。一个典型的案例是，传统的管理法则是不能越级汇报，但现在很可能通过组织工作群的方式，让各个级别的人在一起沟通商量，完全不存在是否越级的问题。传统的管理理论强调的是计划和控制，但现在更侧重于赋能和激励，这些变化都是数字化带来的。

数字化没改变商业的本质

数字化改变了很多东西，但并没有改变基本的商业逻辑。彼得·德鲁克说，企业存在的价值在于创造客户。这句话完整的表达应该是企业存在的目的是为客户创造价值，企业是一个创造、传递、支持、获取价值的系统。在数字化时代，你的客户可能也会变化，产品和服务也会变化，但满足客户需求的方向不会变，一些基本的商业逻辑不会变。

比如，数字化没有改变营销和渠道的基本原理，企业必须围绕客户需求进行创新，洞察客户未被满足的需求。领导的使命是凝聚一群人完成一个挑战性的任务，这在数字化时代不会有根本的变化。与之相伴的是人性不会有太大的变化，而且人与人之间的信任在变幻莫测的时代变得尤为重要。这些都是一些穿越周期的商业逻辑。

在各种变化面前，唯有变化永不会变，因此企业必须不断创新才能生存下来。即便是那些产品变化不大的传统行业，企业的运营管理和营销方面也必须不断创新。拥有600年历史的故宫也通过不断创新又焕发了生机。企业需要不断创新，同时坚守长期主义，做时间的朋友，才可能在变化中找到不变的方向。所谓"明道"，就是在变化中发现不变的东西，这有点像一艘船的舵，让我们不会在变化中迷失方向。

数字化转型的现状和趋势

虽然数字化转型是大势所趋，但中国企业的数字化转型参差不齐，差距非常大。在这一节中，我主要引用2019年国家工信安全中心联合阿里研究院，通过对中国的157家领军企业数字化转型现状进行问卷调查和分析而形成的《中国企业数智化转型趋势洞察报告》中的内容，从中可以看出企业数字化转型的一些趋势，以及学习实现数字化转型的企业的一些经验。

成功的数字化转型企业都在全方位数字化

随着移动互联网、云计算、大数据和人工智能等新技术的发展，企业数字化转型加速推进，传统的生产方式和商业模式被重新定义，产业生态正在由以产品为中心的单向链式价值链向以消费者为中心的全链路环式价值网转变，统计数据表明，前20%的转型领跑者比后20%的转型落后者的数字化转型整体水平高近

77%，而且在数字化转型领域全面领先落后者。成功的数字化转型企业在数字化战略、业务数字化、数字化组织和数字化基础设施方面进行全方位的数字化转型（见图2-5）。

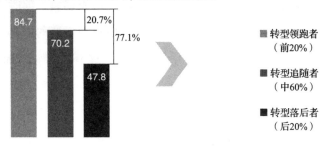

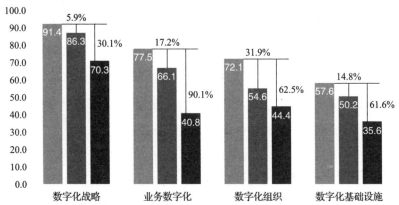

图 2-5　转型领跑者、追随者、落后者对比分析

注：1. 上图和下图的纵轴均为数字化转型指数，满分为100。
　　2. 因四舍五入数据与计算结果略有出入。

贯穿始终的数字化战略是数字化转型成功的前提

数字化战略是企业数字化转型的核心前提和所有转型活动的顶

层设计，为企业抢占数字化发展先机、加速转型变革提供方向性和全局性的方略。以企业级数字化战略为指引推进数字化转型，能大大提高转型效率，使企业有效获取数字化效能。调查数据显示，将数字化贯穿战略始终的企业，其业绩增长和盈利的企业占比明显都高于其他类型的企业。由此可见，有没有贯穿始终的数字化战略，将在很大程度上决定企业数字化转型的成败（见图2-6）。

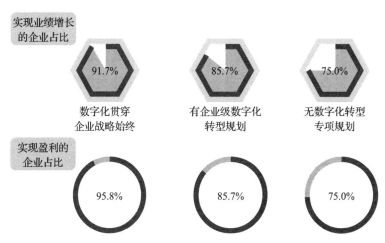

图 2-6　数字化战略的制定与执行助力企业绩效增长

提效降本和智能决策是数字化转型的战略重点

企业数字化转型的战略重点决定了不同的资源配置，因此不同企业结合自身发展战略与现状，在推进数字化转型过程中往往有不同的侧重点。调查数据显示，当前企业数字化转型的主要目标的前三个分别是提高运营效率、实现数据驱动的智能决策，以及降低运营成本，然后是获取新用户、提升创新能力、提高企业收入、提升客户满意度和忠诚度（见图2-7）。

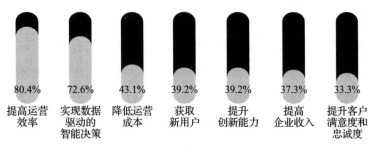

图 2-7　企业数字化转型的主要目标

内容营销是数字化营销创新的重点

随着数字经济的蓬勃发展,消费者的自我意识逐渐觉醒,企业对于以消费者为中心的数字化营销的需求快速增长,它可以帮助企业推进消费者全渠道触达,实现精准互动和交易。但目前数字化营销的普及水平仍然偏低,仅有 16.7% 的企业在线上营销、新零售营销等数字化营销方面的投入费用占比超过一半,传统的线下手段仍是当前企业的主要营销方式。从营销创新模式看,71.1% 的企业已开展了以直播、社交媒体"种草"、网红推荐为代表的内容营销创新(见图 2-8)。

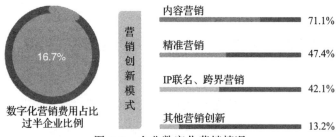

图 2-8　企业数字化营销情况

线上线下融合是数字化转型的重要方向

新零售引爆了线上线下一体化的商业革命,引领线上电商和线下实体由对抗转向融合,深刻改变了传统商业模式,为消费者带来了全新的价值。可以预见,线上线下融合将是大势所趋,是企业加快推进数字化转型的重要方向。但调查结果显示,目前大部分企业在会员和商品两个方向的线上体系与线下体系仍未真正打通,线上线下有机联动的机制未能形成(见图2-9)。

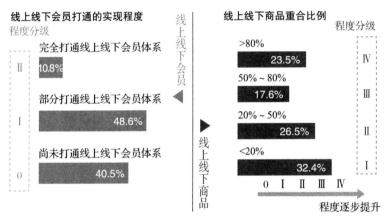

图2-9　企业线上线下会员和商品的打通情况

注:线上线下商品重合的比例越高,打通情况越好。比如,重合比例超过80%的比例为23.5%,程度分级为Ⅳ级。

消费端的数字化高于制造端,制造端的数字化是难点

企业的数字化转型涉及从市场营销、研发设计、供应链管理到生产制造的各个业务环节。其中,靠近消费端的环节数字化转型基础好、起步早,数字化转型相对容易,销售预测准确度高于70%的企业比例达38.7%;而靠近制造端的环节受核心技术能力不足、数字化基础薄弱等因素制约,生产设备基本实现数字化的企业比例仅为13.8%,生产设备基本联网的企业比例仅为6.9%,生产制造环节的数字化成为企业实现全链路数字化的关键掣肘(见图2-10)。

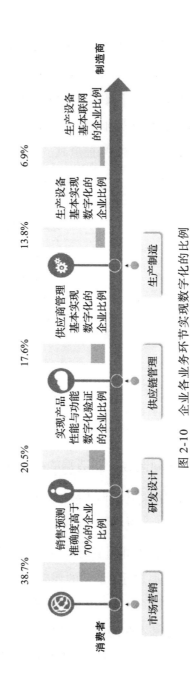

图 2-10 企业各业务环节实现数字化的比例

组织协同工具比较普遍，但智能化组织严重不足

在数字化浪潮扑面而来的今天，企业如何实现以人为中心的智能的组织协同，推动企业数字化转型从局部优化走向全局优化，已经成为中国广大企业亟须跨过的门槛。中国企业积极拥抱移动互联网，推动组织工作管理模式在线化发展，目前已有92.2%的企业在组织管理和沟通协调过程中使用钉钉、企业微信、飞书等移动端组织协同工具，通过数字化工具应用提升企业内部的沟通协调和组织变革水平。从企业组织结构来看，业务模式的变革需要与之相匹配的、动态的、灵活的、可扩展的组织模式来支撑。但数据分析结果表明，当前仅有15.7%的企业实现了网络化可即时响应的组织模式，这仍是组织形态演进的一大趋势（见图2-11）。

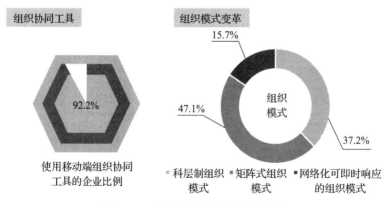

图 2-11　企业数字化组织建设情况

数字化人才不足制约了数字化战略的落地

随着数字化转型的深入，领军企业对相关战略制定、执行和闭环管控方面的重视程度与管理水平逐步提升，企业最高决策者需要

将数字化转型切实地贯穿整个组织和各业务环节。当前大多企业的数字化顶层设计已初步完善并配备了相应的负责团队,已将数字化贯穿企业战略始终,或制定了企业级数字化战略,企业数字化的直接负责人层级达到总裁和副总裁级别(见图2-12)。但数字化战略的落地不仅需要领导者的指导,还需要数字化人才的支撑,培育高层次的数字化人才队伍成为当前企业在转型过程中面临的一大挑战。

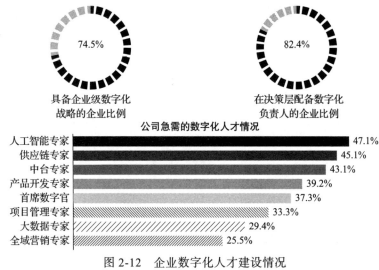

图 2-12 企业数字化人才建设情况

注:图中的百分比是急需这些人才的企业在所有调研企业中所占的比例。

基础设施"上云"助力数字化研发能力建设

企业上云是企业提高创新能力、业务实力和发展水平的重要路径。在研发环节,企业基础设施上云可支撑企业基于数据精准洞察消费者需求并快速验证产品性能与功能,从而提升研发创新能力。调查数据突出显示,基础设施上云比例超过80%的企业均可实现消费者洞察和产品性能与功能的数字化验证,而未上云的企业均不能实现产品性能与功能的数字化验证,实现消费者洞察数字化的企业比例不到四成。但值得关注的是,当前我国企业基础设施上云的整体水平偏低,有近1/4的企业完全未能上云,严重制约了企业研发创新能力提升。如图2-13所示,基础设施上云的比例越高,消费者洞察数字化的比例越高,产品性能与功能的数字化验证程度越高,呈现高度的正相关。

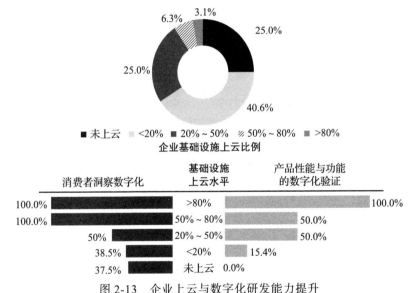

图2-13 企业上云与数字化研发能力提升

数据中台为企业核心业务赋能作用显著

随着市场需求个性化、企业业务多元化、组织模式动态化、核心数据复杂化,数字中台概念应运而生。中台包含业务中台和数据中台,是为了满足不断变化的前台业务需求,将企业内部的数据、技术、业务沉淀出一套可方便调用的综合服务平台。已搭建数据中台的企业在生产、库存、销售、质量、物流、财务、成本、绩效等管理环节实现信息自动采集和综合分析的比例远高于未搭建数据中台的企业（设备信息和能源环境信息除外），数据中台为企业核心业务赋能作用显著（见图2-14）。

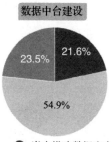

数据中台建设

- 21.6% 尚未搭建数据中台
- 54.9% 规划搭建数据中台
- 23.5% 已搭建数据中台

数据中台应用

基于智能知识模型自动采集信息并进行综合分析的业务覆盖范围

实现数据中台的企业	业务	未实现数据中台的企业
100.0%	质量信息	64.6%
100.0%	物流信息	64.6%
100.0%	财务信息	79.8%
100.0%	库存信息	82.8%
100.0%	销售及客户信息	75.8%
85.7%	成本信息	73.7%
85.7%	生产信息	74.7%
71.4%	绩效信息	45.5%
71.4%	采购及供应商信息	70.7%
42.9%	市场趋势和环境	22.2%
42.9%	设备信息	57.6%
28.6%	竞争情报	22.2%
28.6%	能源环境信息	34.3%

图2-14　建成数据中台企业的数据全域融合对比分析

注：1. 以上数据分别为实现和未实现数据中台的企业中，在各业务环节实现信息自动采集和综合分析的企业占比。

2. 参与调查的企业中，实现数据中台的企业共7家，分别为蒙牛、立白、同仁堂、安踏、李宁、特步、永辉。

案例导语 数字技术对宏观经济、中观行业和微观企业都产生了巨大影响,本案例试图用一个应用来说明数字技术对这三个维度的影响。阿里巴巴旗下的钉钉本是一个办公协同平台,但由于它依托于阿里巴巴的生态体系,现在已经成了数字化转型的入口,背后是整个阿里巴巴的大数据体系,从而能帮助企业、政府和学校进行数字化转型。

案例 2-1

阿里钉钉助力数字化转型

2020年春节后最火的 App 是什么?钉钉。不仅公司白领在用钉钉,老师、学生、医生和公务员也都在用钉钉。这也让钉钉从一个主要针对企业的智能移动办公平台,变成了一个综合性的数字化平台,在企业、教育、医疗、政务方面大显身手,助力数字化转型。

钉钉在数字化转型中的价值可以从微观、中观、宏观三个维度来考量。宏观层面主要体现为推动数字社会经济新发展,中观层面主要体现为推动新兴产业与传统产业转型,微观层面主要体现为提升组织和个体的工作效率。本案例就是从这三个维度做一个全面阐述。

宏观:推动数字经济的发展

钉钉对数字经济的影响可以从以下几个方面来看:推动创业就

业、推动创新加速、激发发展动能、服务政务民生、创新教育模式、助力智慧医疗等。

在推动创业就业方面,钉钉开放平台整合碎片化市场形成大型新兴市场,推动社会再分工,增加新就业,催生"平台化就业"和"创业式就业"。比如,设计公司洛可可基于钉钉打造"洛客众创平台",汇聚近4万名注册设计师,让项目平均交付周期缩短2/3,项目经理服务项目数量增加150%,而且解决了很多自由职业者的就业问题。洛可可还把团队的沟通从线下搬到了线上,让全国各地的设计师可以即时共事,群策群力,完成就业形态改变。

在推动创新加速方面,钉钉已经成为企业创新的"孵化器",降低了企业创新门槛,促进企业进行信息化改造,提高企业创新效率,使企业能够基于钉钉平台高效开展研发工作,从而在更大范围、更高层次和更深程度上助力企业实现创新。比如,林清轩通过钉钉创新商业模式,将线下导购的业务延伸至线上平台,解决了线下导购和线上平台的竞争问题,实现了零售中的沟通、推广、销售、服务线上线下的彻底打通,业绩大大提升。

在激发发展动能方面,钉钉渗透到各行各业,持续赋能企业发展,激发企业活力,带来了产业链条的优化,推动企业走向更高的发展阶段。比如,老板电器选择钉钉作为"企业操作系统",打通了零售端和制造端,打破了各种软件混杂、各类数据杂糅的困境,推动了老板电器C2M新制造体系建设的进程,实现了销售、生产、财务等各种数据的集中呈现和实时更新,管理人员可以根据销售情况实时调整生产、仓储、物流安排,对生产进行动态优化。

在服务政务民生方面,政务钉钉助力推动政府数字化转型,切实打通政务服务"最后一公里",助力保障和改善民生,惠及广大人民群众。政务钉钉可实现跨地域、跨层级沟通和扁平化管理，使各类政策、指令及时传达到一线，并随时掌握工作进展，全面提升面向公众的便捷服务能力、精细化的社会治理能力、科学化的决策能力，从而提高办事群众的幸福感和满意度。比如，截至 2019 年 8 月，浙江省政府的钉钉已接入超过 100 万名公职人员，让"最多跑一次"改革从承诺具体化为"一窗受理、集成服务""一网申请、快递送达""一号咨询、高效互动"。政务钉钉打造的浙江税务征纳沟通平台实现了"互联网 + 税务"新模式，解决了税企普遍存在的沟通碎片化、分散化和私人化的问题，提高了纳服效率和纳税人的满意度。

在创新教育模式方面，钉钉助力打造"互联网 + 教育"新模式，促进优质教育资源共享，推动校园教育数字化转型，力促互联网技术支撑教育行业创新发展。比如，钉钉推出的"千校计划"，利用"钉钉未来校园"解决方案，计划在全国范围内协助 1000 所学校打造"未来校园"示范园区，构建学校数字化运营管理平台，通过钉钉平台，让学校具备大数据处理和决策能力。又如，武汉大学通过钉钉构建了校友平台系统，解决了校友身份验证、联系交流不通畅等问题，还促进了校友之间进行资源共享、互助合作和人才交流。

在助力智慧医疗方面，钉钉打造智慧医疗，助推医院系统全面数字化。钉钉提供预约诊疗、检验检查结果查询等线上服务，让患者少跑腿；推动远程医疗，使更多人能分享优质医疗资源。钉钉通过生物识别、大数据和人工智能等技术，帮助传统医疗机构实现向未来医院的数字化转型。钉钉未来医院基础应用、医疗行业化应用，具有完整的医院移动办公功能，能对接和整合医院已有系统。钉钉的排班管理、远程医疗、医管云、医院管理驾驶舱等一系列移动应用,提高了医院的管理效能和信息化能力,缩小了各地医疗资源的差距。

中观:催生新兴产业发展,推动传统企业转型

在中观行业层面,钉钉立足于时代潮流前沿,推动多种新兴产业发展,增强产业活力,打造全新产业赛道,并推动传统企业的转型。

钉钉倡导的理念是更简化、更智能化地提升工作效率,从而推动企业整体效率提升,这一点在互联网等新兴产业尤其明显。比如,钉钉为特步的新零售体系提供支撑,在前台通过运营驱动流量高效转化,在中台通过技术驱动运营效率提升,在后台通过组织驱动管理效率提升,最终实现了企业整体效率高效提升。钉钉还基于新零售产业的特点,与天猫智慧门店、手机淘宝合作,联合各大商家打造智能导购系统,形成完整的线下商家导购端解决方案,解决了"有门店缺客流,有客流无转化,有会员难互动"的现实难题。同时,钉钉帮助企业将会员资产收归企业组织,避免了会员因为导购离职而流失。

钉钉还集成了阿里巴巴的商业基础设施,发挥跨部门、跨企业、多场景、多业务等的协同优势,与重点产业深度融合创新,开辟出企业转型的新航道,有效促进了传统产业转型升级的进程。比如,东方希望工厂通过手机钉钉接入生产管控系统,实现了随时随地实时查看生产数据、生产指标,并针对生产情况及时进行决策。又如,复星集团通过钉钉实现了数字化管理变革,让员工积极向上沟通,同时也加速了工作协同进程,改善了工作效率。在项目管理层面,钉钉用数字化的管理思维,以钉钉群等功能为载体,为复星集团提供全新的项目管理方式,变更了整个组织的运行模式，实现了资源共享、管理升级的目标。

微观：提高工作效率，改变工作方式

钉钉在微观层面提升了组织和个体的工作效率。工作效率是指工作产出与投入之比，又可分成个人工作效率、部门内工作效率、跨部门工作效率、跨企业组织工作效率等。钉钉致力于优化工作环境，提升个人、部门和企业各个维度的工作效率。

首先是个人工作效率。钉钉平台可实现管理者随时随地批复，进一步拓展了可用工作空间。以企业内部让人烦恼的报销流程为例，原来纸质报销从提交到审核再到最终打款归档需要4～5天，主要问题在于领导审批时间很长，而通过数字化财务，领导可以随时随地审批，只需要6步，3小时就能完成，效率提升10倍以上。

其次是部门内工作效率。钉钉平台通过业务在线打通多个"信息孤岛"，以全面数据化有力地支撑领导决策，明确部门高效工作的方向。比如，嘀嗒出行基于钉钉平台，通过数据技术探索更好的算法，将科学决策机制覆盖日常管理流程，从而带来资源的优化配置。

再次是跨部门工作效率。钉钉促进组织流程优化，由线性组织向网状组织演进，以及组织架构扁平化，快速提升组织的运转效率。传统的刚性组织正在被柔性、敏捷的组织逐步取代。比如，以和睦家医院为例，在面对突发的连环车祸时，它用钉钉一键通知医生和护士到岗，可在1分钟之内通知100～200个医护人员，已读、未读、回复一目了然，大大提高了跨部门沟通效率。

最后是跨企业组织工作效率。钉钉以新型社会型企业的身份，在全面服务超过1000万家优秀企业组织的同时，沉淀千万家企业的优秀工作方式、管理思想，搭建企业间的沟通通道，通过思维碰撞进一步优化工作方式、管理思想，进而面向全社会去传递。

钉钉不仅提高了组织和个人的工作效率，还改变了人们的工作方式。所谓工作方式，就是人们在实践过程中为达到一定目的和效果所采取的行为方式。钉钉通过"五个在线"（见图2-15），明确并重塑了人的行为与组织行为之间的关系，助力打造全新工作方式。

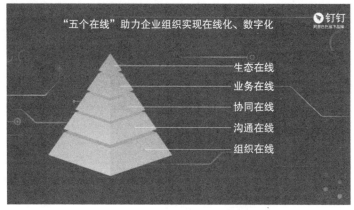

图 2-15　钉钉的"五个在线"

比如，钉钉数字化的管理思维提供了项目制的工作方式，现在复星集团在处理很多事项时都会成立项目组，以项目制的工作方式为推动手段，具体的表现形式就是钉钉群，所有资源都在群内共享，这改变了人们的工作方式，也提高了组织和个体的效率。

本 章 核 心 观 点

1. 传统企业通过将生产、管理、销售各环节都与云计算、互联网、大数据相结合，促进企业研发设计、生产加工、经营管理、销售服务等业务数字化转型。

2. 数字化是信息化的升级,数字化转型也是信息化改造的升级。信息化改造和数字化转型一脉相承,但在五个层面上有重大差别。
3. 数字技术对商业的影响可以从两个维度来看:行业和企业。从行业维度来看,它催生了一些新行业,消灭了一些旧行业,创新了一些传统行业。从企业维度来看,它则影响了企业的方方面面,包括产品、服务、营销、渠道、组织、人才、运营、管理等。
4. 数字化有一个逐步发展的过程,首先应用数字技术的企业会有一定的先发优势,但随着数字技术的逐渐普及,数字技术不会带来额外的竞争优势。
5. 由于数字终端设备的普及,很多知识服务类行业的产品和服务都必须线上化,最典型的行业有新闻出版、教育培训、影音娱乐等,这几个行业也是被数字化颠覆最厉害的行业。阿里巴巴、腾讯、百度、京东、亚马逊和微软都在构建数字化的基础设施。
6. 数字化平台让人与人之间的协作和交易成本变低了,也影响了组织的形态。一些新型的协作平台相继涌现,它让个体不再依赖于一家公司就可以向成百上千的客户提供服务,并产生了两个新"物种":一是社交媒体和协作平台,二是自由职业者。
7. 人工智能是数字化中一个很重要的技术应用,随着人工智能的普及应用,生产和经营将会呈现"无人化"的趋势,包括无人工厂、无人超市等。这里所说的"无人",并非完全没有员工,而是很多流程化的工作都被各种机器人完成,人往往在后面进行操作和监控。

8. 企业存在的价值在于创造客户。这句话完整的表达应该是企业存在的目的是为客户创造价值,它是一个创造、传递、支持、获取价值的系统。在数字化时代,你的客户可能会变化,产品和服务也会变化,但满足客户需求的方向不会变。

9. 随着移动互联网、云计算、大数据和人工智能等新技术的发展,企业数字化转型加速推进,传统的生产方式和商业模式被重新定义,产业生态正在由以产品为中心的单向链式价值链向以消费者为中心的全链路环式价值网转变。

10. 数字化战略是企业数字化转型的核心前提和所有转型活动的顶层设计,为企业抢占数字化发展先机、加速转型变革提供方向性和全局性的方略。以企业级数字化战略为指引推进数字化转型,能大大提高转型效率,使企业有效获取数字化效能。

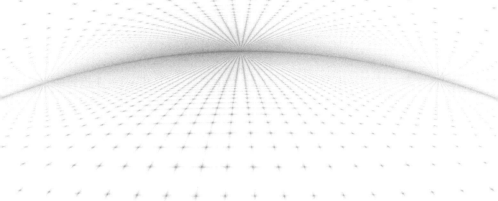

第 3 章

数字化改变商业模式

前面两章分别从"取势"和"明道"两个角度分析了数字化是大势所趋,以及数字化对企业的影响,对数字化转型进行了系统介绍。从本章开始,我们将围绕企业的数字化转型这个主题来谈谈如何进行数字化转型,也就是"优术"。

谈"优术"首先就要谈商业模式。一方面,商业模式是企业最重要的部分,而且数字化改变了很多企业的商业模式;另一方面,商业模式本身也是一个系统,从商业模式入手谈数字化转型,可以让我们对数字化转型有一个系统认识,起到承上启下的作用。

数字化如何改变商业模式

从商业模式的视角看待数字化转型,首先要了解什么是商业模式。

商业模式这个概念很流行，定义也五花八门。我对商业模式的定义是，商业模式是对商业中创造价值、传递价值、支持价值和获取价值的系统描述，也是企业和利益相关者（stakeholder）——客户、员工、股东、合作伙伴等之间的交易结构。

需要特别说明的是，商业模式不是战略，而是一个分析和描述的商业工具。商业模式当然和战略高度相关，因为很多环节都关系到战略选择和配称，但战略往往更侧重于定位和选择，而商业模式强调的是思考的全面性。我会在下一章重点分析数字化对战略的影响。

商业模式可以分为四大环节，每个板块下面有子项目，一共有十个要素。环节与环节、要素与要素相互作用的时候，能够较为清楚地梳理和重塑企业的商业模式（见图3-1）。

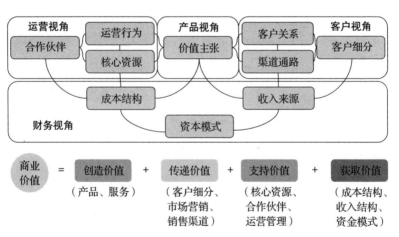

图3-1　商业模式的四大环节和十个要素

（1）创造价值：产品、服务。

（2）传递价值：客户细分、市场营销、销售渠道。

（3）支持价值：核心资源、合作伙伴、运营管理。

（4）获取价值：成本结构、收入结构、资金模式。

创造价值

创造价值的核心是企业的产品和服务。管理大师彼得·德鲁克有一句名言："企业存在的目的是创造客户。"这句话听上去有些拗口，换句话来说更容易理解：企业存在的目的是创造客户需要的产品和服务，解决客户的问题，满足客户的需要。

创造价值是企业家在思考商业模式时面临的第一个问题。一些创业者在描述商业模式时，首先要回答的两个问题是：目标客户是谁？产品和服务是什么？这是商业模式的核心，这两个问题都没有弄清楚的话，别的就是无源之水，也就无从谈起。

产品包括有形产品和无形产品，有形产品包括手机、电视、手表等，无形产品包括课程、电影、游戏等。所谓服务，就是在与客户互动时满足他的需求，比如餐饮、娱乐、文旅和咨询等。服务跟产品的不同在于，服务比产品更具有客户定制和非标准化的特点，服务过程本身也是客户感知价值的过程。当然，产品和服务也在融合，并非泾渭分明。

企业需要不断测试、调整，创造差异化和有竞争力的产品与服务。有的产品根本不是市场所需要的，而是一种虚假的概念。还有一些产品，虽然有需求，但门槛太低、同质性太强，企业的竞争优势很快就会消失。

数字化对创造价值的影响是，越来越多的产品将会成为物联网的一部分。以小米为例，它不仅生产手机和路由器，还生产各种各样的家电产品，比如空调、冰箱、洗衣机、电饭锅、空气净化器。这些产品都可以通过物联网连在一起，这样就可以远程操控，而且产品本身也会越来越智能化，它们会成为数字化生活的一个入口。

数字化也让以前的一些产品变成服务，比如以前我们主要看纸书，但得到和喜马拉雅等平台把纸书变成了有声书，甚至变成了知识服务体系。这样就改变了传统的出版行业，把电子书、专栏课程与直播讲座和讨论社区结合到了一起，创新了"知识服务"这个行业。

传递价值

商业模式的第二个环节跟客户相关，它包含三个要素：客户细分、市场营销和销售渠道。客户细分其实在价值创造环节就涉及了，因为它和客户价值主张息息相关。具体来说，商业模式中的价值传递可以分为以下三个部分。

（1）客户细分：你的目标客户主要是谁？他们有哪些特点？

（2）市场营销：用什么方式去和你的目标客户沟通？

（3）销售渠道：如何把你的产品和服务交付给目标客户？

客户细分

除了食品、饮料等少数无差别的"国民级"产品，绝大多数产品都有自己特定的客户，对于企业而言，这些特定的客户就构成了细分市场。由于绝大多数产品都有自己的特定客户，而企业又很难向所有人提供所有产品，因此它们必须首先对客户进行细分。创业者的资源更有限，它们必须有更强的客户细分观念，包括他们的性别、年龄、消费场景、购物方式等。只有对消费者画像有相对清晰的描述，才能去制定相应的市场策略和渠道策略。

30年前，很多跨国公司来到中国，它们经常说的一句话是，中国约有12亿人口，只要1%的人购买我公司的产品，那就是1000多万名消费者，那么就能赚到多少多少钱。这个假设其实并不成立，如果你没有对消费者进行细分和清晰界定的话，1%的消费者会购买你的产品的依据就无从谈起，这只是一个非常粗糙的假设，完全不具有可操作性。

当然，很多客户细分都是一种有待验证的假设，这种假设需要通过市场来不断验证和修正。比如我们做出一个产品，假定客户是15～30岁的年轻女性，这就是一种假设。这种假设是不是成立呢？你可能需要根据后期的市场测试不断地修正。但这个假设必须有，至少后来有修正的基础，这样才能不断优化和改进。

数字化对客户细分的影响是，由于消费者更倾向于用App来获取信息，因此所谓的客户细分往往是通过不同的App来实现的。通常我们根据一个人每天使用App的时间，就基本可以勾勒出这个人的消费偏好和人物画像。在类似于淘宝这样的超级平台上，不同的用户看到的首页不一样，这给人的感觉是客户高度细分，提供的购物体验完全不同。

市场营销

市场营销的本质是和你的目标客户沟通，让他们从知道你到喜欢你，进而产生真实的购买行为。这种沟通的方式有很多，比如广告、公关、会议、活动、直播等，沟通的主要目的就是让那些目标客户变成你的真实客户。

当然,获得客户的路径很多,有线上的方式,也有线下的方式。很多互联网创业的企业通常会把数字化营销作为一个重要的获取客户的手段,因为它确实有几个优势:第一,它在有效性方面有优势;第二,它可以做数据分析;第三,它有相应的成本优势。但未来的营销应该是一个立体化营销的过程,通过各种手段,多方面、多维度地去影响你的潜在消费者。

由于各种社交媒体和电子商务的兴起,数字化也让客户不仅仅是消费者,他们也是品牌的传播者,甚至参与到产品的设计中。比如通过大量的消费者行为分析,我们就可以知道应该生产什么样的产品。消费者购物以后会发朋友圈或者点评,他们的意见也会塑造品牌形象。

随着抖音、快手等视频网站的兴起,短视频也成为营销的重要渠道。云集、TST、爱库存这样的社交电商的兴起,把很多以前的消费者发展成品牌传播者和渠道,他们既是消费者,又是传播者和经销合作伙伴,这三者的界限正在变得越来越模糊。

销售渠道

当你影响了这些客户之后,你怎样有效地把你的产品和服务传递给你的目标消费者,这是我们通常说的渠道和销售的概念。通常的观念是,销售有线上和线下两个渠道,但随着新零售的发展,这个界限已经越来越模糊了,从而呈现出"全渠道销售"。

如今电商和传统的店铺经营的界限越来越模糊,而不是相互替代的关系。很多零售企业都开始采用全渠道的销售模式,同时在线上和线下销售，它们相互补充，而非相互替代，很难说销售是哪个渠道带来的。2016年，业内提出"新零售"的概念，提出未来应该是线上线下相互融合的趋势，线上线下的界限会越来越模糊。在此前后，阿里巴巴不仅并购了诸如银泰百货、大润发这样的传统商场和超市，还投资创办了盒马鲜生这样的新品牌。

为什么说未来线上线下会相互融合呢？这是因为消费者需要的只是通过一个便捷的渠道获得他们想要的产品和服务。至于是线上还是线下，并不是消费者最关心的话题，怎么样有效，怎么样的方式就是好的。线上有一些传播方面的优势，但是在消费者的感受体验方面，线下有得天独厚的优势，比如服装、食品和礼物这些产品，非常强调用户体验，只有看到了、闻到了、摸到了才会产生购买决策，所以对于这样的行业，线下依然重要。

我认为未来的零售、未来的渠道不是线上线下谁打败谁、谁取代谁，而是会相互融合。以优衣库为例，优衣库最早是从线下的零售店起家的，它的核心价值是"优质低价"。它在全球各地开店，后来则进入天猫等电商平台，而且线上线下的价格趋于一致，你很难说优衣库是线上零售还是线下零售。

支持价值

公司要能够给客户创造价值并向客户传递价值，背后需要有一套完整的支持价值系统，包括公司的组织、运营和管理体系。如果把传递价值当作公司的前台，那么支持价值就是公司的中台和后台，它主要包括以下三个部分。

（1）核心资源。

（2）合作伙伴。

（3）运营管理。

核心资源

对于任何公司而言，提供产品和服务，并且把产品和服务交付给目标客户，都需要大量的资源作为支撑，既包括我们常说的资金、技术和人才，也包括越来越重要的数字化能力，比如大数据、商业智能等，这些在数字化时代变得越来越重要。

企业一定要清楚地知道自己的核心资源有哪些。做企业很像打仗，打仗的时候兵马未动，粮草先行，做企业也需要对自己的资源做一个盘点，比如人才、技术、资金、品牌、渠道等，只有资源和战略相匹配，战略才能真正落地。

数字化对企业核心资源的要求越来越高，在某种程度上也形成了企业之间的竞争门槛。以前企业还可能"一招鲜，吃遍天"，但现在企业面临的是"全方位"的竞争，靠单点突破已经很难长期保持竞争优势了，这和数字化削弱了竞争壁垒有关。

30年前，由于交通不那么发达，市场也高度分散，很多地方都有当地的企业，它们只需要有一个"绝活"，就能在当地活得不错。但现在中国的基础设施高度发达，而且数字化填平了信息鸿沟和流通鸿沟，让头部效应变得更加明显。数字化加剧了产业的整合，也让竞争变得越来越残酷，在很多行业，现在只有成为某个细分领域的前三名才能生存下来。在一些高度竞争的互联网的细分领域，第一名往往是赢家通吃，比如搜索、社交、电商。

合作伙伴

对任何一个企业而言，不管它的规模有多大，它在其所在的产业链中都很难做到通吃。它们往往是占据了产业链中的某些关键位置，其他则交给外部合作伙伴。行业的龙头企业往往是行业的标准制定者，或者是针对消费者的集成商和品牌商。

以手机行业为例，我们常见的手机品牌商都只是集成商，手机里的大部分零部件都不是它们生产的，而且需要通过第三方的渠道卖出去。以苹果手机为例，它在手机品牌中已经算是自主研发生产比例较高的了，它主要负责整个产品的设计、中央处理器（CPU）和操作系统（iOS）的研发，以及 App Store 的平台构建，但手机里的其他部件，比如屏幕和电池等都由合作伙伴负责，而且 App Store 里的上百万种软件也是第三方开发的。当手机生产出来以后，除了一部分在苹果旗舰店销售外，其他手机还需要通过第三方渠道销售。

未来分工会越来越细，每个行业都有一套完整的产业链，里面有系统集成商，也有零部件的生产商，还有软件开发者。未来的竞争看上去是企业和企业的竞争，其实是企业背后的产业链的竞争，最后获胜的企业往往代表了整个产业链的获胜。还是以手机这个行业为例，现在的智能手机主要分为 iOS 和安卓两个阵营，前者以苹果为代表，后者以华为、三星、小米、OPPO、VIVO 为代表，这些企业背后都有数以百万计的从业者。早些年，苹果凭借独到的设计、研发和营销优势，虽然市场份额不到 15%，但获取了超过整个行业 60% 的利润。但现在随着安卓系手机的崛起，苹果的市场份额和利润都在下滑。

数字化让组织之间的交易成本变得越来越低，产业链之间也变得越来越有弹性。这对于整个产业链都会产生很大影响，以前可能是公司之间合作，现在则很可能是很多公司和个人围绕一个生态级的平台合作。对于一个行业的领导者，它需要建立平台的能力，以及整合资源的能力，思维方式也需要从以前的竞争变为协同，共荣共生。

运营管理

有了资源和合作伙伴，企业还需要经营管理，才能把这些产品生产出来，并交付给消费者。这个过程比较综合，涉及组织、人才、流程、制度等，还与企业文化息息相关。

很多企业都有不错的战略，但执行起来完全走样，除了资源不匹配之外，还有就是运营管理出了问题。即使企业的愿景和战略非常清晰，产品和服务也不错，资金和人才也还行，但如果运营管理不到位，也很难发挥作用。

华为为什么那么强大？我们看到的是它有很好的产品，有一群非常能"打仗"的团队，但是很少有人知道它背后有一套非常精细的运营体系、组织结构和激励体系。我认为这是华为最有价值的部分，也是我们最值得学习的部分，但很遗憾的是，很多人想学也学不到。

为什么？因为这其实是一个企业综合能力的呈现，需要多年的积淀。企业之间其实相对比较容易模仿的是它所谓的战略，或者说模式，一说大家都听得明白，比较难模仿的是它的战略所依托的产品和服务，最难模仿的是组织能力和运营管理，这不是一朝一夕形成的，也不能快速建立起来，需要不断地自我修炼和内化才能转化为自己的能力。所谓"海底捞你学不会"，指的就是学不会这种能力。

管理者在设计商业模式时，必须充分地考虑互联网新技术对整个公司的产品、制度、流程、文化、管理的影响，才可能做到战略、组织、文化和领导力的匹配。

获取价值

企业在完成一系列经营活动后，必然会产生一部分成本，也会产生一部分收益，收益减去成本就是利润，即企业获取的价值。除了利润，企业还必须考虑资金周转率和资金回报率，以及如何利用债权和股权等资本杠杆推动企业快速发展。

企业都喜欢追求高毛利，但高毛利不等于高回报。以奢侈品为例，奢侈品的单品毛利率都比较高，但由于奢侈品的消费人群有限，导致产品销量有限，再加上各种租金、广告的成本比较高，其总净利润并不高，而且货品的销售周期比较长，资金的回报率也偏低。强调性价比的商业模式往往有更好的资本回报，比如优衣库、宜家、Zara、H&M、小米、名创优品等，这主要有两方面原因：一方面，高性价比会让企业拥有更加广泛的消费人群，所以这些企业的体量比那些做高精尖产品的企业大很多；另一方面，运营效率的优势相对于那些设计创新、技术创新更容易积累，也更容易有规模效应，这是企业在数字化转型中值得关注的新趋势。

另外就是资本杠杆，有的公司通过借债和融资在早期就有很好的现金流，通过早期投入，获得了更快的扩张，增长的效率高于传统用自有资金发展的企业。举个例子，同一个行业有两家公司，年销售额都是 30 亿元，利润率都是 20%，每年的利润都是 6 亿元。如果 A 公司上市了，按照目前中国资本市场平均市盈率（PE）30 倍来计算，6 亿元利润，公司市值大约为 180 亿元。如果这家公司让出 20% 的股份到市场，就能筹集 36 亿元现金，相当于 A 公司年利润的 6 倍，如果它用从资本市场融资的钱去做研发、品牌、渠道，将比完全依赖于自有资金的 B 公司发展快得多，而且上市还能带来品牌商誉，能吸引优秀人才。

在数字化时代，企业也要善用资本来汇聚创新创业人才，让这些外部的创新创业"基因"去推动组织的数字化转型。这与公司的组织变革有很大关系，要求公司变成一个鼓励创新创业的开放式平台，这也会让组织变得更加富有弹性，获得更快的发展。

重塑商业模式的注意事宜

数字化转型对商业模式的影响，就是利用各种数字技术，影响企业的创造、传递、支持和获取价值各个环节，以实现价值创新，适应环境的变化，谋求可持续的增长。在这个过程中，企业必须处理好技术、战略、业务、组织和资本的关系。

数字技术是核心驱动力

"科学技术是第一生产力"，邓小平提出来的这个论断具有普遍性。在过去的三次工业革命中，技术都带动了生产力的革命，并带动了经济和企业的转型。在第四次工业革命中，数字技术依然是推动企业创新的核心驱动力，也是商业模式中的关键变量。

重视数字化的基础设施，让数字化成为推动企业的重要基础。比如，在研发环节使用云计算可以支撑企业基于数据精准洞察消费者需求并快速验证产品性能与功能，从而提升研发创新能力。努力搭建企业数据中台，在生产、库存、销售、质量、物流、财务、成本、绩效等管理环节实现数据自动采集和智能分析，也能起到为企业核心业务赋能的作用。

在2020年的新冠肺炎疫情中，我们发现，同样是零售行业，数字化程度较高的企业受影响较小，甚至是逆势增长，比如盒马鲜生、永辉生活等，而那些数字化程度较低的企业，受到的负面影响较大。由此可知，这次疫情会加速企业的数字化转型，这不仅关乎效率，更关乎生死，如果企业不进行数字化转型，就会面临被淘汰。

数字化转型必须与业务结合

数字化转型本身不是目的，而是为了支持企业创新和成长。因此企业要推进数字化转型，必须从企业遇到的实际问题出发。从上一章我们了解到，企业进行数字化转型的主要目标是提高运营效率、实现数据驱动的智能决策、降低运营成本、获取新用户、提升创新能力、提高企业收入、提升客户满意度和忠诚度。

数字化转型要配套组织变革

数字化转型的支持系统是组织变革,包括组织结构、人才体系、管理制度和流程、公司治理等的变革。没有组织变革的支持,数字化转型将无法落地和持续。

组织跟人之间的关系发生了变化。从前个人必须依附于组织才能生存,个人脱离了组织是没有办法生存的;如今更多个人变为了自由职业者,他们可能会跟很多组织发生关联,但是并不隶属于任何组织。个人变得越来越独立,组织也变得越来越灵活。

组织和管理的方式发生了变化。基于命令、控制的传统管理方式慢慢失效,赋能、激励然后联合的方式逐步发展。如今很多组织都在变得平台化,开始与大量的外部伙伴合作和协同,组织的边界变得模糊,这既保证了组织的活力和弹性,又可以降低成本。

利用资本加速数字化转型

大企业都有很强的组织惯性,从上到下的数字化转型很难,成功概率也不高。企业可以利用资本的力量,通过联合孵化或并购企业的方式,培育自己的创新基因。比如,截至2017年8月,海尔平台上有200多个小微企业,集团更像一个投资平台,通过股权投资的方式,去培育那些更有创新活力的企业,让自身焕发新的生机。

股权投资机构也可以扮演数字化转型的推手。它们的投资人(LP)是传统行业的上市公司,这些上市公司有资源和资金,但创新乏力。它们投资的对象是创业公司,这些创业公司有好的创意,但缺乏资金和资源。股权投资机构可以扮演连接者的角色，拿着传统行业的资金去投资创新行业，然后两边赋能，一边推动传统企业转型，一边推动创新企业成长。

数字化转型需要改变心智模式

数字化转型要成功落地，离不开企业管理者在心智模式方面的改变，这是企业数字化转型最重要的因素，因此在变革过程中，管理者和员工的认知模式都必须随之改变。企业的数字化转型有多个维度，无论是产品和服务的数字化转型，还是组织和管理的数字化转型，背后的支持体系都是心智模式的改变。因此，企业要推进数字化转型，首先要完成的是领导者思维方式的变革，其次是中高层以及公司全员的思维革新。

案例导语 拼多多和名创优品这两个企业的共同点在于，它们都在零售领域颠覆了原有的商业模式，给人的第一印象都是便宜，而且发展速度非常快。便宜和发展很快只是结果，结果背后则是对商业模式的创新，以及数字技术极大地提高了运营效率，从而值得研究和学习。

案例 3-1

拼多多创新商业模式

在短短几年里，人们对拼多多的印象已经发生了翻天覆地的变化。在 2018 年前，拼多多给人的感觉还是"五环外"的"小镇青年"和"大叔大妈"常用的 App，东西虽然很便宜，但质量不敢恭维，可谓"非主流人群"的"非主流选择"。但如今，很多一二线城市的中青年会在拼多多上购买最新的电子产品，它开始变为主流人群的主流选择。

这种认知变化的背后是拼多多在商业模式上的创新。拼多多之所以能在短短四年半的时间里就将平台的成交总额（GMV）做到一万亿元，依靠的不仅仅是便宜，还有人工智能等数字技术对商业模式的创新。通过数字技术，拼多多可以做到更精准的人货匹配，并深度介入供应链，做到城乡直连、工厂直连，改变了电子商务的商业模式。

便宜背后是商业模式的创新

便宜一直是拼多多给人的第一印象,因为同样的东西,拼多多往往能做到全网最低价。要了解拼多多的商业模式,首先要搞清楚一个问题:拼多多上面的东西为什么能做到那么便宜?通过对拼多多的详细调研,以及和高层管理者沟通,我找到了以下这些答案。

首先是对商家的补贴。拼多多始终坚持"0佣金"政策。除支付给支付机构的6‰手续费外,平台不向商家收取任何佣金,并针对优质优价的商品提供足量的免费流量扶持,这降低了商家的运营成本,并体现到商品的低价格上。

其次是对消费者的补贴。2019年中,拼多多正式推出"百亿补贴",对全网热销商品试行不限量、不限时补贴,使得覆盖的超30 000款品牌标品实现全网最低价。拼多多的财报显示,2019年拼多多平台总经营费用为323.4亿元,其中销售与市场推广费用为271.7亿元。2020年2月,拼多多推出"百亿补贴节",补贴力度从此前的20%最高增长至50%。

或许你认为这两个答案平淡无奇,别的电商平台也在这么做,那下面这几点才是拼多多正在努力打造的核心能力,那就是供应链的深度参与,用"直连"模式打造"最短链"。

首先是城乡直连。过去,中国绝大多数的农产品都要通过批发商进行销售。中国农村和农产品已经形成了一条由农户/合作社,经由中小批发商、大批发商、集贸市场/批发市场、菜市场/商超,再到消费者的超长上行通道。移动互联网的出现改变了这一切。拼多多采用创新的"农货智能处理系统"和"山村直连小区"模式,成功为中国分散的农产品整合出一条直达5.85亿用户的快速通道。经由这条农货上行"超短链",吐鲁番哈密瓜48小时就能从田间直达上海消费者手中,价格比批发市场还便宜;一度滞销的河南中牟大蒜卖到了北京,价格只有超市的1/4。借助人工智能、移动互联网等技术,拼多多将全国贫困县的农田与城市的写字楼、小区连在一起,成功建立了一套可持续扶贫助农机制。

其次是工厂直连。拼多多模式具备"少量SKU(库存量单位)+海量订单+爆发周期短"三大特点,与工厂品牌较匹配,能够帮助大量工厂从幕后走向台前,真正触及消费者,实现品牌化,压缩中间成本,掌握主动权,这也使拼多多成为最适合工厂型商家的平台。除了推广费为零,"拼工厂"到消费者中间也没有其他任何分销环节,"没有中间商赚差价",东西自然就便宜了。

最后是需求驱动生产。2018年12月,拼多多推出"新品牌计划",这是一个聚焦中国中小微制造企业成长的系统性平台。根据计划,拼多多将扶持1000个中国工厂品牌,为企业提供研发建议、大数据支持和流量倾斜,帮助企业培育新品牌。拼多多的"新品牌计划"通过两个路径解决企业的增长性难题:一是通过需求前置化,让消费者的意志来决定新品研发和投产的方向,极大降低了研发投入的不确定性;二是在此基础上,用稳定的需求推动企业的高成长性。在这样的发展体系中,成员企业虽然不追求品牌溢价,但依旧取得了稳定甚至超预期的扩张。此前是商家将确定的商品卖给消费者,现在是消费者将确定的需求告知商家,这降低了生产和经营的不确定性,大幅提升了生产和流通效率,形成让利空间。

以上这些答案,正是拼多多能够做到如此便宜的原因,也是拼多多快速增长的原因。

拼多多2019年的财报也证明了拼多多增长之迅速。2019年全年,拼多多的GMV突破1万亿元,达到10 066亿元,较

2018 年的 4716 亿元同比增长 113%（见图 3-2）。这个速度非常惊人，要知道阿里巴巴的 GMV 突破 1 万亿元是在 2013 年，当时阿里巴巴已经创立了 14 年，京东的 GMV 突破 1 万亿元是在 2017 年，当时京东已经创办了 19 年，而拼多多的 GMV 超过 1 万亿元，只用了短短的 4 年半时间。

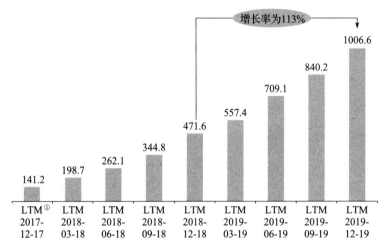

图 3-2 拼多多的 GMV 增长曲线（单位：10 亿元）

① LTM 的意思是"过去 12 个月"。

拼多多的用户增长也非常迅速。财报显示，截至 2019 年底，拼多多的活跃买家数达 5.85 亿，四季度单季净增 4890 万。活跃买家年度平均消费额达 1720.1 元，同比增长 53%。拼多多 App 是拼多多的主要流量入口，平均月活用户数达 4.82 亿，较上年同期的 2.73 亿净增 2.09 亿，这个新增用户速度也非常惊人。

新消费和人工智能驱动

在拼多多刚上线的时候，一些人对拼多多很不屑，觉得拼多多不过是"淘宝＋聚划算"的一个简单组合，就是利用低价商品和消费者补贴引流,然后通过社交分享机制去拉新用户。后来随着拼多多的快速发展,他们才发现看低了拼多多。拼多多的打法与淘宝和聚划算完全不同。

如何定义拼多多?拼多多官方给出的定义是,拼多多是一个基于人工智能、大数据技术和移动互联网的新电商平台。其基础模式是利用移动互联网技术,通过大数据算法了解消费者的需求,然后为消费者寻找能够满足其需求的商品,也就是我们常说的C2B或者C2M。

2018年6月,拼多多提出"新消费"理念,强调把新技术应用到流通环节中,提高渠道销售的效率。拼多多新消费研究院常务副院长古塔介绍,"新消费"是从消费者的需求出发,将传统零售"以货为主"彻底变革为"以人为主",强调先去掌握、了解和预测用户的需求,继而系统性创造产品、场景来满足需求。

2020年1月13日,新华社瞭望智库发布的《2019长三角新消费发展报告》指出,"新消费"是对传统零售模式和理念的颠覆式创新,这一概念迅速得到全行业认可,多家传统零售巨头也纷纷加入探讨。作为上海互联网领域的"领头羊",拼多多通过创新的"拼"模式和分布式人工智能技术,推动零售的渠道变革和制造业的研发生产进入以"人为先"的新时代。

从"人找货"到"货找人",人工智能技术在拼多多的平台运营中发挥了重要作用。

拼多多的人工智能技术有两个特点:一个是"分布性",系统里的数据、知识、控制逻辑等信息都是分布存在的,系统中的节点和路径能并行求解;另一个是"协作性",各个子系统不是孤立存在的,可以彼此协作,相互联系,这也相应提高了系统的容错性。拼多多把消费者个体的需求及其满足也看作一个子系统,通过"拼"或游戏的方式让子系统之间交换信息,把长周期的分散需求归集为短周期的批量需求,打通了供需环节。

在拼多多的分布式人工智能框架下,人人都会有一个"AI代理","AI代理"之间可以进行信息交换,互相交换对世界的理解。这样,你可能会在自己个性所需的一款商品上看到"好友多次购买""好友好评"的标签,从而提升你的信任感和判断准确性。这种分布式AI能继续推动"人以群分",帮助用户更便利地交换信息,降低决策成本,提高交易的效率。

在尝试不断增强消费者的决策自主权和决策能力的基础上,通过推动消费者之间更多的人际互动,拼多多把长周期的分散需求归集为短周期的批量需求。在农业领域,这特别有利于把农产品在很短的成熟期内卖出去,帮助农民有产就有销,多劳能多得;在工业领域,这也有利于确定批量订单,给C2M提供坚实的业务基础。

拼多多的快速增长也基于其开拓了"货找人"的新模式。拼多多平台搜索占比非常小,取而代之的是通过分布式AI发掘可能存在的消费需求,再用社交裂变的方式代替发布广告和市场教育,将口碑传播的时间极限压缩。

拼多多如何为商家赋能

拼多多的分布式人工智能还可以模拟人的交易行为,模拟人在购买过程中互相学习、互相影响的行为,不仅能为用户个体带来价值,也能带来全局的优化。

举个例子,企业在生产一款商品的时候,可以把设计、理念输入分布式网络,由这个网络进行模拟,如果得到的反馈是平台的5.8亿用户中有1%的用户有意愿购买,企业就可以知道这款商品的预测销量大约为580万个。这意味着,未来企业在生产之前就能明确知道商品的受欢迎程度，从而更有针对性地进行生产。这会提高市场基础上的"计划性"，减少社会资源浪费。拼多多的"新品牌计划"就是在做这件事。

拼多多是一家技术和数据驱动的公司，在技术工程师团队中，有超过200人专门负责基于分布式AI技术在充分保护用户隐私的基础上"读懂"用户，再由"新品牌实验室"包括产业专家在内的团队将其转化为具体数据，最后输出给生产厂商，指导其生产计划。

为了推动消费端与生产端直连，农业数字化和"新品牌计划"是拼多多正在深耕的战略规划。

在农业数字化上，拼多多以"拼"模式为中国"小而散"的农业生产提供了多对多的匹配模式，让原产地"最初一公里"和消费端"最后一公里"直连。比如拼多多上的吐鲁番哈密瓜的价格低于批发市场，湖北秭归的脐橙、河南中牟的大蒜、广西的百香果、云南的菠萝等各地优质农货，价格只有超市的一半甚至1/4。

2018年12月，拼多多推出"新品牌计划"，为做大做强国内自主品牌提供数据支持和流量倾斜。截至2019年12月底，已经有超过900家知名品牌在内的企业参与"新品牌计划"，遍布安徽、江苏、山东、福建等地，累计推出2200款定制化产品，涉及家电、家纺、百货、数码等近20个品类，定制化产品订单累计超过1.15亿单。

与传统电商巨头不同，拼多多完全基于对"人"的理解来智能匹配供需，利用分布式AI技术归集挖掘不同人群的不同需求侧面，不仅将海量需求直连工厂，更在保护消费者隐私的基础上，全维释读消费数据，反哺上游企业，从算法、产品、运营到品牌实验室，全链条丰富"新品牌计划"的团队结构。

在复旦大学产业与区域经济研究中心范剑勇教授看来，"C2M

策略进一步的方向就是产业带集群的数字化升级,而这需要靠算法的精准性来推动生产率提升",拼多多的独到之处,是以成百上千种方式对消费者"划群"的能力,这把"个性化定制"与"规模化生产"很好地结合起来,与传统电商平台的"长尾现象"非常不一样,使此前大多停留于口号和理念的 C2M 第一次有了大规模落地的深厚基础。

以一家名为"三禾"的企业为例,在 2018 年底拼多多推出聚焦中国企业成长的"新品牌计划"后,拥有顶尖制造工艺的三禾成了首批加入的企业之一。

"新品牌计划"为三禾提供了完全不同于以往的生产、研发和开拓市场的模式。三禾董事长方成说:"在传统线下渠道,一个新产品的开发要经过市场调研、线下反馈等过程,经销商传递信息相对滞后,产品开发周期很长。但在拼多多的 C2M 模式下,工厂能及时根据线上需求进行研发生产,产品研发周期缩短 50%,更新速度能够很好地适应市场发展需要。"

除了大幅降低企业的经营和营销成本,拼多多的技术团队还为三禾的研发设计提供了足量数据支撑。根据拼多多的数据分析和运营建议,三禾在 99 元价位进行深度开发,重新设计开模,做出了一款符合中国更多用户消费习惯的好产品。对标三禾的代工产品,同样规格、材质的产品,美国市场的价格是 99 美元。

经过一年的发展,截至 2019 年底,三禾在拼多多平台的月销售额已经稳定在 300 万元,预计 2020 年的销售额将超过 4000 万元。凭借优质优价的商品,三禾也迅速发展成国内锅具的代表性品牌。

值得一提的是,及早布局使三禾有效规避了疫情带来的风险。2020 年 3 月方成说:"疫情防控时期,国内消费者的居家饮食占比增加，聚集聚餐行为减少，2月下旬到现在，三禾在拼多多的旗舰店日销量实现了100%的环比增长，越来越多来自各个地区的消费者开始通过拼多多购买三禾的厨具。"

《2019长三角新消费发展报告》以山东家纺产业带为例，详细介绍了"新品牌计划"的落地。

山东高密共有规模以上纺织企业200多家，已形成以孚日等为龙头的发展格局。针对家纺行业品牌升级难题，高密市政府牵头成立"新品牌联盟"，旨在联合拼多多平台加快家纺产业发展，推动地区实体经济的数字化转型升级。孚日以有30年历史的出口品牌"洁玉"进驻拼多多开设官方旗舰店。

数据显示，截至2019年底拼多多平台上来自江苏、山东等纺织大省的企业已超过5000家，山东地区的家纺整体成交额较2018年同期涨幅超300%，家纺已是拼多多成长最快的商品类目之一。更早之前，拼多多还为丝飘、家卫士等传统企业定制过产品。这些企业长期为国外知名品牌代工，虽然业内很有名但没有形成自主品牌。根据拼多多的用户数据定制的产品，销量都有惊人的增长。比如，丝飘的小包装纸巾在拼多多的年销售额已超过3亿元；家卫士去除冗余功能，推出售价278元的扫地机器人，半年售出新品30万台。

随着"新消费+新制造"的深度联动，拼多多的"新品牌计划"从"单厂扶持"向"产业带激活"快速推进，"新品牌计划"也升级为"新品牌联盟"。

案例 3-2

名创优品重塑商业模式

2020年10月15日，名创优品在美国纽交所上市，当天市值超过 60 亿美元。名创优品堪称全球上市速度和国际化速度最快的零售企业，从 2013 年 11 月开出第一家店，到 2020 年 10 月上市，名创优品只用了不到 7 年的时间。名创优品的招股说明书显示，截至 2020 年 6 月 30 日，名创优品在 80 多个国家和地区开店 4222 家，2019 年的成交总额（GMV）超过 190 亿元，营业收入超过 93 亿元。无论是增长速度还是国际化速度，名创优品都创造了一个小小的奇迹。

因为品牌名称和产品品类都很相近，经常有人将名创优品与无印良品相比。的确，从创业之初开始，名创优品就是冲着无印良品去的，一个优品，一个良品，而且产品品类非常接近，甚至很多产品的供应商是一家，但名创优品的价格通常只有无印良品的 1/2～1/3。名创优品只用了六年多时间，在店铺数量和销售额方面都超过了有三十多年历史的无印良品。

很多人以为名创优品是一家日本公司，其实它的运营总部在中国广州，由叶国富和三宅顺也联合创办，公司的 CEO 是叶国富，三宅顺也主要负责设计风格，平时很少参与运营。叶国富一直从事零售领域的创业，名创优品相当于他的转型之作。

叶国富是一个颇具网红气质的企业家。他最大的爱好就是去全世界各个地方巡店，包括自己的店和同行的店。他还亲自负责产品的选品，对什么产品畅销有一种直觉的敏感。他还喜欢制造话题，点评其他企业和企业家，一会儿掺和马云与王健林的赌局，一会儿邀请格力电器的董明珠加盟，一会儿又说苏宁电器没有价值，江湖人称企业家中的"小钢炮"。

在创业早期，名创优品给人的第一感觉是便宜，而产品品质一般，但很快它就提高了产品品质和设计感，形成了"优质低价"的品牌形象。如今，名创优品还和一些全球顶级 IP 合作，比如迪士尼、漫威、可口可乐和故宫等,并开了大量联名IP黑金店,店面形象和产品包装也"高大上"了不少,成了网红打卡直播的地方,"顶级IP"的概念开始深入人心。

名创优品创新了杂货店这个细分行业的商业模式,而且在商业模式的各个环节都做了很多创新尝试。2018年9月,名创优品获得了腾讯和高瓴近10亿元的投资,开始引入智能零售系统,还在社交电商方面频频发力,这些数字化转型的经历也颇值得研究和借鉴。

客户细分和产品品类

名创优品不是叶国富的第一次创业,他之前已在零售领域摸爬滚打了近十年时间,创办过一个女性饰品品牌,是这个领域的隐形冠军。到了2012年左右,叶国富觉得这个生意已经做到头了,因为这个细分市场的"赛道"太窄了。

叶国富开始去全球考察市场,结果发现了日本的一家名叫大创的企业,其商品的价格大多只有200日元,大概相当于10元人民币,其中大多数商品都是中国制造的,生意却很好。他也考察了无印良品,发现商品大多是中国生产的,但它们在日本的价格比在中国便宜很多。

在受到这两家企业的启发后,叶国富想利用日本的品牌和设计,以及中国的制造能力和市场,做出一个新的品牌。后来他遇到了日本设计师三宅顺也,两个人都有类似的想法,于是一拍即合创办了名创优品。正如名创优品这个名字,名创优品混搭了无印良品的设计和品类,以及大创的低价策略,算是商业模式的微创新。

名创优品的客户价值主张是为全球消费者提供更高品质、

更低价格的商品。在客户细分上,名创优品把目标客户定位于18~35岁的年轻女性,她们注重生活品质,但不愿意为品牌付出过高的溢价。它的产品品类主要是符合女性审美标准的日用快消品,包括化妆品、化妆工具、3C 配件、家居用品、餐具、配饰、文具等,而且绝大多数产品都是自有品牌。

2013 年 11 月,名创优品在广州开了全球第一家店。名创优品的第一家店开在小区附近,以为这里的人对价格会更加敏感,但很快发现这条路行不通。叶国富马上调整策略,开始在商业中心开店,而且努力提升产品的设计感。通过"优质低价"和"时尚设计"这两个价值主张,名创优品很快站稳了脚跟,而且赢得了很多年轻女性的青睐。

投资加盟直营

连锁经营通常有两种模式:直营和加盟。所谓直营,就是公司总部负责店铺的投资,而且所有员工都是公司的雇员,其好处是可以确保品质的一致性,缺点是重资产、扩张慢。所谓加盟,就是公司总部主要给加盟店提供品牌和产品支持,由加盟商负责店铺的选址和运营,好处是轻资产、扩张快,缺点是管控力度不够,有时候会损害用户体验和品牌。

名创优品用了一种新的连锁模式,那就是投资加盟。投资商负责选址,并提交给名创优品审核,在审核合格并缴纳了品牌使用费、装修费和货品保证金后,就成为名创优品的单店投资商。名创优品总部负责统一装修、统一供货和统一管理,确保店铺形象和管理的一致性。投资商并不参与店铺的运营,它们主要负责早期选址和投资,并基于销售额分红。

在店铺选址上,名创优品没有在小街小巷开社区店,而是选择了人流量大的城市中心，比如红火的步行街、大型社区汇集的商业圈、生意最好的购物中心、黄金地段的商场店铺、交通枢纽的商业物业等。这些地方的租金往往比较高，但叶国富认为，黄金位置有助于提升店铺的影响力，将进店率转化为成交率，店铺引流的效果比广告更加直接有效。

名创优品和投资加盟商有一个约定，投资商能分享每天营业额的38%（食品、饮料为33%），但需要承担店铺转让费、门店装修费、门店租金、一线员工工资、水电费等日常经营开支。通过这种分账模式，名创优品快速把优质店铺资源和闲置资金利用起来，快速扩张店面，仅仅在2015年就开了1100多家店。通过投资加盟的模式，名创优品一方面实现了快速扩张，另一方面也实现了轻资产运营，降低了经营风险。

通过这种合作模式，名创优品将加盟商变成了合伙人，双方优势互补，用最低的成本去争取最大的收益，而且降低了各自的风险，实现了双赢。

数字化营销

2020年6月，名创优品做了一支品牌广告，强调其"优质低价"和"全球IP"的品牌调性。在此之前，名创优品几乎没有做过品牌形象广告，叶国富认为，在CBD开店以及良好的店面设计和产品设计本身就是最好的传播载体，因此不需要借助其他媒体做广告。

叶国富本身就是名创优品的代言人。他经常参加各种谈话类电视节目，参加各种商学院的演讲，很善于制造各种有争议的话题，而且金句频出，会引发媒体跟进报道。2019年，他在哈佛商学院和哈佛中国论坛上的演讲就吸引了很多学生的关注。

叶国富也很善于做公关，他经常在时尚、财经、都市和航空类传统媒体，以及女性关注的新媒体上刊登公关软文，在热门偶像剧中进行广告植入，以此营造国际化的快时尚。

截至2019年底，名创优品的几个微信公众号的粉丝数加起来超过4000万，在中国的公司微信公众号中排在前几名。名创优品微信公众号早期涨粉的诀窍是"扫码就送包装袋"，通过这种方式，在短短一年内就积累了几百万粉丝，后来则主要靠内容的精细化运作，名创优品的微信公众号几乎不发布公司新闻，文章大多和生活方式有关，可读性比较强，偶尔会有产品和品牌广告，植入也是不露痕迹。

2019年5月，名创优品还开发了微信小程序，集成了O2O服务、会员注册与权益兑现等核心功能。在名创优品的小程序里，用户可以选择离其最近的名创优品门店在线下单，通过第三方快递很快就能拿到商品。这种基于位置服务（LBS）的社交电商让名创优品的几千家门店变成了前置仓，快递速度远高于集中仓库的电子商务，实现了线上线下的销售同步。

截至2020年3月底，名创优品微信小程序累计登录用户达到了2575万个，月活用户近300万个。实现2000多家名创优品门店的O2O建店（同城急送）。同城急送业务正以每周40%左右的速度迅速增长。

战略供应商

名创优品的价值主张是"优质低价"和"顶级IP"，负责产品和品牌合作的商品中心也是公司最核心的业务部门。

名创优品有一套引以为傲的供应商管理模式，主要体现在：以量制价+买断定制+不压货款。商品采购价由订单规模决定，它往往会下很大的单，而且付款周期也比较短，以换取比较大的采购价格优惠；名创优品与供应商联合开发商品，然后买断版权，形成独家资源；在商品计划期内，根据市场需求采购特定数量的商品，免去供应商的库存之忧。

名创优品的核心供应商大多是给大品牌做贴牌代工的大型企业，其中包括无印良品的代工企业。它之所以选择这些比较大的企业，是因为它们有更大的产能，以及生产成本的控制能力更强，在保证品质的前提下能做到价格最低。它不只是简单的采购，还经常和供应商联合开发商品，对于其中优秀的核心供应商，它甚至会参与投资，确保产能和价格的稳定。

随着名创优品开始往"顶级IP"方向走，它也会联合越来越多的顶级品牌推出联名款，到目前为止，名创优品已经签约了迪士尼、漫威、故宫、潘通、芝麻街等品牌。通过和这些顶级品牌联合，名创优品的品牌形象也提升了不少，但价格依然"亲民"，因此大受欢迎。名创优品计划未来联合本土设计师，开发更多自己的品牌。

智慧运营

名创优品的另一个核心部门是运营中心，主要管理名创优品的4000多家门店，这些门店分为三类：中国的直营店、海外的直营店、海外的非直营店。管理门店是一件精细化运营程度很高的事情，包括商品选择、摆放、促销、销售等。

举一个具体的运营细节的例子：国内很多杂货店的货架高度为1.7米，但名创优品的货架高度只有1.5米。其调整背后的原因在于，中国女性的平均身高大概为1.55米，如果货架太高的话，会影响消费者取货的体验。此外，在什么地方摆什么商品也是大有讲究的。

在腾讯和高瓴投资名创优品以后，名创优品也开始引入腾讯的智慧零售系统，以提高门店经营的智能化水平，为门店业绩提升提供有力的数据支持。截至2019年底，系统的全国门店覆盖率为70%。

智慧零售系统对于名创优品最大的价值首先在于选址。该系统有一套智能选址系统，它根据庞大的数据库，以及分析热门商圈的人流量和人群特征，找到最好的开店地址。这样的分析系统提高了选址成功的概率。

智能零售系统还通过摄像头分析每个消费者的大概特点，比如性别、大体年龄区间、购物偏好，以及在门店里的行动路线。根据对大数据的分析，可以更好地准备一些受欢迎的商品，并优化店内的商品摆放，让消费者有更好的体验，增加销售额。

智能零售系统将名创优品全球的销售数据实时同步到总部，并通过一个叫作战工作室的工具，让拥有不同权限的管理者看到不同层面的数据。比如，运营中心的总经理可以看到单店销售额、大区销售额、畅销商品排行榜、库存商品排行榜，这样他就可以做出更好的决策。

智能零售系统还给名创优品的财务带来了积极影响。所有费用统一归集到数据中心，通过企业微信进行互动对账，跳转手机网银实现自助支付。智能零售系统还打通了业务到财务核算的流程，业财一体化大大降低了财务人工核算、记账等工作量，每月自动生成近3000家店铺的结算单，实现了与加盟商的T+1自动分账，大幅提升了加盟商对账和交互的体验与效率。

成本和收入

名创优品的商品定价机制简单而透明，零售价通常是采购价的 2 倍,也就是定倍率(零售价除以采购价)是 2,同行一般是 3～5。由于名创优品采取爆款单品的策略,因此一件商品的采购量通常以千万计,大规模采购加上良好的付款信誉使名创优品拿到的采购价也是业界最低的。采购价和定倍率都低于同行,终端的零售价自然就低于同行。

比如,一件定价 10 元的商品,名创优品的采购价为 5 元。名创优品把这个商品卖出去之后,立即返还给投资加盟商 3.3～3.8 元,但它们得承担店铺租金和终端员工的工资。名创优品看似只赚了 1.2～1.7 元,但不用承担店铺租金和终端员工的工资,只需承担总部的管理费用,包括设计、采购、运营和物流等,因此净利率可以维持在 5% 左右。

消费者历来有"便宜没好货"的心理,名创优品刚刚开业的时候,因为零售价格比同行低很多,商品的品质受到很多人怀疑,后来才慢慢建立起自己的信誉。名创优品印尼店刚开业的时候,小商品经常在半小时内被抢购一空,后来发现主要的买家不是消费者,而是当地的批发商,因为名创优品的终端零售价比它们拿到的批发价还便宜。

名创优品一直拥有良好的现金流。一方面,名创优品会向单店的投资商收取品牌使用费和货品保证金,其中货品保证金基本可以涵盖在售商品的成本,不用额外占用公司的现金。另一方面,名创优品的销售基本上都收现金,没有应收账款,虽然单笔销售收入不高,但由于人流量大、复购率高,因此总体收入也不错。

据不完全统计,2019 年只是在中国,名创优品就有近十亿人次进店,其中购买人次高达 3 亿,将近 30% 的转化率不仅远高于电商,在同行中也是最高的。

资本杠杆

如果说投资加盟是名创优品的第一个资本杠杆,那么供应链金融和消费者金融则是名创优品的第二个资本杠杆,而吸引腾讯和高瓴投资则是名创优品的第三个资本杠杆。

名创优品背后是数千家供应商,在供应链管理方面优势明显,也为它们和第三方合作做供应链金融打下了很好的基础。另外,截至 2019 年底,名创优品拥有近 4000 万微信公众号粉丝,这些数据也为第三方做消费者金融提供了便利。

腾讯和高瓴的投资也为名创优品的发展奠定了新的基础。为了深耕产业,腾讯成立了云与智慧产业事业群,希望未来在消费互联网和产业互联网上发力,名创优品在消费和产业方面都可圈可点,与腾讯的战略转型方向非常一致。它们投资名创优品也是战略布局。

在消费互联网领域,名创优品已经在全球 80 多个国家开设了 4200 多家店,拥有近 3 亿人次的消费者。名创优品仅微信公众号就拥有近 4000 万粉丝,如果能将这些粉丝转化为高黏性的会员,这对于名创优品和腾讯来说都非常有价值,可以强化其市场影响力。

在产业互联网领域,名创优品背后是数千家供应商和加盟商,在供应链管理和共享渠道方面优势明显。腾讯的战略投资强化了名创优品在这个领域的优势,同时腾讯也可以将其数据为己所用,腾讯需要一个产业互联网的成功案例,未来可以复制到其他领域。

名创优品已经开启了上市计划,一旦成功上市,它则会启动第四个资本杠杆。未来的新零售一定需要和资本相结合,这也是零售行业的大势所趋。

本 章 核 心 观 点

1. 商业模式是对商业过程中创造价值、传递价值、支持价值、获取价值的系统描述。商业模式也可以被理解为企业和利益相关者——客户、员工、股东、合作伙伴等之间的交易结构。

2. 数字化对创造价值的影响是,越来越多的产品将会成为物联网的一部分。以小米为例,它不仅生产手机和路由器,还生产各种各样的家电产品,比如空调、冰箱、洗衣机、电饭锅、空气净化器。这些产品都可以通过物联网连在一起,这样就可以远程操控,而且产品本身也会越来越智能化,它们会成为数字化生活的一个入口。

3. 由于越来越多的消费者开始通过手机App来获取信息,因此所谓的客户细分往往是通过不同的App来实现的。通常我们根据一个人每天使用App的时间,就基本可以勾勒出这个人的消费偏好和人物画像。在类似于淘宝这样的超级平台上,不同的用户看到的首页不一样,这给人的感觉是客户高度细分,提供的购物体验完全不同。

4. 各种社交媒体和电子商务的兴起,让客户不仅仅是消费者,也是品牌的传播者和分销渠道。比如通过大量的消费者行为分析,我们就可以知道应该生产什么样的产品。消费者购物以后会发朋友圈或者点评,他们的意见也会塑造品牌形象。云集、TST、爱库存这样的社交电商的兴起,把消费者发展成了品牌传播者和分销渠道。

5. 数字化让组织之间的交易成本变得越来越低,产业链之间也变得越来越有弹性。这对于整个产业链都会产生很大影响，以前可能是公司之间合作，现在则很可能是很多公司和个人围绕一个生态级的平台合作。对于一个行业的领导者，它需要建立平台的能力，以及整合资源的能力，思维方式也需要从以前的竞争变为协同，共荣共生。

6. 数字化转型对商业模式的影响，就是利用各种数字技术，影响企业的创造、传递、支持和获取价值各个环节，以实现价值创新，适应环境的变化，谋求可持续的增长。在这个过程中，企业必须处理好技术、战略、业务、组织和资本的关系。

7. 股权投资机构也可以扮演数字化转型的推手。它们的投资人（LP）是传统行业的上市公司，这些上市公司有资源和资金，但创新乏力。它们投资的对象是创业公司，这些创业公司有好的创意，但缺少资金和资源。股权投资机构可以扮演连接者的角色，拿着传统行业的资金去投资创新行业，然后两边赋能，一边推动传统企业的转型，一边推动创新企业成长。

8. 数字化转型要成功落地，离不开企业管理者在心智模式方面的改变，这是企业数字化转型最重要的因素，因此在变革过程中，管理者和员工的认知模式都必须随之改变。企业的数字化转型有多个维度，无论是产品和服务的数字化转型，还是组织和管理的数字化转型，背后的支持体系都是心智模式的改变。因此，企业要推进数字化转型，首先要完成的是领导者思维方式的变革，其次是中高层以及公司全员的思维革新。

9. 拼多多的便宜只是结果，但原因绝不是假冒伪劣和百亿补贴，背后有人工智能等数字技术的影响。通过数字化和数字技术，拼多多可以做到更精准的人货匹配，并深度介入供应链，做到城乡直连、工厂直连，改变了电子商务的商业模式。

10. 名创优品创新了杂货店这个细分行业的商业模式，而且在商业模式的各个环节都做了很多创新尝试。在引入腾讯和高瓴的投资以后，名创优品还开始引入智能零售系统，并在社交电商方面频频发力，这些数字化转型的过程也颇值得研究和借鉴。

第 4 章

制定数字化转型战略

数字化转型成功的企业，大多有一以贯之的数字化转型战略。要推动企业的数字化转型，首先要制定企业的数字化战略。数字化转型战略是企业数字化转型的核心前提和所有转型活动的顶层设计，为企业抢占数字化发展先机和加速转型变革提供方向性、全局性的方略。以企业级数字化转型战略为指引推进数字化转型，将大大提高转型效率，使企业有效获取数字化效能。

推动企业数字化转型，不仅需要制定数字化转型战略，而且制定战略的方法都和以前不同了。由于企业的外部环境在快速变化，因此数字化转型战略必须足够敏捷，而且能够随着时间的变化快速迭代。为了让战略的制定和执行不脱节，企业还必须让管理者参与到战略的制定中来，用共创的方式制定企业的数字化转型战略，做到数字化转型战略的"知行合一"。

数字化企业的五个核心理念

在数字化时代,数据正成为驱动经济转型和产业升级的新要素、新引擎。数字化转型战略就是在数字化的大背景下,让公司的各方面进行变化,同时找到独特的战略定位,并提高运营效率,强化竞争优势。阿里研究院的研究表明,面对变幻莫测的市场需求和竞争格局,推进数字化转型已成为众多企业顺应变革趋势的主动选择。

阿里研究院的研究表明,在数字经济时代,最重要的两个关键元素是"数"和"智"。"数"就是数字化,每一个消费者以及产业价值链上的每一个环节,都会被数字化。"智"就是智能化,是指基于数字化的闭环进行智能决策。因此,要推进企业数字化转型,打造数字化企业,应当遵循以下五个核心理念(见图4-1)。

图 4-1 数字化企业五大理念

1. 以消费者运营为核心

以消费者运营为核心意味着企业要从以产品为中心的传统思

路转变为以消费者为中心,围绕消费者数据,洞察消费者需求并提升消费者的体验。数字化企业必须拥有实时服务海量消费者的能力,对消费者做到全场景、全周期的运营,实现对消费者数据资产的运营。

2. 实现全域数据融合

数据只有在流动和融合中才能创造最大价值,因此数字化企业要能够基于数据中台实现自身数据的集合和分析,要能实现企业数据与平台数据等的融合。以精准营销为例,就是要实现企业自身数据、互联网平台数据、社会宏观数据等的融合,这样才有可能实现对消费者行为的精细化洞察,并进而实现"千人千面"的精准化营销。

3. 用消费端数据驱动供给端变革

过去10年的数字技术应用都发生在消费端,未来则需要以消费端数据驱动供给端变革,实现"消费端+供给端"的"双轮驱动",这也是企业实现数字化转型的重要路径。

4. 重构数字商业的基础设施

数字技术已成为当今全球商业创新的第一驱动力,云计算已成为企业数字化转型的主要催化剂,以"IoT化、云端化、中台化、移动化"为主体的数字商业基础设施将是推动企业数字化转型的"技术底座"。

5. 追求和创造可持续的增长模式

企业转型升级就是要升级为可持续的高质量发展模式,数字化转型就是要让企业有能力实现"新品、新客、新城、新场景"的持续拓展，不断创造新的增长点，也更有能力持续提高人、财、物的运转效率，从而实现企业运营模式的全面转型。

基于以上分析，企业的数字化转型战略必须基于企业的核心业务、组织与协作、基础设施，而且能产生切实的市场表现，否则就只是空中楼阁（见图4-2）。

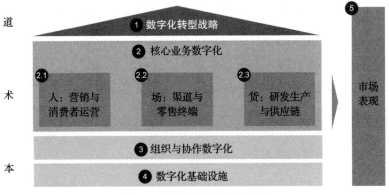

图4-2 数字化企业的全局图

数字化转型需要的战略思维

制定企业的数字化转型战略需要有一些底层的战略思维。战略的流派很多，在制定数字化转型战略时，W.钱·金和勒妮·莫博涅的"蓝海战略"理论与亨利·明茨伯格的"战略手艺化"理论是两种值得借鉴的战略思维和方法论。

蓝海战略

欧洲工商管理学院教授W.钱·金和勒妮·莫博涅认为，企业可以从价值感知的层面去重塑战略，让差异化和成本领先兼得。他们把通过降价、提高效率等手段进行竞争的现有市场称为"红海"，而将通过价值创新开创的无人争抢的市场称为"蓝海"。他们的战略理论被称为"蓝海战略"，在战略流派中偏战略设计流派。

蓝海战略认为，现有市场中的顾客不是争夺目标，它关注的是开辟新市场，培养那些有潜在需求的顾客。因此，我们不能一味地迎合顾客偏好，而是要合并细分市场，整合需求。比如，我们可以把产品给顾客的价值感知分为很多维度，然后比较市场同行在每一个维度的优势，再通过价值链的调整创造全新的产品。对于那些顾客价值感知度很低但成本高的环节，就控制成本；而对于顾客价值感知度高的环节，就提高成本的比重。

蓝海战略认为，通过削减价值感知度不高的环节来降低成本，通过增加或者完全创新一个新的价值主张，甚至创造前所未有的新体验，让消费者感觉到差异化。通过这种全新的价值组合，企业就可以兼得差异化战略和成本领先战略，从而创造一个全新的市场。

蓝海战略认为，技术创新不是决定性因素，因为开辟蓝海市场所运用的技术通常已经存在，它或许是多个已有技术的综合，创新者只是将这种技术与顾客看重的价值联系起来，比如第一代 iPhone 就是 iPod 和手机的结合。另外，企业开拓蓝海市场往往是基于自己的核心能力，而不是盲目跨界，比如华为做手机是因为它在通信行业有技术积累。

蓝海战略认为，实施蓝海战略的风险不比红海战略低，红海战略和蓝海战略可以兼施。这两个观点对于要做数字化转型的企业来说意味着两点:一方面运用红海战略的方法、工具在已有市场中竞争,最大限度地利用这个市场,增加现金流;另一方面运用蓝海战略的方法、框架、工具开创新市场,以开启未来获利和增长的潜力。

战略手艺化

传统的战略设计流派将战略视为有计划、有预谋的行动。管理大师亨利·明茨伯格对此不以为然,他认为战略设计者往往夸大了决策者的认识能力,实际上战略过程常常包含着学习、完善和调整,尤其在执行的过程中,战略不是规划出来的,而是慢慢演进形成的。

亨利·明茨伯格把他的这个想法整理成一篇文章"战略手艺化"发表在《哈佛商业评论》上。在这篇文章中,他提到了他的妻子制作陶艺的过程,一开始她可能只是对陶器的样子有一个基本的概念,但她在制作过程中会调整自己的想法,因此他认为战略是一个学习过程。

很多媒体和商学院在分析一家企业的时候,往往由于不了解企业制定与实施战略的过程信息,而将战略的成败简单归因于事前的战略规划,在解析成功经验的时候尤其如此,但真实情况往往并非如此,这是人们想象出来的战略,而非真实的战略。

亨利·明茨伯格认为,在办公室里做分析固然需要,但调研数据常常只能给出现实的描述与解释,且抽象而呆板,实际的体验与观察才是激发问题解决思路的源泉。战略往往不是源于制定,而是源于发现,在底层如草根般成长的战略幼苗需要的是发现的眼光和机会。

现代企业的组织方式造成了"脑"与"手"的分离。战略决策者脱离一线导致了他们远离组织中那些最具战略意义的信息。如果组织中缺少信息流动的通畅管道，或是决策者以为战略可以高高在上，他们就可能失去发现好战略的机会。上述问题在层级制的跨国公司中是非常常见的。

传统的战略规划方法是将战略程序化的方法，常常将人们导向战略趋同，各种工具、模型看似逻辑自洽，但往往空洞且远离企业的具体现实。制定战略的过程不是一个建立在分解基础上的程序，而是一个综合的过程，包括综合通行的认识与企业的现实，综合高层的思考与基层的探索，综合对将来的判断与对过去的认识。

每个战略理论都有其适用的语境，没有绝对正确的选择。只有学会灵活运用，才有可能使其在企业转型中发挥作用。企业的战略要能够涵盖与战略相关的运营行为，企业的管理者要审视市场环境的变化：第一，发现新的消费者需求；第二，制造有竞争力的产品与服务，满足需求；第三，建立差异化的竞争优势。这三者缺一不可。

制定战略要有两种视角：一是市场视角，二是能力视角。市场视角是由外而内的，是指一个企业得以存在的优势化差异。能力视角是看企业的能力，是否具有充足的人力、财力和物力，有能力在市场里获胜。市场和能力的交集就是一个企业的战略突破点。一个好的战略应该同时满足三个条件：有市场需求、企业能力足够、有差异化优势。

要制定一个清晰的战略必须搞清楚以下这些问题：你的竞争对手是谁？客户是谁？可替代者是谁？供应商是谁？合作伙伴是谁？你和它们分别是什么关系？你在哪里打这场仗？只有搞清楚这些问题，你才有可能找到一个比较有利的战略点。

敏捷、共创和迭代的数字化转型战略

正如前面提到的亨利·明茨伯格所说的，传统的基于调查和分析的战略规划方法论已经渐渐过时，这在数字化时代尤为明显。数字化时代也在颠覆传统的战略制定范式。

以前企业做战略规划的思路是这样的：战略咨询公司派出一个项目小组到企业，首先调研客户的需求和现状，然后做市场分析、调研访谈、行业人士的调研，最后制作一份精美的报告。这些报告无论在专业性还是呈现方式方面都很专业，但咨询公司并不参与战略的执行，这些美好计划能不能落地，就要看企业的"造化"了。

公司将战略咨询外包给第三方咨询机构有其历史背景。首先，公司管理层大多是所从事业务背景，受过专业商业训练的人不多，咨询公司的方法论有一种认知优势；其次，咨询公司有专有的数据库和专业工具，它们能找到一些外部公司无法获取的信息；最后，公司的决策需要第三方背书，咨询顾问相当于CEO的智库，他们善于把CEO的想法条理化，使之看上去很专业，这样更容易获得董事会的认可，而且可以减少CEO做决策的责任。

现在前两个优势都不存在了，最后一个优势依然存在，但也没那么重要了。一是公司的高管大多受过专业的商业训练，甚至有些就是咨询顾问出身，他们从乙方变成了甲方，因此咨询公司在知识和技能方面的优势不存在了。二是由于互联网的信息化优势很明显，企业获得信息比以前容易很多，因此咨询公司的信息优势也失去了。

更重要的是，在一个高度变化的环境中，战略的制定和执行将不再可分，依靠调研得出的咨询方案未必能体现企业的真实情况，方案的制订者如果不参与执行，方案将无法真正落地。此外，企业的周期越来越短，企业战略的周期也越来越短，这个时候，企业不需要一个长达三年的战略，而是需要一个不断更新的战略。

这个时候需要转变战略的方式，有三个关键词：**一是敏捷，二是共创，三是迭代。**

所谓**敏捷**，就是把战略规划的周期大幅压缩，从传统的三年压缩到半年。因为外部环境在快速变化，我们已经很难预料到三年后的情况，这个时候要强调战略规划的弹性。有的人担心战略变化得过于频繁有机会主义倾向，这就需要有使命、愿景和价值观的支持，确保大方向的基本一致，只是在一些局部和细节上不断调整。

所谓**共创**，就是把战略的规划和执行合二为一，让外部顾问和企业高管一起用工作坊的方式去探讨战略，这个时候外部顾问的优势是他的知识更全面，又有很多工具和方法论，而且能以教练或引导者的身份参与讨论。企业高管的优势是他们更了解企业和行业的状况，而且他们本身就是战略的执行者，通过这种方式可以更加敏捷地迭代战略。

所谓**迭代**，就是从机会和问题出发，不断修正之前的假设。就像亨利·明茨伯格提到的"战略手艺化"一样，企业在执行战略的过程中，经常会发现有些假设未必能反映真实情况，因此需要不断调整和优化。企业一方面要从机会出发，不断寻找新的战略可能性；另一方面也要从问题出发，在不断解决问题的过程中，完善公司的战略和战术。

咨询顾问的角色也在发生某种变化。咨询顾问不再是掌握行业秘密、现场给 CEO 答案的人，他们更像是发现问题和解决问题的引导者，他们结合企业的目标和问题，发动企业的管理层群策群力，进行团队学习，真正解决企业的实际问题。在这个过程中，外部顾问同时发挥顾问、教练和培训师的作用，结合企业内部高管对企业和行业的经验与理解，制订出符合企业实际、能落地的解决方案。

企业培训师也面临类似的问题：传统的传授理论、技能和案例的线下培训市场正在急剧萎缩。这主要有两个原因：一是替代效应，随着互联网技术的发展，大家更喜欢用在线或移动学习的方式来学习知识，这样更加方便和经济。二是效果不彰，如果不能结合企业的目标和问题，只是告诉它们一些理论、方法和案例，很难产生真正的效果。"知道"和"做到"之间有一个巨大的鸿沟，企业家和培训师就算知道了很多道理，也依然可能做不好企业。

用 BLM 制定数字化转型战略

在各种战略规划工具中，我认为完美衔接战略规划和落地的工具是业务领先模型(business leadership model,BLM)(见图 4-3)。BLM 是 IBM 咨询部门在 2003 年和哈佛商学院共同开发的,后来这个方法论成为 IBM 公司全球从公司层面到各个业务部门共同使用的统一的战略规划方法,并开始输出给它的客户,例如华为就经常用 BLM 进行战略规划和落地。

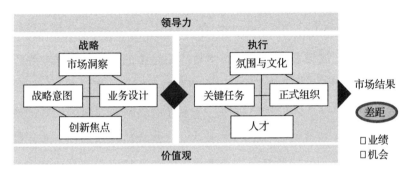

图 4-3 IBM 的业务领先模型

BLM 好就好在它非常全面和系统,它把战略的规划和执行完美地结合到了一起,解决了传统战略咨询中规划和执行脱节的问题,而且 BLM 不仅强调对市场和业务的分析,还特别强调领导者的领导力、价值观和企业文化,这些恰恰是战略能够落地的关键要素。在数字化转型过程中,BLM 依然适用,而且非常强调战略的敏捷、共创和迭代等特点。

BLM 分为四大部分。最上面是领导力,公司的数字化转型首先需要由企业的领导力来驱动,领导力是根本。最下面是价值观,主要是企业从上到下共同遵守的一些行为准则,这构成了企业文化的重要组成部分,价值观是基础。这也是 BLM 优于其他战略模型的地方,它充分考虑了领导力和价值观对战略规划与落地的作用。

BLM的另外两大部分分别是战略和执行。一个好的战略必须有好的战略设计,也需要强有力地执行,两者缺一不可。BLM的战略和执行部分一共有八个相互影响、相互作用的环节,分别是战略意图、市场洞察、创新焦点、业务设计、关键任务、正式组织、人才、氛围与文化。

接下来,我们围绕数字化转型战略分别阐述这八个环节,以及其涉及的问题。

第一,**战略意图**。战略意图是战略思考的起点,按照业界广泛采用的SMART原则(明确、可衡量、可实现、相关和有时间限制)设立一组具体的战略目标。一个好的战略规划起始于好的战略意图陈述和战略目标的精准表达,这是战略规划的第一步。数字化转型涉及的问题是:①企业将在哪些领域实现数字化转型?②数字化会为客户和组织创造哪些价值?③企业数字化转型的愿景和短期目标是什么?

第二,**市场洞察**。市场洞察决定了战略思考的深度,其目的是清晰地知道未来的机遇和企业可能遇到的挑战与风险,理解和解释市场上正在发生什么,以及对公司未来的影响。好的市场洞察需要对宏观周期、行业趋势和客户都有全面的了解。数字化转型涉及的问题是:①数字化对整个经济和社会的影响是什么?②数字化对企业的竞争环境有什么影响?③数字化对客户价值有哪些影响?

第三,**创新焦点**。把创新作为战略思考的焦点的目的是捕获更多的思路和经验。好的创新体系是企业与市场进行同步的探索和实验,而不是独立于市场之外闭门造车。数字化转型涉及的问题是：①数字化对企业创新的影响主要体现在哪些方面？②如何通过数字化找到新的业务增长点？③如何找到数字化创新的突破点？

第四，**业务设计**。战略思考要归结到业务设计中，即判断如何利用企业内部现有的资源，创造可持续的战略控制点。数字化转型涉及的问题是：①企业的核心客户是谁？②企业的客户价值主张是什么？③企业都有哪些合作伙伴？④企业的盈利点有哪些？⑤如何持续地为客户创造价值？⑥企业面对的风险点有哪些？

第五，**关键任务**。关键任务的设定统领执行的细节，它是连接战略与执行的轴线点，给出了执行的关键任务事项和时间节点，并对企业的流程改造提出了具体的要求。数字化转型涉及的问题是：①有哪些可持续的业务增长举措？②有哪些能力改进举措？③各项关键任务之间的关系是什么？

第六，**正式组织**。正式组织是执行的保障，在开展新业务的时候，一定要确立组织结构、管理制度、管理系统以及考核的标准。数字化转型涉及的问题是：①现有组织结构是否有效匹配数字化转型战略？②现有的管理制度是否支持数字化转型战略？③现在的在线协同平台能否更有效地加强彼此的沟通？④现在的HR体系是否支持数字化转型战略？

第七，**人才**。战略的执行需要人有相应的技能，因此这个环节涉及人才的招聘、培养、激励和保留等。数字化转型涉及的问题是：①人才的数量和质量是否匹配战略需求？②未来如何更好地培养数字化人才？③现有的激励措施是否能有效促进数字化转型战略的实施?

第八,**氛围与文化**。数字化时代的企业也都具备相应的氛围和文化,比如创新、开放、授权、共享等。数字化转型涉及的问题是:①现有的文化和氛围是否能支撑数字化转型战略?②管理方式如何从控制向赋能转变?③人力资源业务伙伴(HRBP)在营造氛围上扮演什么角色?

完成对以上八个环节的讨论,就能对数字化转型战略有一个系统的了解。对于后面即将讲解的产品、服务、营销、渠道、组织、人才、运营和管理等各个环节,这一章相当于给企业绘制出了一张战略地图,可以指引企业如何一步一步制定数字化转型战略。

案例导语 小米和得到的案例可以让我们更好地了解战略的演进历程。这两家公司都是从一个很小的点切入,然后利用产品和服务的品质吸引了越来越多人的关注,并不断拓展产品和服务的边界。小米的切入点是 MIUI(安卓界面),然后拓展到手机、电视、充电宝、智能家居、新零售等,现在则是物联网和人工智能。得到的切入点是罗振宇的知识脱口秀,然后拓展到知识专栏、电子书、跨年演讲、知识春晚。伴随着产品和服务的拓展,它们的业务、战略和组织也在不断演进,这一切也都符合数字化时代的战略制定和演进方式。

案例 4-1

小米模式是如何演进的

2020 年是小米创立 10 周年,小米的主营业务包括手机、电视、智能硬件、小米之家和互联网业务。小米的成长堪称中国企业的一个奇迹:一方面,它的增长速度非常快,只用了 8 年时间就跻身《财富》500 强企业;另一方面,它的业务组合独一无二,同时涵盖智能硬件、新零售和互联网,创造了一种新的商业模式。小米的战略演进历程也是国内独一无二的。

2020 年 3 月小米披露的年报显示,2019 年小米的营收为 2058 亿元。小米的营收大约 60% 来自手机,高达 1221 亿元。2019 年,小米手机的销量为 1.25 亿部,全球排名第四,仅次于三星、华为和苹果,在中国排名第二,仅次于华为。其实,早在

2015年小米手机的出货量就已经排名中国第一，但在2017年跌到第五，它用了两年又升到第二。

可以说，无论是小米的商业模式、战略演进还是成功转型，都是值得研究的案例。

创业之初的狂飙

2010年小米刚创办的时候并不是做手机的。小米的第一个产品是MIUI，也就是智能手机操作系统的优化界面，如今已经迭代到了第12版。

2007年1月苹果推出第一代iPhone，前三年基本上是一枝独秀。2007年11月，谷歌推出安卓系统，2008年三星、HTC也推出了基于安卓系统的智能手机。从用户体验来看，当时的安卓系统和iOS相差甚远。但iOS是相对封闭的，而安卓系统是开源的，因此很多程序员都会基于安卓系统的内核做一些界面优化工作，MIUI就是其中一个尝试。

小米先通过MIUI和BBS模式的小米论坛网罗了上千万个手机发烧友。小米论坛上每周都会新增两三千篇关于手机的帖子，其中有用户的一些设想，也有一些体验报告等。小米论坛里有个按钮叫"我也需要这个功能"，这个按钮把有相近表达的人汇聚在了一起，这使小米在不断优化MIUI的同时，也更加了解用户的需求。

小米通过互联网社群收集用户的意见，并在2011年10月发布了第一代手机，也就是小米1。当时的智能手机要么是苹果、三星这样的高端品牌，配置高端，但价格都在四五千元，要么是一些山寨品牌，价格很便宜，但性能一般。小米手机的配置和三星差不多，但只卖1999元，相当于高端机的配置、山寨机的价格，于是一下子就打开了市场。

在 2012～2014 年，小米手机销量的同比增长率分别为 2297%、160%、227%，创造了手机销量的业界神话。手机还带动了周边产品的销售，于是除了手机外，小米还开始涉足电视机、路由器等领域。2013 年小米推出生态链计划，投资孵化一些手机周边产品的公司，比如充电宝、插座、空气净化器等。

2015 年，在经历了令人惊叹的高速增长阶段之后，小米步入业绩减速带。2015 年 7 月小米公布上半年销售业绩，手机销量首次出现环比下降。市场研究机构 IDC 的数据显示，2015 年小米手机的出货量为 6490 万部，中国市场占有率为 15.0%，排名第一。尽管这个成绩也不错，但离全年 8000 万部的销量目标甚远，增长率也跌至 16% 左右。

小米增速放缓有多重原因。首先，中国的智能手机市场的增长红利已经见顶。据 IDC 统计，2015 年中国智能手机出货量为 4.341 亿部，仅增长 2.5%，手机品牌的集中度进一步提高。其次，小米早期的营销方法已经被"友商"学会了。此外，小米自身对供应链的掌控能力不足，核心技术尤其是芯片自主研发能力不足，这些都是小米的短板。

小米的另一个短板是渠道。2015 年中国智能手机市场线上和线下的销售比是 2：8，线下渠道仍是主流。但小米手机在中国市场线上和线下的销售比为 7：3，严重依赖于线上。在 2015 年以前，智能手机的购买者主要是城市居民，他们对线上渠道比较熟悉，因此支持了小米的高速发展。但在 2015 年以后，三四线城市及电商尚未覆盖的乡镇成为增长的主力，而小米当时线下实体店很弱，这就导致了在三四线城市和乡镇不知道小米。

2016 年，小米的业绩出现严重下滑，全年出货量为 4150 万部，同比下跌 36%，市场份额从 15.0% 下降至 8.9%，跌落到第五位。就在同一年,OPPO、VIVO 创造了新的智能手机神话,2016 年 VIVO 手机出货量的同比增长率达到 96.9%,OPPO 更是达到了惊人的 122.2%,两者分别占据了 14.8%、16.8% 的市场份额。业界普遍认为小米的"拐点"到了。

小米之家的崛起

早在 2015 年小米的增长刚开始放缓的时候,雷军就有了强烈的危机感。他带领团队复盘过去五年高速增长模式的得失与成败,他认为小米还有很多基础工作不扎实,2016 年要苦练内功,夯实基础,包括精细化运营、品牌建设和员工激励制度。

在公司内部,雷军将 2016 年称作"补课元年",并提出"补课、降速、调整"战略。所谓补课,就是前面提到的精细化运营、品牌建设和员工激励制度等。所谓调整,就是在渠道方面加速布局线下店"小米之家",同时加大对小米生态链的投资力度。

2016 年 2 月 24 日,在小米 5 的新品发布会上,雷军宣布了未来将把小米之家由"服务店"升级为"线下零售店",并计划 2016 年开店 50 家,2017 年的目标是 200 家,三年内达到 1000 家,每家店的营业额要达到 1000 万元。

小米提出要开小米之家线下店后饱受质疑:小米长久以来的高性价比在很大程度上得益于小米坚持发展线上直销渠道、打破实体店和分销代理的传统销售模式、节省线下渠道与门店建设成本的零售体系。线下的店铺会有租金成本,人员管理和产品供应也均比线上复杂,对于以线上起家、主打中低端市场的小米来说,小米之家会不会成为小米走向衰落的导火索呢?

结果很快见分晓。2016 年 3 月 19 日,小米之家北京五彩城店正式开业,这是小米真正意义上的第一家纯零售门店,只做销售,没有售后,标志着小米之家完全剥离售后服务功能,正式迈出线下销售这一步。虽然位于地下一层，但小米之家五彩城店销售火爆，开店前十个月，小米之家的收入占到了整个五彩城销售额的1/14。

小米之家强化了消费者的品牌认知，让不知道、不了解小米的消费者认识了小米，让知道小米的消费者更信赖小米。几年来，线下门店的建设使小米的品牌和产品变得可感知、可体验，使其产品的性能和品质在消费者心中更具说服力，也使小米之家更易成为消费者信赖和首选的零售商。

同时，小米之家实现了线上和线下全渠道的打通，爆品可以立刻在店内拿到，这让顾客享受到了体验性和即得性；如果是店内没有的商品，顾客也可以在小米商城或有品购买，这样，当用户形成对小米的品牌信任之后，渠道的打通和连贯又使顾客可以轻松方便地在不同渠道获取想要的商品，将会形成惊人的复购率。

2017下半年，小米之家开始尝试专卖店模式，专卖店属于他建自营，店长和店内产品由小米负责，门店场地是合作方的，相当于跟物业方合作的一种模式。这样的合作模式对于小米来说省去了门店租金，同时店长和店员依然来自小米，可以坚持小米的服务体系，店内商品摆放与装修风格也能保持小米的一贯风格，可以保证小米对门店服务质量的把控。

2018年，小米又开始做授权店和专营点，将小米之家的销售体系进一步下沉到县级城市及以下。通过"扫街"模式，小米在2018年就把县级授权店开到了1378家，覆盖了500多个县级行政单元，并在乡镇开设了38 000个专营点，覆盖全国18 000多个乡镇。通过不同形态和层级的实体店，小米的线下零售体系渗透到了全国各地，实现了分层覆盖的新零售。

小米之家和授权店、专营点等渠道体系弥补了小米品牌的渠道短板，在更广范围内强化了小米的品牌认知，提升了消费者对小米品牌的认可度。2017年7月，雷军在致全员的公开信中公布，第二季度手机出货量为2316万台，环比增长70%，创造了小米季度手机出货量的新纪录。雷军同时霸气宣称，世界上没有任何一家手机公司能够在销量下滑之后成功逆转，除了小米。

2018年2月，IDC发布2017年全球手机市场的出货量报告，苹果以19.2%的市场份额居首，三星为18.4%次之，华为、小米以及OPPO排在三至五位。值得一提的是，在市场整体下滑6.3%的情况下，在第四季度排名前五的手机厂商中，仅小米实现同比增长，且增速高达96.9%，销量排名上升到世界第四。2017年，小米打了一场漂亮的翻身仗。

小米生态链的演进

小米的逆转除了与小米之家有关外，还有个重要的原因，就是小米生态链的大获成功。

在成立小米之前，雷军就投资过几十家企业，在成立小米之后，雷军依然会投资那些与智能硬件相关的公司。早在2013年初，雷军便提出要"投资100家智能硬件公司"，但当时由于小米的自营产品还在快速增长，因此雷军没有把智能生态链投资放在重要位置上。

到2013年下半年，市场形势发生了变化，小米自营的电视、路由器等产品的市场表现不尽如人意，而编外的小米活塞耳机却大获成功。小米活塞耳机并非小米的自营产品，而是小米投资的一家创业公司加一联创研发制造的。加一联创使用小米的品牌和销售渠道，双方在销售完成后按利润分成。2013年"双11"，定价99元的小米活塞耳机从杂乱的国内耳机品牌中"杀"了出来，一天之内卖出了20万副，创造了网络销售神话。

雷军意识到，手机业务竞争激烈，在把手机做好的同时，仅仅复制盒子、电视、路由器等几款产品便已经感到吃力，依靠自身能力拓展整条智能生态链很难。小米活塞耳机的成功给了雷军灵感：小米要保持对核心产品的专注，为什么不通过体外模式实现单品扩张呢？既要专注，又要无所不包，最好的办法就是联合更多的盟友，共同实现这个目标。

雷军说："在2013年底，我看到了智能硬件和IoT趋势，当然那个时候只是看到趋势，而IoT成为真正的现实至少还需要5～8年，我们决定，用小米做手机成功的经验去复制100个小小米，提前布局IoT。"

于是，从2014年开始，小米着手打造小米生态链体系，由联合创始人刘德领导。小米投资了大量智能硬件的初创公司。小米提供资金、技术、平台，并将小米赖以成功的经营模式和产品理念注入这些初创公司，使每一家初创公司都能像初创的小米一样，专注于一两款产品，为产品品质"死"磕到底，产品一出，便具备超高性价比，能够成为行业颠覆者。

小米的投资理念是："离手机近的早点干，离手机远的晚点干；离用户群近的早点干，离用户群远的晚点干。"秉持着这样的理念，小米率先切入了移动电源市场，并在摸索中逐渐形成了"手机周边—智能硬件—生活耗材"三大投资圈层（见图4-4）。

通过投资孵化小米生态链企业，并输出做产品的价值观与方法论，小米为生态链企业提供全方面支持，包括品牌开放、供应链支持、渠道共享、投融资支持、产品定义、ID设计、品质要求等，从多方位开放小米的资源帮助生态链企业成长。与此同时，小米生态链企业在一个领域中以小米品牌或米家品牌出现，赢得消费者口碑，也吸引了更多用户关注和喜爱小米品牌，放大了小米的整体价值（见图4-5）。

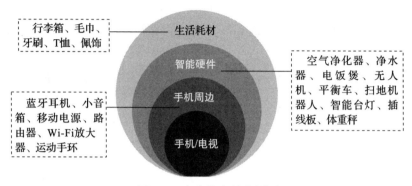

图4-4 小米的产品布局图

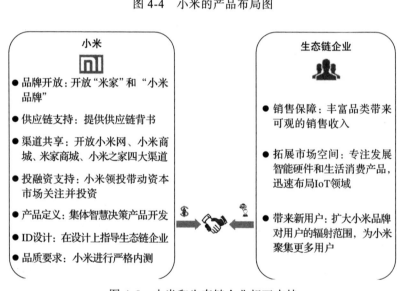

图4-5 小米和生态链企业相互支持

具体来说，小米生态链企业从以下几个方面放大了小米品牌的价值。

首先是销售保障。小米投资的生态链企业提供了丰富的、有质量保障的产品，新品上市之后制造了很多市场热点，使小米可以保持整体高速增长。2015年小米手机业务不景气，但生态链产品的销售额同比增长2.2倍，为小米贡献了可观的收入。

其次是拓展市场空间。通过投资孵化，小米可以迅速布局IoT领域，利用更专注、更专业的团队拓展业务范围。截至2020年2月底小米投资或孵化了超过210家公司，其中超过90家公司专注于研发智能硬件和生活消费产品。通过生态链企业的广泛布局，小米建立了全球最大的消费IoT平台，据艾瑞咨询统计，小米的IoT平台连接了超过1.15亿台设备，这些产品互联互通，既改善了用户的生活，又为小米有品的互联网服务提供了专属平台。

最后是带来新用户。丰富的生态链产品相比核心产品手机，能够更大范围地吸引用户群体成为小米的品牌用户，小米的粉丝画像由18～35岁扩展至18～45岁，且其中女性的比例显著提高，更符合小米对"追求品质生活"的消费者的定位。举例来说，苹果手机用户一般很难转换为安卓手机用户，而生态链产品却可以突破这一壁垒吸引苹果手机用户，这部分用户自然地成为小米渠道内的新用户，他们对小米平台的使用和对米家品牌的好感会在之后影响他们对小米品牌和小米高端手机的印象，从而以生态链业务反哺小米核心业务。

目前，小米之家的门店内有充电宝、手环、耳机、音箱、平衡车等20～30个种类、200～300个SKU。当店内有数十个品类、上百件商品的时候，总会有不同类型的产品吸引顾客前来体验、购买，因此多种低频消费品组合在一起使整个门店成为高频消费场所，零售门店成功实现了从竞争用户的消费力转移到竞争用户的时间，解决了流量问题。以2017年6月28日到2019年6月11日为例，两次米家发布会之间的713天中小米推出了186款生态链产品，相当于每四天就有一款新品上市，米家总会有新品，小米之家也就总会有新品持续吸引用户。

小米模式旋风图

小米10年的成长路径可以用下面这张"小米模式旋风图"来说明（见图4-6）。

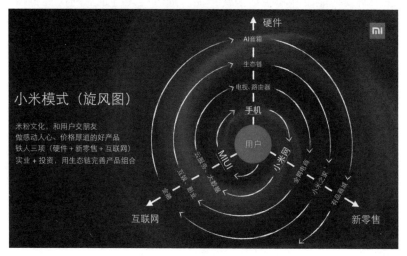

图4-6　小米模式旋风图

小米模式由三个部分组成：硬件、新零售和互联网。小米是一家手机公司，同时也是移动互联网公司和新零售公司，雷军把这种模式叫作"铁人三项"。

首先是以手机和IoT为代表的硬件。2019年初，小米提出了"手机+AIoT"的双引擎战略，从2019年的业绩来看，该战略效果显著。2019年，小米的总收入达到2058亿元，同比增长17.7%；经调整净利润达到115亿元，同比增长34.8%。其中，手机业务收入占到59.3%，起到主导作用，但随着IoT业务的发展，手机业务的收入占比下降了5.8个百分点。与之相比，IoT的收入占比从 2018 年的 25.1% 提升至 30.2%。

2019 年，IoT 与生活消费产品的收入为人民币 621 亿元，同比增长 41.7%，并且收入占比持续提升。小米于 2013 年开始初步探索 IoT，2019 年宣布要大力发展 IoT，并在未来五年持续投入 100 亿元。随着 5G 离我们越来越近，万物互联即将成为可能。目前家居物联网仍处于初级阶段，是一个很好的赛道。小米推出的电脑、路由器、电视、智能音箱等都是很好的流量入口。

截至 2019 年 12 月 31 日，小米 IoT 平台连接的 IoT 设备（不包括智能手机和笔记本电脑）已经达到 2.348 亿台，同比增长 55.6%；拥有五台及以上连接小米 IoT 平台的设备（不包括智能手机和笔记本电脑）的用户数增加至 4100 万，同比增长 77.3%。

其次是以小米之家为代表的新零售。在新零售这个环节，雷军把小米的核心能力归结为最高效率地把东西卖出去，如果零售环节的效率不高，想把产品做好是不可能的。"因为原材料制造成本、研发分摊成本、市场成本、广告成本、销售渠道成本等，每一层都是固定成本。只有制造成本你能管控，想要保持盈利，就要压缩制造成本，产品就会越来越差。"

雷军一直以小米之家的两个指标为傲：第一个是每平方米 27 万元的销售额，坪效世界第二；第二是费用率在 8% 以内，也就是卖出 100 元东西只有 8 元成本。㊀

随着国内手机业务的饱和，小米在几年前就开始发力海外市场，尤其是印度、东南亚等新兴市场。目前，小米的海外扩张策略非常有效，2019 年境外市场收入为 912 亿元，同比增长 30.4%，收入占比达到 44.3%。截至 2019 年 12 月 31 日，小米的产品已经销往全球 90 多个国家和地区。根据 Canalys 的统计，2019 年

㊀ 此为 2017 年的数据。

小米在 45 个国家和地区的智能手机出货量排在前五位。

2019 年小米的互联网服务收入为 198 亿元，同比增长 24.4%。虽然收入只占到 9.6%，但软件的毛利率远远高于硬件，互联网服务的毛利占到了总体毛利的 45%，是利润的主导部分。小米互联网服务的核心基础是 MIUI，基于 MIUI 中的各个软件，小米能够从更多入口为用户提供增值服务和广告服务。2019 年 MIUI 的月活用户数同比增长 27.9% 至 3.096 亿。

在解释小米模式时，雷军说："我们每半年做一个重点，每半年聚焦一件事情。整个商业模式像旋风一样旋转起来，越旋转，力量就越强，所做的每一件事都在为这种模式加分，绝对不允许干减分的事情。每一个业务单位一定要以用户为中心，一定要给小米品牌加分。"

小米模式的核心是竭尽所能把产品做好，然后系统性地降低成本。要把产品做好，就要找最懂行的人来做这件事，争取把产品做到极致，然后通过大规模销售来降低成本。另外，小米的产品型号少，也降低了维修成本、仓储成本和推销成本等。

小米一直强调极致性价比，并努力抵抗把产品卖贵的诱惑。曾经有很多人劝雷军把产品卖贵一点，但他坚决反对。他说："很多人认为消费升级是越来越贵，我却觉得这是一条不归路。在现有的情况下提高效率，提供更优质的服务，这样在未来的竞争里才能活得下去。消费升级不是卖得越来越贵，而是同样的价钱可以买到更优质的产品。"

案例 4-2

得到战略演进背后的长期主义

我是得到的重度用户，已经在得到上购买了上百门课程，听课程的主要场景是跑步和开车。我跑步的时候喜欢听点东西，一边跑步一边听书，经常能体验一种心流（flow）的状态，我理解为全身都在锻炼，跑步锻炼身体，听书锻炼大脑，可谓一举两得。

经常有人说在得到的学习是碎片化学习，这一点我完全不同意。得到的很多专栏都很有体系，内容质量也很高，绝非碎片化的知识和信息。我用碎片化的时间去学习，但不等于碎片化学习，因为我已经有相对完善的知识体系，不需要像入门者那样从头学起，反而能更好地利用我的时间。这种学习方式和翻书的道理是一样的，但在跑步时听音频更方便。

有声课程和书籍并不是得到首创，但得到的内容品质是一个标杆。这和得到的使命有关：为终身学习者提供最好的知识服务，成为终身学习者的通识大学。它公开宣称，它服务的对象不是没什么文化的"小白"，而是受过良好教育、保持终身学习习惯的人。

得到于 2016 年 5 月上线，根据得到 2020 年 9 月披露的招股说明书，截至 2020 年 3 月底，得到拥有用户超过 4000 万个，平台上有 319 门课程，31 526 本电子书，2114 本听书，还有得到图书、得到阅读器、得到大学、知识城邦、知识春晚、时间的朋友跨年演讲和得到锦囊等产品，2019 年的营业收入为 6.28 亿元，净利润为 1.15 亿元，成为中国知识服务行业的头部企业。

从罗辑思维到得到

这一切始于 2012 年 12 月 21 日。这一天，得到的创始人罗振宇上线了一档名为"罗辑思维"的视频脱口秀节目，每周播出一期，而且每天坚持发布 60 秒的音频。罗振宇在每期节目中讲一个话题或者一本书，利用微信早期的流量红利，他很快就获得了上百万的粉丝。

在此之前，罗振宇的身份是媒体人。他先后在央视二套和《第一财经》工作，做制片人、策划和节目主持人。他非常喜欢读书，一直想做一个脱口秀节目，但在传统媒体时代他没有这样的机会。随着视频网站以及微信的兴起，他终于找到了自己安身立命的事业。

2013年7月，罗辑思维第一次招募会员，这在当时是一个前所未有的举动，很快获得了超过160万元的会员收入，这样的会员招募一共做过三次，罗辑思维收到了上千万元的会费收入。当时，罗振宇给人的感觉是一个"知识网红"，主要靠他的个人魅力。

2014年5月，罗振宇与原来的合作伙伴申音分开，开始与脱不花（本名李天田）合伙创业。这对于罗振宇来说是新的开始，也是罗辑思维发展历程中的战略转折点。

2015年12月，罗振宇开始了他的第一届跨年演讲，这是中国第一次有人用一场四小时的演讲来迎接新年，而且取得了很大反响。当时，罗辑思维的粉丝数超过了1000万。

2016年5月，得到正式上线。得到邀请各个领域的头部内容创作者做专栏课程和有声书籍，凭借严格的品格管理，得到持续输出高品质的内容，很快就大受好评，成为知识服务行业的标杆。得到上线以后，得到的CEO脱不花发表过一篇文章——如何愉快地"杀死"网红，这里说的"网红"就是罗振宇。从罗辑思维到得到的进化，是罗振宇创业的关键一步，这意味着罗振宇开始从一个"知识网红"变成一个"知识平台"的构建者。

2017年5月，得到品控手册第一次发布，2020年5月发布了第6版。在得到品控手册里，你可以看到得到对作者和产品的要求，以及详细的产品打磨流程。这种做法有点相当于把知识服务的生产工艺流程公之于众并成为行业标准，罗振宇把它称为"高自尊公司的行为模式"。这个品控手册也是得到员工入职的必读文献，确保团队对公司的文化理解一致。

2018年10月，得到大学第0期开学，这使得到迈向"终身学习者的通识大学"，这意味着得到不再只有线上课程，也有线下的学习社区。得到大学与一般大学不一样的是，它并不教知识，而是邀请各行各业的人分享经验等，同学之间相互学习，打造一个学习的社区。

2020年1月，得到进行了第一次知识春晚直播。得到邀请得到系老师和用户在电视上做知识脱口秀，这开创了一种新的春节晚会模式。

战略演进背后的长期主义

得到的战略版图在不断扩张，但核心价值观始终如一，那就是长期主义、头部标准、共同体意识、球队精神、理性和建设性。罗振宇相信，一家企业要想走得远，必须有自己的使命、愿景和价值观，而且能在团队建设和产品服务商中将这些理念一以贯之。

人红是非多。在罗振宇出名以后，一些自媒体写了一些耸人听闻的文章，说他做的事是"骗局"，说他"贩卖焦虑"。他很少去针对性地辩解，除了把事情做好之外，他偶尔也会自黑一下，说自己只是一个"生意人"。其实了解他的人都知道，他是一个对产品要求很高的人。早些年他经常说"死磕自己"，他对品质的坚持绝不是"生意人"做得出来的。

罗振宇坚持要提供"最好"的知识服务，希望打造"极致产品"。得到对极致产品的定义是，具有可长期积累的版权价值，具有从用户真实场景出发的服务形态，具有颠覆传统知识产品样式的交付形态，具有垄断认知的 IP 影响力。

在得到品控手册里，罗振宇对"最好"有五个定义：第一是质量，得到坚持邀请制，不开放任意上传的权限，把自律作为重要的产品战略，对所有的知识产品做严苛的品控管理。第二是"完备"，既有通识知识，也有专业知识。既有线上服务，也有线下服务。第三是"服务精神"，用更便宜的价格和更方便的形态，把更优质的知识交付给用户。第四是"科技"，致力于成为一家技术型公司，为人工智能时代的知识服务提前布局，保持最新技术在知识应用上的前瞻性和想象力。第五是"专业共同体"，推动更多的知识工作者成为专业的知识服务者，并以此安身立命。得到品控手册的持续迭代和开源共享，就是这种努力的一部分。

得到对产品和合作者的要求都很高。它要求产品都是认知和通识领域的头部内容。生产者以全职或者接近全职的工作生产内容，能兼顾细颗粒度交付和系统化整体的特征。

得到坚持数据的真实性。得到 App 上展示的所有数据，例如购买人数、学习人数，必须真实，不作假、不美化，数据不作假是一条不容触犯的底线。

得到坚持以数据为驱动，核心是提供稳定、高质量、优秀体验的产品，同时坚持数据永远只是产品工作的辅助线，不能为了亮眼的数据做无聊的功能。得到要做的智能核心是"你不知道的内容，我们猜你会需要"，而不是"你知道的内容，我们让你看更多"。在制定产品策略时，得到的衡量标准是让用户在单位时间内的收获最大，而不是拉长用户的使用时长。

得到在组织建设和人才发展方面也花了很多心思。得到从 2019 年 2 月开始组建"八里庄抗大"，新入职的内容岗新人在完成运营部门轮岗后进入"八里庄抗大"，培训期为 1 个月。已正式入职的公司各内容条线的员工，经公司各内容条线推荐，脱产参加训练。罗振宇作为首席导师，全程辅导，面授技艺，进行持续高强度的内容输出训练，在战斗中学习战斗。

截至 2020 年 3 月底，得到拥有超过 4000 万个注册用户。在四周年纪念日给用户的公开信中，得到说它一直在关注三件事：回到真实世界、回应现实挑战、点亮更多的人。这三件事分别对应着：做沉重且真实的事情、应对现实而迫切的挑战、创造对更多人有益的价值。

正如吉姆·柯林斯所言："没有单一的决定性行动，没有宏大的计划，没有一招制胜的创新，没有单独的幸运突破，也没有什么奇迹时刻。相反，这个过程就像持续地推动一个巨大而沉重的飞轮，让它一圈接着一圈旋转，不断增加动能，直至达到突破点，甚至超越。"

本 章 核 心 观 点

1. 数字化转型战略是企业数字化转型的核心前提和所有转型活动的顶层设计，为企业抢占数字化发展先机和加速转型变革提供方向性、全局性的方略。以企业级数字化转型战略为指引推进数字化转型，将大大提高转型效率，使企业有效获取数字化效能。

2. 在数字经济时代，最重要的两个关键元素是"数"和"智"。"数"就是数字化，每一个消费者以及产业价值链上的每一个环节，都会被数字化。"智"就是智能化，是指基于数字化的闭环进行智能决策。

3. 以消费者运营为核心意味着企业要从以产品为中心的传统思路转变为以消费者为中心,围绕消费者数据,洞察消费者需求并提升消费者的体验。数字化企业必须拥有实时服务海量消费者的能力,对消费者做到全场景、全周期的运营,实现对消费者数据资产的运营。

4. 现代企业的组织方式造成了"脑"与"手"的分离。战略决策者脱离一线导致了他们远离组织中那些最具战略意义的信息。如果组织中缺少信息流动的通畅管道,或是决策者以为战略可以高高在上,他们就可能失去发现好战略的机会。上述问题在层级制的跨国公司中是非常常见的。

5. 在一个高度变化的环境下,战略的制定和执行将不再可分,依靠调研得出的咨询方案未必能体现企业的真实情况,方案的制订者如果不参与执行,方案将无法真正落地。此外,企业的周期越来越短,企业战略的周期也越来越短。这个时候需要转变战略的方式,有三个关键词:一是敏捷,二是共创,三是迭代。

6. 咨询顾问不再是掌握行业秘密、现场给 CEO 答案的人,他们更像是发现问题和解决问题的引导者,他们结合企业的目标和问题,发动企业的管理层群策群力,进行团队学习,真正解决企业的实际问题。外部顾问同时发挥顾问、教练和培训师的作用,结合企业内部高管对企业和行业的经验与理解,制订符合企业实际、能落地的解决方案。

7. BLM 分为四大部分。最上面是领导力,公司的数字化转型首先需要由企业的领导力来驱动;最下面是价值观,主要是企业从上到下共同遵守的一些行为准则,这构成了企业文化的重要组成部分。中间是战略和执行,包含战略意图、市场洞察、创新焦点、业务设计、关键任务、正式组织、人才、氛围与文化。

8. 小米每半年做一个重点,每半年聚焦一件事情。整个商业模式像旋风一样旋转起来,越旋转,力量就越强,所做的每一件事都在为这种模式加分,绝对不允许干减分的事情。每一个业务单位一定要以用户为中心,一定要给小米品牌加分。

9. 得到的战略版图在不断扩张,但核心价值观始终如一,那就是长期主义、头部标准、共同体意识、球队精神、理性和建设性。罗振宇相信,一家企业要想走得远,必须有自己的使命、愿景和价值观,而且能在团队建设和产品服务商中将这些理念一以贯之。

10. 没有单一的决定性行动,没有宏大的计划,没有一招制胜的创新,没有单独的幸运突破,也没有什么奇迹时刻。相反,这个过程就像持续地推动一个巨大而沉重的飞轮,让它一圈接着一圈旋转,不断增加动能,直至达到突破点,甚至超越。

第 5 章

数字化时代的产品和服务

产品和服务作为创造价值的部分，可以说是商业模式的核心板块，企业的经营活动都是围绕产品和服务展开的。产品和服务是企业与客户沟通的载体，也是企业运营管理的抓手，更是企业综合能力的体现，包括消费者洞察、产品创新能力、建立系统的能力、与用户互动的能力，这些能力在后面的章节中都会有所体现，属于牵一发而动全身。

也因为这个道理，企业在制定了数字化转型战略之后，首先要考虑的是产品和服务的数字化。在有些行业，数字化可能会导致产品和服务形态的变化，比如媒体、教育和娱乐，它们完全颠覆了产品和服务的载体。在另一些行业，产品和服务的设计与生产方式可能会发生很大变化，比如用户会参与设计，做用户分析时也要从身份标签转变为行为标签，而且采用"大中台、小前台"的方式推出产品与服务的设计，这些对组织结构也提出了新的要求。

产品和服务正在融合

数字化时代的产品和服务正在融合。要讨论这个话题，首先要定义产品和服务。

所谓产品，就是通过一个有形或者无形的产品来提供价值，这个过程不太依赖于人和人的接触。通常我们说产品，指的是那些可以规模化生产、大规模复制的物品，包括有形产品和无形产品。有形产品包括书籍、家电、手机等，无形产品包括知识产品和软件等。通常来说，产品可以一次购买、多次使用，而且使用过程中不依赖于人和人的接触。

所谓服务，就是通过生产者和消费者的交互提供价值，非常依赖于人和人的接触，这个过程本身就能影响消费者的体验。服务通常是一次性的、不可重复的和非标准化的过程。比如，教育、旅游、餐饮都是服务，咨询和培训也是服务，虽然服务最后可能会以产品形式呈现，但服务过程本身就在创造价值。咨询的结果可能只是一个报告，但这个结果离不开过程中的咨询环节，而且这个过程的价值很大。

产品和服务的界限正在变得越来越模糊。比如餐饮行业就是一个产品和服务并重的行业，我们去餐厅吃饭，不只是为了享受美味佳肴，也是为了体验用餐服务。还有很多做产品的企业也越来越强调服务的重要性，比如做生日蛋糕的企业还提供现场展示的服务，给用户提供额外的价值，这叫作产品服务化。还有一些本来就是做服务的企业，越来越强调服务的标准化，甚至也会单独销售产品，这叫服务产品化。产品和服务的边界模糊了，两者逐渐融合为一体。不管是产品还是服务，核心价值都是真正满足消费者的某种需求。

作为全球最大的洗衣机厂商，海尔洗衣机在中国的市场占有率超过40%，这个市场占有率导致企业很难有进一步上升的空间。为了拓展大学生的新用户市场，海尔研发了一款新的App"海尔洗衣"，主要目标用户是需要自助洗衣的大学生群体，从卖产品转变为卖服务。

在以前的销售模式中，海尔把洗衣机卖给高校里承包自助洗衣的服务商后就完成了所有交易，海尔没有机会接触这些产品的使用者。在有了海尔洗衣App之后，原来的产品形态就发生了变化，以前是卖洗衣机赚钱，现在是通过卖洗衣机和服务赚钱。海尔在每一台洗衣机上都装了SIM卡，并把所有洗衣机连接到一个服务器，这样通过中央服务器就能把控每台洗衣机的状态。利用海尔洗衣App，用户可以通过手机查看附近有多少洗衣机，有没有空置机，还能完成预约和锁定，并用手机完成结算，避免了传统投硬币的麻烦。

对于自助洗衣服务商来说，由于机器联网了，就不用一直盯着机器了，如果机器损坏，不用打电话就会有师傅上门维修。联网后，机器的利用效率提高了一倍，每天可以洗8～10次，营收提高了，服务商也不用收硬币或卖卡了，直接电子收费。对于大学生用户来说，洗衣服不用带卡或者带硬币了，还能提前预约，节省了很多排队等待的时间，获得了更好的体验。海尔也实现了与潜在用户群体建立联系，从卖机器变成了卖服务，以前是"一锤子"卖产品，现在是通过卖服务获得持续的现金流，而且能培养未来的产品购买者。

产品和服务变得越来越重要，以前 CEO 喜欢谈战略和文化，但现在 CEO 更喜欢谈产品和服务，很多公司的 CEO 都喜欢自称产品经理，比如乔布斯、马化腾、扎克伯格，他们花了很多时间在产品创新上。这种变化反映的是一种新的趋势。以前外部环境变化没那么快，产品和服务的更新也比较慢，CEO 的首要任务是让运营更加高效，但现在产品和服务快速迭代，产品和服务的品质就成了核心竞争优势，CEO 必须越来越重视产品和服务。

由于产品和服务变得越来越重要，因此管理者必须具备产品思维。

产品设计的产品思维

做产品需要产品思维。《产品思维 30 讲》主理人梁宁认为，做产品的过程就是一个看到用户、倾听用户、判断用户、与用户建立连接，并且在与用户的交互反馈中迭代和优化的过程。产品思维就是一个人打造产品的思维方式，包括判断信息、抓住要点、整合资源，把自己的价值打包成一个产品向世界交付，并且获得回报。

产品思维包括以下几方面。

第一就是要有同理心，能够发现用户的痛点，找到破局点。有同理心，就是要理解客户的情绪，比如他们会因为什么事情而不爽和不满，因为痛点的背后都蕴藏着需求。做产品的过程，就是通过产品来服务人，解决用户的痛点问题，让用户得到满足。只有洞察人性，懂得自己与用户，懂得产品的每个细节给人的满足感、确认感和依赖感,才可能做好产品。

第二是要学会判断机会。做产品往往切入的只是一个点,但如何选择这个点呢?要看这个点在一条什么样的线上,这个点在这条线上处于什么位置,这条线附着在哪个面上,这个面在和谁竞争,它能如何展开。最后还要看这个面处于哪个经济体,这个经济体是在快速崛起还是在沉沦。这样就构成了一个"点、线、面、体"的战略选择。

第三是系统能力。好的产品背后是系统能力的建设,就好像你想拥有好的身材,就必须得有控制饮食和保持运动的系统能力。在腾讯这家以产品见长的公司里,用得最多的词是"服务",如果大家总是在谈产品,会很容易以产品经理为中心,就会想着做一个产品来改变世界。但是如果出发点是提供一种服务,就会以用户获得和用户满足为中心来做设计。

第四是用户体验。用户体验最核心的战略层,主要回答两个问题:①我们要通过这个产品得到什么?②我们的用户要通过这个产品得到什么,他们为什么会依赖我们?得到我们各自需要的东西,我们才能继续做下去。战略层的外延是能力层,也是回答两个问题:①我们要做哪些事,具体要提供什么样的确定性。②我们不做哪些事,这些事坚决不碰。能力层的外延是资源层,也就是"谁是我们的敌人,谁是我们的朋友",资源和能力有关,但更与战略相关。资源层外是角色框架层,用于网站是框架,用于人世间是角色。角色框架层外就是第五层感知层,包括一个人的形象气质,以及网页设计的风格等。

一个好的产品经理需要同时具备三种能力:一是有各种做好

产品的招数和套路，比如用户画像、痛点和痒点、整体流程图、用户体验地图和服务蓝图；二是微观体感能力，就是能对用户和产品建立细微的微观体感，能感受到好和最好的差别，从而优化用户体验；三是宏观能力，包括建立点线面体、创新模式的能力，这样才能打赢大仗。

用设计思维开发产品

在做产品和服务设计时，设计思维（design thinking）是常用的方法。设计思维是通过提出有意义的创意和想法，帮助不同专业背景的人通过创新的解决方案解决特别的问题。IDEO是第一家将设计思维应用于解决商业问题的企业，IDEO的创始人戴维·凯利（David Kelley）后来在美国斯坦福大学创建了著名的斯坦福设计学院（D.School），他把设计思维分成五大步骤：①同理心（empathy）；②需求定义（define）；③创意构思（ideate）；④原型实现（prototype）；⑤实际测试（test）。

第1步：同理心。同理心是对他人的情感或情绪感同身受的能力。比较常用的做法是通过用户访谈或者行为观察进行用户研究，从而了解他们真正关心的东西，我们需要真正了解他们的处境。比如，要帮助老年人更好地融入社会，就要去做很多访谈，倾听他们的故事，同时观察他们平时社交的样子，从而找到一些他们真正在意的要素。你的思维要从一个点到一个面，开放式地去发现市场未被满足的需求，去发现各种各样的可能性。

第2步：需求定义。通过访谈和行为观察，你可以了解人们在特定活动中实现的实际需求。还是以老年人社交为例,可以通过访谈和行为观察发现他们的真正需求,比如看上去是他们经常散步,与老朋友喝茶,或者在街角商店购物,但通过研究发现,这些都是他们保持彼此联系的手段,从而找到这些老年人的真实需求。

第 3 步:创意构思。这一步只关注问题陈述并提出解决问题的想法。重点不在于获得一个完美的想法,而是要想出尽可能多的想法,这个时候的思维需要发散。

第 4 步:原型实现。这一步首先花一点时间思考一下你从市场调查中了解到的不同想法。问问自己,你的想法如何适应人们的实际生活。你的解决方案可能是一个新想法和已有想法的组合,然后勾勒出最终的解决方案,并建立一个产品原型以进行测试。最后,开发模型样品。只有在见到真实的样品后,才有可能进行后期的调整。在互联网时代,我们强调快速地试验,模型样品不求最好但求最快。

美国作家埃里克·莱斯在《精益创业》一书中提出了"最小化可行产品"(minimum viable product,MVP)概念,意即用最快的速度和最简洁的方式把新产品开发出来,初期产品可能只是一个界面,也可能只有简单的操作流程,但它的好处是能够直观地被客户感知到,在此基础上才能够进行下一步的实践。如果可能,给客户提供多个测试品进行对比选择。

第 5 步:实际测试。这一步是寻找实际用户测试你的原型。如果人们不喜欢它,要勇于接受意见,关键是要了解哪些是有效的,哪些是无效的,所以任何反馈都很好。然后回到原型,并运用你的技能重复这个过程,直到你有一个能够解决实际问题的原型。把产品投向市场检验测试,优化定型。不断创造、不断测试、不断推倒重来,这是每一个产品设计师熟悉的步骤。实践出真知,这是大家公认的道理,但真正能够做到还能做对的人并不多。

通常,测试速度越快、频率越高,产品成型的速度就越快。一般的互联网产品,一个星期就可以更新测试一次,甚至每天测试一次。工业品虽然达不到这样的速度,但测试周期也在缩短。以前做服装,一年一种流行,现在是一个月一种流行,甚至一天变一个样。企业正在不断提升设计研发效率,让产品原型到交付的时间变得越来越短。这样不仅降低了产品的市场预期和结果的落差,而且提高了运营效率和资金运转效率。

综上所述,设计思维需要交替使用左脑和右脑。在设计思维的第一步"同理心"中,设计者需要调动右脑思维去感受。在设计思维的第二步"需求定义"中,设计者需要调动左脑思维去分析,从多种可能性中找到一种可能性。在设计思维的第三步"创意构思"中,设计者又需要调动右脑思维,做出具有创新性的概念样品。在设计思维的第四步"原型实现"和第五步"实际测试"中,设计者又需要调动左脑思维,不断找出问题并优化细节。只有交替调动左脑和右脑,才可能做出更符合市场需求的产品,提高创新成功的概率。如果只用右脑思维,做出来的产品很可能天马行空,不接地气;如果只用左脑思维,就会受到许多条条框框的限制,打不开思路。

运用设计思维,是为了让产品更贴近消费者。我们一开始就要去洞察市场上没被满足的消费者需求,先看机会,这时候需要创新想法,运用右脑思考各种可能性和市场需求。然后结合公司的主要战略以及公司的能力,选择某个可以做好的产品,这就是聚焦的过程。走到这一步,产品创新还只是一个设想,可能是对的,也可能是错的。所以我们需要推出一款或多款初级产品,然后反复测试、搜集意见、优化改良。最后根据众多的产品意见反馈敲定最好的几种,成为相对标准化的产品。

比如,腾讯在早期设计QQ邮箱时,因为笨重难用,不被市场认可,腾讯只好对它进行回炉再造。在研究过程中形成了10/100/1000法则,即每个产品经理都必须在每个月当中做10个用户调查,关注100个用户博客,收集、反馈1000个用户体验。这个法则虽然有点笨拙,但很实用,一直沿用了下来,并成为腾讯内部测试的一个规则。马化腾制定了产品八字法则——"小步快跑,试错迭代",每款产品都会经历"反馈—改进—再反馈—再改进"的优化过程。这样的设计思维让腾讯成了擅长做产品的公司。

让产品像游戏一样有吸引力

埃米·乔·金在《产品游戏化》里介绍了用游戏的思路做产品的五个步骤,和上一节提到的设计思维的五个步骤非常像,分别是设想、共情、设计、试玩和验证。

第一步是**设想**,或者说对设想进行试验。其中主要用到的工具是最小可行性产品画布,找到一个较小的早期市场,在较少的一群人当中试验想法。这群人需要我们提供的产品,并且他们在满足自身需求时能够承担产品所带来的成本,忍受产品中存在的荒谬、搞笑的错误。我们可以根据较小的早期市场的反馈不断地改进和迭代产品，然后逐步推向更大的市场。

第二步是**共情**。共情的意思是，我们的目标得瞄准特定人群，理解特定人群的需求，与他们建立感情。与特定人群建立共情需要经历三个环节：找到产品的超级粉丝，发现用户的相关习惯和需求，对用户使用产品进行场景描述。超级粉丝指的是那些高需求和高价值的早期用户，这些用户喜欢尝鲜，是最早使用产品的用户。找到了超级粉丝，接下来，我们可以通过问卷调查、面谈等方式了解这些超级粉丝的习惯和需求，然后将用户的意见写成场景描述。一旦我们抓住了场景，其实也就等于帮助用户建立了认知。

第三步是**设计**。怎样设计一款让用户上瘾的产品呢？答案是让用户升级，也就是让用户通过我们的产品更加擅长做他们希望擅长的事。比如，要打造一个学习型产品，首先在产品中设计一个可重复的、愉悦的活动，召唤用户养成使用产品的习惯。其次建立驱动学习和打造技能的反馈机制，让用户越玩越觉得自己聪明和有能力。最后通过再次使用产品时的触发事件，获得进阶和进一步的投入，比如勋章和社交表达。

第四步是**试玩**。通过前面三步已经可以设计出最小可行性产品，接下来通过让用户玩来验证这个最小可行性产品。在这个过程中真实地记录用户试玩产品的体验，不要纠正他们的习惯，任由他们自由表达。

第五步是**验证**。试玩结束后，我们根据用户的反馈，调整、修正产品的策略。最终，根据"游戏化思维路线图"制定出不同阶段的战略重点。

在设计产品时，首先找到超级粉丝，并且把他们发动起来，然后以此为基础进行扩张；其次运用学习闭环从内到外打造，测试产品的体验感；最后制作最小可行性产品，不停地试玩和验证，然后不断迭代，直到最后形成爆款产品。

让用户参与产品的设计

以前企业做产品，往往是先做市场调研，或者研究市面上的畅销产品，针对假定的目标消费者去设计产品，然后把产品生产出来，最后做大规模的分销。在这个过程中，企业主导了产品的设计和研发。消费者参与非常有限，对产品设计的影响比较小。

随着互联网的普及，消费者对产品设计的参与程度越来越深，甚至产品的功能设计需求就是由消费者提出来的。比如本章末的案例中提到的小米手机，很多系统的功能都是用户提出来的，首先通过工程师呈现出来，然后听取用户的反馈，再不断优化。用户参与产品的设计也会获得很大的成就感，且很可能在未来成为品牌的传播者。

随着产业互联网的深化，一些传统行业的产品设计也会变得更加开放，消费者的参与度会更高，对品牌的忠诚度也会更高。就像童话《小王子》里小王子说的那样：你是五千朵玫瑰中普通的一朵，却因我的爱而独一无二。当用户参与了一个产品的设计，他们对这个产品的感情则是一个纯粹的消费者无法理解的，这也是未来消费者和生产者会出现合流的趋势：由目标用户定义产品的特点，企业和他们共创产品，用户同时也会成为品牌的传播者。

这种趋势背后也是从 B2C 到 C2B，乃至 C2M 的变化。B2C

就是企业把商品卖给消费者,他们之间是简单的买卖关系。C2B则是让消费者部分参与产品的设计和开发。那些 C2B 的平台未必拥有工厂,它们先收集消费者的个性化需求,然后把信息反馈给生产商,以实现大规模定制。C2M 则更进一步,厂商直接和用户对接,因此供应链更加敏捷。

以家具为例。以前的家具要么是标准品要么是定制品:标准品的问题是尺寸未必合适,而且缺少个性化;定制品的问题是价格比较高,质量也不稳定。尚品宅配先是收集消费者需求,比如家具的材料、颜色、尺寸和款式等,然后向工厂下单大规模生产。这样做有两个好处:①产品更符合消费者的个性化需求,消费者满意度更高,愿意付更高的价格;②个性化需求背后是通用的模块组装,工厂接单后能够大规模生产,这样可以控制生产成本。

可以说,尚品宅配的 C2B 模式是从 B2C 到 C2M 的一个过渡期。未来,企业工厂可以直接建立与消费者联系的终端,由消费者输入自己的需要,然后在生产端完成个性化生产。比如西装定制企业酷特智能(详见第 10 章章末的案例)就在做类似的事情,它通过量体师收集用户的服装尺寸、款式和布料信息,然后直接向工厂下单,工厂收到订单后进行大规模生产。这样企业基本上是零库存,而且是先收款后生产,企业的现金流压力比传统服装企业小得多。

用行为标签替代身份标签

以前公司做产品开发,喜欢做"用户画像",这些用户画像往往由一个个身份标签（label）组成，比如性别、年龄、学历、居住地、收入和爱好。通过这些身份标签，我们可以综合判断目标用户是什么样子，住在一二线城市还是住在县城或农村，属于精英阶层还是草根阶层，然后根据这些标签推送相应的产品。

这种身份标签的分类方式其实和我们的生活经验有些差异。比如，你和你的同事的身份标签应该很接近，但消费习惯可能相差悬殊。同样一个商品，有些人可能喜欢得不得了，有些人则完全无感。另外，有钱人未必就一定只买奢侈品，他们可能也喜欢去小米之家或名创优品购买优质低价的商品。传统基于身份标签做客户细分的方式在很多场景中已经过时了。

在数字化时代，身份标签正在让位于行为标签（tag）。你在互联网上每一次点击都会留下相应的记录和tag。比如，你搜索了"脱发"这一关键词或者打开了一个有关脱发的网页，就说明你可能正在面临脱发的困扰，这个困扰是一个现实的痛点，与你的学历、收入、居住地关系不大。然后，你就被贴上一个"脱发"的tag，下次你打开网页时就会收到有关脱发的文章和商品推荐，这样的传播精准度要高很多。

在使用互联网时，你购买任何一件产品，浏览任何一条新闻，都可能因此被贴上一个小标签，随着你的浏览和购买行为越来越多，这些标签就会越来越多。当你被贴上了几百个这样的小标签时，人工智能技术就能够用这些小标签逐渐地合成一个形象，它就会成为世界上最了解你的人，超过了你的亲戚、朋友和配偶，甚至超过你自己。

同样是标签，基于行为的tag的丰富度要远高于基于身份的

label，同时它又是动态变化的。比如，你在刚开始和一个人打交道的时候，可能更看重他的身份标签，比如他的出生地、学历、家庭背景和长相等，但身份标签往往带有一些成见。随着你和他接触得越来越深入，你会更关注他做了什么，也就是他的行为标签，你对他的了解会越来越准确。

字节跳动旗下的今日头条有一句口号——"你关心的，才是头条"，很多人看今日头条会上瘾，因为他觉得今日头条很懂他，总是能推荐他喜欢的东西，背后的原理就是基于 tag 的推荐。字节跳动的创始人张一鸣发现，一个看上去很"精英"的人和一个看上去"草根"的人，他们的阅读偏好很可能差不多，因此不要根据用户的身份推荐内容，而是根据用户的阅读历史推荐他可能喜欢的内容，这样会强化他的阅读偏好。

商业评论家吴伯凡把这种思维叫作"光谱思维"或者"棱镜思维"。你用一个三棱镜折射一道光，就会出现赤橙黄绿青蓝紫七种颜色，此外还有肉眼看不到的红外线和紫外线。"光谱思维"不做预设和定位，而是把一个人的品质、品行、偏好、趣味、行为不断地细分，变成越来越多的小标签，然后朝着全息化的方向把这些标签整合成一个完整的人，使用这种分类思维可以做到比消费者更了解他自己。这样不仅可以做出爆品，而且还可以持续地做出爆品。

用"大中台、小前台"开发产品

2012 年字节跳动推出今日头条大获成功，后来它又持续推出了抖音短视频、火山视频、西瓜视频和TikTok，持续获得成功，有人称字节跳动为"App工厂"。随着产品的大获成功，字节跳动的收入快速增长，2016年是60亿元，2017年是150亿元，2018年是500亿元，2019年是1200亿元，2020年可能达到2000亿元。

为什么字节跳动能持续推出爆款产品呢？除了利用行为标签开发产品的"光谱思维"，它还有一个很重要的秘密，就是"大中台、小前台"。前台主要做各种各样成形的产品，而中台做各种各样的半成品或模块。中台存储了大量的资源和能力，当一种新的场景被发现的时候，中台将大量的资源和能力快速地注入前台，在很短的时间内就能够形成爆款产品。

中台是一个数据中心，它每天都在收集、挖掘各种各样的数据，不断向内部生长出越来越清晰的用户需求，用户需求的画像是它真正的产品。中台不断地分析用户的需求或痛点，从泛泛而谈的需求和痛点到越来越详细的需求和痛点。当中台把这些需求和痛点摸清楚以后，它就开始分析各种各样的技术解决方案，这种技术解决方案也可以称为技术储备。

当前台有人提出一个想法，或者发现一个场景，中台就会来支持他。从表面上看，开发某款产品的人就那么几个，但实际上支持他们的中台机构非常多，而且这些中台机构很早就已经做好了准备，或者说已经开发出这款产品的半成品很久了。如果一个很小的前台能够做一款产品，则说明它背后有庞大的中台的技术支持，这就是字节跳动的"大中台、小前台"。

比如，字节跳动在2016年推出了抖音，一下子就火了。但这款产品并不是从2015年才开始开发的，它是基于今日头条的用户分析开发的产品。天天看今日头条的人在不断地向字节跳动自动汇报他的行为标签，不断地接近于全息化地合成自己的"真面目"，字节跳动可能是从这些已经合成的需求和用户画像看出了用户需要一种短视频产品，于是抖音就顺理成章地产生了。因此，从表面上看抖音是一个新产品，但实际上它是一个孕育了许久的产品。

综上所述，在数字化时代，企业在设计和开发产品与服务的时候，不仅产品和服务的形态在变化，企业和用户之间的关系在变化，企业的运营流程和组织形态也在变化，这些都需要企业对消费者有不同于以往的洞察力，以及有对企业运营管理的整体思考能力。

案例导语 产品和服务的设计与开发是实践性非常强的事,讲再多的道理和方法不如深入剖析几个案例。这一章选择了三个案例,分别是小米如何能持续推出爆品、快手如何做短视频产品、腾讯助力云南文旅的数字化转型,可以使读者全方位了解硬件、软件和服务行业的数字化转型。

案例 5-1

小米如何能持续推出爆品

小米创办于 2010 年,到 2020 年正好 10 年。根据 2020 年 3 月小米披露的年报,2019 年小米的营收为 2058 亿元,其中手机部分为 1221 亿元。小米手机的销量为 1.25 亿部,全球排名第四,仅次于三星、华为和苹果,在中国排名第二,仅次于华为。

很难想象,在小米刚创办的时候,它并不是做手机的,而是做安卓系统定制,也就是 MIUI,如今已经迭代到了第 12 版。小米先通过 MIUI 和 BBS 模式的社群论坛网罗了上千万个手机发烧友,这些手机发烧友成了小米手机的种子用户。

小米如何做产品呢?我们从用户参与、设计理念和产品品质几个维度,逐一分析小米的做法。

让用户参与产品设计

小米通过小米论坛搜集用户的意见,并推出了第一款小米手机,也就是小米 1。当时的智能手机要么是三星、苹果这样的高端品牌，配置高端，但价格都在四五千元，要么是一些山寨品牌，价格很便宜，但性能一般。小米手机的配置和三星差不多，但只卖1999元，相当于高端机的配置、山寨机的价格，一下子就打开了市场。

小米论坛上每周都会新增两三千篇关于手机的帖子，其中有用户的一些设想，也有一些体验报告等。小米论坛里有个按钮叫"我也需要这个功能"。这个按钮把有相近表达的人汇聚在了一起，呼声越高的功能，成为现实的可能性就越大。用户会感觉到自己的意见得到了尊重，而且被采纳了，非常有成就感。

在一些重要功能的确定上，小米工程师通过在论坛上发起投票等方式收集用户反馈，最终确定产品功能形态。所以说，小米手机大量功能的设计是响应用户的需求，双方沟通的过程就是产品形成的过程，其中最热情的用户被称为"米粉"。

小米内部的产品讨论会也不是闭门造车，而是要结合"米粉"的意见，于是泡论坛、刷微博就成了小米工程师非常重要的工作。一方面，泡论坛可以了解用户需求，收集产品问题，可以回复用户的意见和建议，也可以追问用户问题，与用户进一步沟通；另一方面，论坛上的互动让粉丝备感亲切——他们的声音有人倾听，他们的意见有可能被采纳，小米着力营造的参与感就显现出来了。

雷军在一次演讲中提到一个小故事，他有一次见韩寒，韩寒问他："能不能开发一个功能，只接我通讯录里的电话。"雷军采纳了这个意见，于是小米就增加了一个功能，用户可以只接通讯录里的电话。这个小故事能够很好地诠释用户对小米产品的直接作用，消费者不只是使用者，他们还是产品的设计者和营销者。

从小米1开始，小米就在每次发布新产品时把产品的零部件全部拆开来给用户看。这种"拆机文化"促使小米在每一款产品的把控上都达到内外如一的质量,把里子和面子做得一致。同时,这种做法拆开了行业的"黑箱",产品除了外观吸引消费者之外,内在也经得起内行人的推敲,得到了同行专业人士的认可。

在小米手机推出之后,营销最卖力的也是资深的"米粉"。这些用户不遗余力地为小米做宣传,向身边的朋友介绍这款产品的特点,扮演了"品牌大使"的角色。通过"米粉"的口口相传,小米的品牌快速建立了起来。

截至2018年3月底,拥有5个以上小米互联产品的"米粉"数量超过140万;MIUI论坛有超过900万个月活用户。MIUI论坛于2010年成立,8年间小米用户累计发布了约2.5亿条帖子。"米粉"通过MIUI论坛积极提供建议、密切关注小米公司发展,小米从"米粉"的建设性反馈和功能创意中受益,有助于不断提升公司的产品和服务,包括与公司的硬件和互联网合作伙伴共同设计、开发或提供的产品和服务,是推动小米公司不断改进的重要力量。

小米注重粉丝关系的维护。每年小米都会举办"家宴",邀请部分"米粉"到小米总部参加晚宴,不仅包往返路费、包住宿、包大餐,还会为每一位到场的"米粉"准备伴手礼,现场更有抽奖送豪礼等环节,宴会上雷军会和大家亲密互动。"家宴"是小米维系"米粉"情感的一种方式,从本质上代表小米非常重视与用户交朋友的"米粉"文化。小米公司上下用非常真挚的情感去和用户交朋友,从而更能用产品打动顾客,建立品牌独一无二的竞争力。

小米的产品设计哲学

从2015年开始,小米开始推广小米生态链战略,投资一些手机周边产品和智能家居产品，比如移动电源、小米手环、空气净化器、电饭煲、台灯等产品。小米对这些生态链企业的产品会给予从产品研发、设计到营销方面的全面支持。

小米崇尚一个观点——"人人都是产品经理"。小米对产品品质的追求是没有止境的，无论是小米自有产品还是生态链企业的产品，小米在设计研发层面就对品质和细节进行非常严苛的控制，力求为用户提供品质过硬、美观与功能结合一体的优质产品。

爆品战略

小米之家的门店里虽然有上百个品类的产品，但每个品类的产品都只有几款，比如移动电源只有三四款，雨伞只有一款，每款产品都争取做到极致。小米采取了爆品战略，其背后的逻辑是极致单品——当把一款产品做到外观亮眼、性能极致、价格公道的时候，它在任何一个渠道都可以实现爆发式的增长。

小米在开发产品时秉持"80%—80%"的原则，简单来说，就是着眼于80%用户的80%需求，其中80%用户指的是大多数中国普通老百姓，80%需求指的是相对集中、普遍的需求，即"刚需"。也就是说，小米的产品不追求功能齐全，但是保证满足80%用户最集中的需求，并且在最重要的功能上使用最好的工艺和材料。

比如，小米要做一款电水壶，通过在论坛上收集用户的意见可以迅速分析出用户对电水壶最主要的需求点是什么、用户痛点集中在哪些方面，因而很容易就可以定义一款满足80%用户的80%需求的电水壶。当产品功能被定义好后，小米再全力以赴制造一款精品，满足绝大多数用户的痛点，同时制作精良、价格公道。

小米在"爆品战略"的设计理念下生产出来的产品,具备高品质、高"颜值"、高性价比的"三高"特点。这不是公司用营销和渠道推出来的爆品,而是自然受到用户喜欢的天然爆品,产品自带流量,同时又自然带来巨大的转化率。

兼顾理性和感性

小米在设计产品的时候,强调合理性,也就是造型与技术相匹配、可靠性与美学相匹配、设计与使用场景相匹配。这种产品设计的合理性与后期的生产制造、产品美感和用户体验息息相关,小米简称为"70%理性,30%感性"。

比如,米家LED智能台灯的灯臂部分没有沿用传统的圆柱形,而是设计成略扁的跑道形拉伸体。这个设计的目的是使灯光不直射从而保护用户的眼睛,并且立杆与灯臂的连接处使用笔记本电脑级别的转轴,使灯臂可以任意角度稳定使用。这些微小的细节设计体现了工程师在美观和功能之间的平衡与结合。

极简风格:少即是多

小米之家陈列着几百种不同的产品,它们属于完全不同的品类,但看上去外观风格统一协调,这一切都有赖于小米坚持极简的设计风格,也就是"少即是多"。"少即是多"的极简理念在设计界流行已久,在美学上带给用户雅致、有品的美感。

小米坚持极简首先是为了从审美上符合80%用户群体的需求,达到普适;其次是减少装饰和造型以提高后期的生产效率,也有利于生产制造的良品率和成本控制;最后也是最重要的是,极简还可以形成风格的协调统一,让小米的各种产品适合任意消费者家中的装修风格,低调、自然地融入家庭环境。

小米现在形成了统一的以白色直线条为主的设计语言——

Milook，这也是因为小米只在自己体系的门店中做展示，所以不需要花哨、抢眼的外观设计去和其他产品竞争用户的注意力，因此可以保持自身简洁大方的设计风格。小米凭借这样的风格获得了德国 iF 设计奖金奖等一系列国际设计大奖，成为影响中国消费品工业设计的主流设计语言。

对产品品质决不妥协

雷军对产品的品质非常看重，他说："我每次都会不厌其烦地强调，一款好产品的基础是品质，一款虚有其表的产品是无法长久活下去的，而且还会影响品牌信用。一款好产品，让消费者记住，很难；但如果产品出了质量问题，消费者会记很久。如果玩不出产品的新花样，至少做好质量升级。"

为了确保品质，小米坚持"死磕细节"。产品设计中的任何一个小细节都要仔细琢磨、反复钻研。比如，已经很薄的插线板再减 2 毫米，Yeelight 台灯的喷漆要求绝对无瑕疵……这些对于细节的要求确保了产品品质趋于完美。

有句老话是"一分钱一分货"，但小米追求高性价比，虽然产品价格便宜，但在用料上绝不含糊，保证真材实料。小米选用最好的材料，给用户超越期待的惊喜，比如，把 10 万元级音箱的振膜用到小小的耳机上，让用户在 99 元的耳机上体验到非凡效果。

小米在构建生态链的投资阶段就坚持"唯产品论"。小米内部是一个工程师主导的投资团队，他们在做投资时更看重产品、技术和未来的发展趋势，能够更加准确地输出小米的价值观和产品标准，构造符合小米生态的投资模块，从而一开始就为小米的产品标准打下最坚实的根基。

小米的生产设计体现出一种"技术男"的特质，在设计过程中这群"技术男"是对产品真正有爱的发烧友,他们懂产品并且坚持产品的质量。他们不会用花言巧语的噱头取悦顾客,但对于产品定义会明确表达立场,绝不含糊。他们一门心思专注于产品,用不断改进的产品和服务打动顾客,获得顾客对产品和品牌的喜爱与信任。

案例 5-2

快手如何做短视频产品

很多人一想到快手,第一反应是一家国内领先的短视频公司。2020年2月21日,快手大数据研究院发布的《2019快手内容报告》显示,快手日活在2020年初已突破3亿,快手App内有近200亿条视频;2019年,有2.5亿人在快手平台发布作品,平台累计点赞超过3500亿次。

在快手上,我们可以看到很多有意思的视频,它们鲜活地呈现了普通人的生活。鸭绿江上的放排人把高山上的木材顺着水流运出来,这种古老的水运方式以前鲜有人知,如今却被数百万人关注。城市建筑工地的潜水员是很小众的职业,但一二线城市的每一座高楼大厦都需要他们,建高楼打地基时需要用电钻挖几十米的深坑,如果电钻头掉了,需要他们潜到几十米深的浑浊泥水中把电钻头恢复原位。卖水果的"罗拉快跑"在陕西富平的吊柿前直播,现场品尝吊柿,让几十万用户看到了这种美味的特产,还可以立刻下单购买。

时光倒退五六年,大众是没有机会看到这些内容,并一键下单购买这些商品的。

短视频时代的到来需要四个条件,如今这四个条件都具备了:一是智能手机的普及,现在买一部有内置摄像头、功能非常完备的智能手机只需要1000元左右,甚至几百元也能买到。二是4G网络的普及,使普通人也负担得起移动网络的费用。即使很偏远的地区,国家也投入了大量的资金用于电信基础设施建设。三是支付的便利,有了智能手机,买东西、付钱随时随地可以实现。四是物流网络的发达,全国各地的商品可以快速送达购买者,而且物流成本很低。这四个条件同时具备,并且全民可以享受,为视频时代的到来奠定了基础。

视频作为新时代的文本,相比于文字,它有自己的特点。一是视频比文字在表达上更真切、内容更丰富。有很多成语描写美女,如沉鱼落雁、闭月羞花,但一图胜千言,而视频又比图片更有表现力。二是视频的拍摄和观看门槛更低,适合全民参与。

人类对视频信息的接受是最天然的,一个两岁的小孩子也能够看懂视频表达的大致意思。人类学会写字是要经过长时间训练的,但几分钟就可以学会用手机拍视频。

正如文字改变了社会的一切,视频也会改变社会的一切。

但快手副总裁何华峰不认为快手是一家短视频公司。因为视频或者短视频并不是一个行业,只是一种新的信息载体,就像文本也是信息载体,但文本不是一个行业。

快手到底是什么呢?何华峰给出的定义是,快手是一家以AI为核心技术的科技公司。在快手,AI技术贯穿于内容生产、内容审核、内容分发、内容消费的全业务流程。

AI技术对内容生产的影响是全方位的。比如,快手有一款魔法表情叫"快手时光机",用户可以在几十秒内看到自己容颜变老的过程。一个人拍自己的视频久了会感到乏味,快手希望用户能够看到自己变老以后的样子,从而更加感受到时间的可贵。

快手还运用图像相关的算法帮助用户矫正拍摄中出现问题的

视频，比如脏镜头导致的视频画面模糊、光线问题导致的画面昏暗及画面偏色的问题。

快手把增强现实（AR）技术应用在用户拍摄视频的环节，给现实生活的画面加入一些虚拟元素，使虚拟世界和现实世界更好地互动，使人们在记录生活时有更多的新奇体验。

这些玩法和功能的背后是快手对前沿 AI 技术的开发，涉及人体姿态估计、手势识别、背景分割等多个技术模块。这些都是快手努力将记录形式变得更加有趣的新尝试。

在音频方面，快手也做了非常多的工作。据统计，在快手的视频中，有 60%～80% 的视频用背景音乐烘托气氛。选择恰当的音乐表达心情其实不容易，让用户尽量贴合音乐的节奏创作动作对于用户的要求也是非常高的，而具备很强乐感的人其实非常少。

为了降低用户创作视频时选择音乐的门槛，快手开发了智能配乐及 AI 生成音乐技术。智能配乐可以根据视频画面及用户画像，为用户推荐合适的且被用户喜欢的背景音乐。AI 生成音乐技术通过 AI 的分析算法，感知视频画面中人的动作，让生成的音乐节奏匹配人的动作，这样极大地降低了用户创作视频时选择音乐的门槛，让大家更愿意创作视频。

在字幕方面，之前专业人士在创作视频时编辑字幕是件非常痛苦的事情，快手通过语音识别技术可以帮视频制作者自动添加、编辑字幕，还可以以各种各样的形式展示字幕，借助 AI 技术极大地降低了生成字幕的成本。

快手拥有数亿用户，用户的手机机型千差万别，这要求快手的算法必须在所有的机型上都能流畅运行，这对 AI 能力要求非常高，非常消耗计算资源。为了解决这个问题，快手自研了 YCNN 深度推理学习引擎，解决了 AI 技术运行受限于用户设备计算量的问题。

在内容分发环节,快手主要解决内容和用户的匹配问题,让内容去找合适的人。

匹配机制最核心的有三件事:一是理解内容;二是理解人;三是将内容和人连接起来,让它们匹配。门槛在于数据,要有人和内容之间交互的数据去做模型。

第一是理解内容。理解文本的技术在10年前就已经非常成熟了,可以分词,做词性标注,提取标题、关键词、实体,以及算重要性、情感等。最近10年,学术界又发展出一整套用于分析图像、分析文本、分析语音内容的工具。给出一张图像,可以分析出场景。这是在学校还是酒吧?里面有没有人或动物?他们高兴吗?不管是文本还是影像,都可以让计算机建立对内容的理解。

第二是理解人。首先需要理解一个人长期的静态属性,这叫用户画像,包括年龄、性别、身高、出生地等。其次是理解这个人的兴趣偏好,比如喜欢什么口味,爱打球还是爱跑步,最近想旅行还是宅在家里。最后是理解人的意图,一个人使用你的App,他当时脑子里在想什么?是在想用苹果手机还是三星手机吗?是在想自己饿不饿吗?

第三是内容和人的匹配。如果能够很丰富地在这三个层面建立起对一个用户的理解,就能在人和内容之间建立很好的匹配关系。这个匹配关系不是靠规则建立的,而是利用软件中用户和内容之间互动的数据,用现在深度学习的方法做一个模型,这个模型只需要干一件事情,即预测一个新内容和一个新用户之间匹配的概率,并努力提高内容和用户之间的匹配概率。

但这种匹配会导致注意力资源分配的"马太效应"。在短视频行业,所谓的"马太效应"就是:头部人很少,但得到的资源很多；尾部很长，但得到的资源非常少。很多短视频企业也正是利用了这种"马太效应"，吸引头部明星来吸引流量。

快手的做法稍有不同，它尽量做到公允，也就是在资源匹配上尽量把"尾部"往上抬一抬，把"头部"往下压一压，让分配稍微平均一些。但这样做是有代价的，总体效率会下降，这也是考验技术能力和执行能力的地方；如何让效率不下降，或者下降得少一点？

这源于快手的使命：跨越注意力鸿沟，就是提升每个人独特的幸福感。

快手CEO宿华认为，每个人的幸福感来源是有差别的，他们的痛点不一样，情感缺失的原因也不一样，有的人因为孤独，有的人因为贫困，有的人渴望得到理解。为了尽可能地提升每个人的幸福感，快手在做资源分配的时候，在效率和损失可以接受的情况下，自由和平等这两者可以往前排一排，确保大多数人的生活都能被看见。

利用AI达成自己的使命是快手让用户觉得既有效率又有温度的原因所在。

案例 5-3

腾讯助力云南文旅的数字化转型

云南是中国的旅游资源大省，有很多国家级的旅游度假胜地，比如昆明、大理、丽江、香格里拉、西双版纳等，因此在很多人的心目中云南的旅游收入应该位列全国前三。但国家统计局的数据表明，2018年云南的旅游收入只有8991亿元，全国排名第七，不仅低于广东、江苏、浙江、山东、四川这样的经济发达省份，甚至还被"隔壁邻居"贵州超过了。

贵州的"逆袭"给了云南不小的刺激,因为在很长时间里,贵州给人的印象一直是经济欠发达,旅游资源也不如云南丰富。其实,贵州旅游业长时间落后于云南,2016年贵州的旅游业收入只有5027亿元,和当年的云南相差甚远。但仅仅两年之后的2018年,贵州的旅游业收入就达到了9471亿元,超过了云南,两年增长了88%,增长速度远快于云南。

贵州旅游业的崛起与政府领导的重视有很大关系。2016年,贵州省委省政府把"大旅游"作为全省"三块长板"之一,明确提出推动旅游业实现井喷式增长。此外,贵州省在大数据、云计算和基础设施方面投以重金,还大力做贵州文旅的品牌传播,取得了立竿见影的效果。

相对而言,云南旅游业在那几年止步不前,有很多原因。比如领导频繁调整导致政策没有延续性,旅游景点的"宰客"现象损害了云南旅游业的形象,还有云南各地的旅游资源没有整合起来。也正是因为看到了差距,云南省政府决定在旅游业上发力,发挥其旅游资源优势,并在基础设施和数字化建设方面投以重金,打造一些有知名度的文旅品牌,振兴云南旅游业。

2017年,云南找到腾讯作为发展文旅产业的合作伙伴,联合打造"一部手机游云南"全域旅游智慧项目。当年9月29日,云南省政府召开"一部手机游云南"工作领导小组第一次专题会,标志着全国首个"一部手机游云南"项目正式启动。三个月后云南省成立了和腾讯的合资公司——云南腾云信息产业有限公司(后文简称"腾云")。这个合资公司注册资本金为1亿元,由腾讯控股,另外两个股东为云南省投资控股集团和云南省交通投资建设集团。

数字化赋能文旅行业

要找到突破点,就要从痛点开始。云南旅游业的痛点是乱象丛生、政府管理缺位、资源不够整合以及数字化建设不够。基于这些痛点,"一部手机游云南"的目标就是整治旅游行业乱象、推动旅游产业升级,让游客体验自由自在、政府管理服务无处不在。

"一部手机游云南"定位于"全域旅游智慧平台",利用物联网、云计算、大数据、人工智能等技术,就游客综合服务、政府管理服务、大数据服务、安全服务、市场推广服务五个方面为云南全省旅游提供服务,为云南打造一个智慧、健康、便利的省级全域旅游生态。

在2019云南国际智慧旅游大会上,云南省省长阮成发表示,实现智慧旅游的根本途径是推进旅游要素全面数字化发展。正是在这样的方向指引下,"一部手机游云南"依托互联网、云计算、大数据、人工智能等先进的数字科技能力,整合云南省全域旅游资源,打造了文旅产业标杆项目,为全国数字文旅产业智慧升级探索出了一条成功的路径。到目前为止,"一部手机游云南"已经建成了"一个中心、两个平台":一个中心是旅游大数据中心,两个平台是旅游综合管理平台和旅游综合服务平台。

面向游客端的是旅游综合服务平台,包括"游云南"App和小程序。这个App和小程序可以实现看实时直播、订精品线路、预约景区、买门票、刷脸入园、识花草、找厕所、语音导览、投诉、退货等多场景功能,可谓一机在手,说走就走,全程无忧。

政府管理者使用的是旅游综合管理平台,这个平台可以实现服务评价、投诉受理、联动执法、诚信体系、客流监测、产业运行监测等功能,实现了一部手机"管"旅游。2020年,腾云公司在原旅游综合管理平台的基础上,全国首创开发出"一部手机管旅游"App,通过整合五个业态(餐饮、酒店、旅行社、包车、租车)、旅行社+导游管理、投诉+退货处置、综合监管考核板块,构成"5+2+2+1"智慧文旅管理体系,为云南省涉旅管理人员提供数字化协同办公服务,实现旅游评价、督办管理、监管考核、准入退出、引导改进的全面闭环,使云南旅游管理工作效率进一步提升。

这两个平台的背后是一个旅游大数据中心,它通过数据沉淀和分析应用为旅游管理者提供决策参考,为涉旅企业提供转型升级和营销策略指引,从而为游客提供更加智慧、便捷的服务,真正实现智慧旅游的目的。

除了运营"一部手机游云南"之外,腾云还积极探索并已开展多项智慧化业务,如智慧景区、智慧交通、智慧酒店、智慧博物馆、区块链电子冠名发票等。

2019年,腾云进军特色小镇领域,承建了丽江和沙溪特色小镇的智慧化提升项目,输出智慧化解决方案。目前,依托微信、AI等腾讯诸多核心能力体系,丽江古城数字小镇正在逐步实现"刷脸就行",在古城东大街、新义街、四方街等主要旅游路沿线的店铺,游客刷脸就能获得自助点餐、立减等智慧消费服务。

腾讯对丽江古城的喜多娜三合行馆进行了智能化改造,结合腾讯、腾云的诸多核心能力体系,打造全国一流的智慧酒店。智慧酒店实现了线上免押预订房间、自动分房和刷脸入住,客房支持语音控制房间内的窗帘、空调、电视、灯光等设备,游客办理入住时可使用数字身份体系。

针对云南特产普洱茶的传统防伪标签破解及篡改门槛低的现状,腾云还探索了银联支付级加密的NFC防伪技术,结合NFC芯片耐高温的特性,将NFC芯片直接压进茶饼。每个NFC芯片都有一个全球唯一的识别号码,难以被复制。将NFC芯片制成电子内扉就像给普洱茶饼贴上了一个独一无二的"身份ID",此举满足了爱茶人士购茶时"溯源"和"保真"的核心诉求，消费者只需要用手机一扫，就能了解到一款茶叶的"前世今生"，除了可以验证茶叶的真伪信息外，还可读取茶叶厂家、生产日期、产地、规格等信息。

"一部手机游云南"是云南旅游业全面拥抱产业互联网的全新尝试，项目形态新颖，毫无先例可循。

在项目成立之初，腾讯聚集了深圳、广州、北京、昆明四个地方28个部门的46个团队，组织了大批技术专家参与建设。截至2019年底，该项目已由最初的10人团队发展到本地团队达300多人的规模。

"一部手机游云南"也逐渐凸显出其别具一格的超级项目特质——截至2019年底，横向面向政府近3000个部门，纵向面向省、州市、区县、景区及涉旅企业四级体系，包括16个州市、129个区县及300多个景区、近140 000户诚信商家等。此外，该项目内外部复杂度高，整个项目对技术能力、安全体系、运营能力、产品资源等方面要求非常高，需要协调腾讯28个核心部门联合建设，协调云南省级单位（省政府、文旅厅、各业务处室）、州市单位（州市政府、文旅局）、区县（政府）、300多个景区、在线旅游企业及服务商等。

"一部手机游云南"的八个核心亮点

"一部手机游云南"为游客、政府和商家提供智慧化服务，到2019年底呈现出八个核心亮点。

一是全面、权威的云南旅游资讯。汇集了云南省16个州（市）、129个县（市、区）1分钟城市宣传片，461个景区及文化场馆的名片和官方旅游攻略、出行信息等，为游客提供全面、权威的云南旅游资讯服务信息。

二是数量众多的实时景区直播。接入 1482 路直播流，覆盖云南 16 个州市 95% 以上的景区美景，对云南的景区和部分主要城市进行不间断直播，游客"足不出户尽览云南美景"。

三是便捷的在线导游导览服务。179 个景点景区全面上线"游云南"App，提供手绘地图、在线导游、语音讲解、AI 智能识景等导游导览服务，让游客旅游自由自在。接入了 23 008 个厕所和 519 个景区停车场的信息，方便游客快速找到周围的厕所和停车场。同时，接入 793 个智慧厕所的信息，实现人流量显示、拥挤提示，部分还可显示坑位占用情况和温度、湿度、气味。高海拔地区的部分智慧厕所实现了游客如厕超过 20 分钟管理提醒功能，防止游客在如厕过程中发生意外救助不及时。

四是健全的旅游诚信体系。构建了由政府部门、行业协会（或专业机构）、游客共同参与的诚信评价体系，对涉旅企业进行规范指数、品质指数、体验指数三个方面的打分评价，并在平台上公布诚信指数，为游客选择诚信旅游企业提供参考。截至 2020 年上半年全省已完成近 14 万家酒店、旅行社、餐馆等涉旅企业的诚信评价和上线工作。

五是高效的旅游投诉处置体系。构建了省、州市、县、涉旅企业"1+16+129+X"的旅游投诉体系，游客可选择在线投诉、语音投诉和电话投诉等投诉渠道进行投诉，并可实时查看投诉办理的进展情况。目前，平台的平均办结时间从原来的 12 天缩短到现在的 4 小时 20 分，99% 以上的投诉做到了 24 小时内办结。

六是方便的游客购物退货机制。推行"30 天无理由退货"，建立统一受理旅游购物退货的工作机制，实现快速退货。游客可通过"游云南"平台以在线、语音、电话（96301）的方式向全省各州市的游客购物退货监理中心发起退货申请,游客购物退货监理中心会及时进行处理。全省已设立354个游客购物退货监理中心或服务点,"游云南"平台已累计受理游客退货2730件,涉及金额2179.21万元,金额最大的一笔退货是27.4万元。

七是实惠、便捷的交通出行服务。2019年9月上线全新的交通出行功能,向游客全程提供在线选车、下单支付、上门取送车、自助取还车、免异地还车费等便捷、实惠的租车服务。

八是先进的互联网技术运用。整合了物联网、云计算、大数据、人工智能、区块链、人脸识别、小程序、微信支付等多项技术,130家景区实现了线上购票、线下刷脸和扫码快速入园,多家酒店实现刷脸入住。

本 章 核 心 观 点

1. 产品和服务作为创造价值的部分,可以说是商业模式的核心板块,企业的经营活动都是围绕产品和服务展开的。产品和服务是企业与客户沟通的载体,也是企业运营管理的抓手,更是企业综合能力的体现。

2. 在有些行业,数字化可能会导致产品和服务形态的变化,比如媒体、教育和娱乐,它们完全颠覆了产品和服务的载体。在另一些行业,产品和服务的设计和生产方式在发生变化,比如用户会参与设计,做用户分析时也要从身份标签转变为行为标签,而且采用"大中台、小前台"的方式推出产品与服务的设计,这些对组织结构也提出了新的要求。

3. 产品和服务的界限正在变得越来越模糊。有些做产品的企业越来越强调服务的重要性,这叫作产品服务化。还有一些本来就是做服务的企业在让服务变得更加标准化,这叫服务产品化。产品和服务的边界模糊了,核心价值都是要真正满足消费者的某种需求。

4. 做产品的过程就是一个看到用户、倾听用户、判断用户、与用户建立连接,并且在与用户的交互反馈中迭代和优化的过程。产品思维就是一个人打造产品的思维方式,包括判断信息、抓住要点、整合资源,把自己的价值打包成一个产品向世界交付,并且获得回报。

5. 一个好的产品经理需要同时具备三种能力:一是有各种做好产品的招数和讨论,比如用户画像、痛点和痒点、整体流程图、用户体验地图和服务蓝图;二是微观体感能力,就是能对用户和产品建立细微的微观体感,能感受到好和最好的差别,从而优化用户体验;三是宏观能力,包括建立点线面体、创新模式的能力,这样才能打赢大仗。

6. 设计思维是通过提出有意义的创意和想法,帮助不同专业背景的人通过创新的解决方案解决特别的问题。设计思维分成五大步骤:①同理心;②需求定义;③创意构思;④原型实现;⑤实际测试。

7. 一些传统行业的产品设计会变得更加开放,消费者的参与度会更高,对品牌的忠诚度也会更高。就像童话《小王子》里小王子说的那样:你是五千朵玫瑰中普通的一朵,却因我的爱而独一无二。当用户参与了一个产品的设计,他们对这个产品的感情则是纯粹的消费者无法理解的。

8. 同样是标签，基于行为的 tag 的丰富度要远高于基于身份的 label，同时它又是动态变化的。比如，你在刚开始和一个人打交道的时候，可能更看重他的身份标签，比如他的出生地、学历、家庭背景和长相等，但身份标签往往带有成见。随着你和他接触得越来越深入，你会更关注他做了什么，也就是他的行为标签，你对他的理解会越来越准确。

9. "光谱思维"不做预设和定位，而是把一个人的品质、品行、偏好、趣味、行为不断地细分，变成越来越多的小标签，然后朝着全息化的方向把他合成一个完整的人，做到比消费者更了解他自己。这样不仅可以做出爆品，而且可以持续地做出爆品。

10. 产品开发的新思路是"大中台、小前台"。前台主要做各种各样成形的产品，而中台做各种各样的半成品或模块。中台存储了大量的资源和能力，当一种新的场景被发现的时候，中台将大量的资源和能力快速地注入前台，在很短的时间内就能够形成爆款产品。

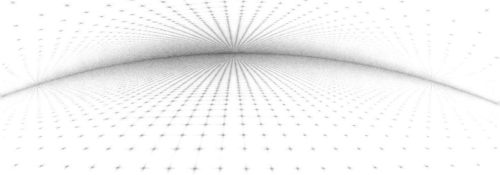

第 6 章

数字化时代的营销和渠道

第 5 章介绍了产品和服务的数字化转型,提到产品和服务设计最重要的是消费者行为分析,最好能让他们参与到产品和服务的设计中来,这个时候消费者就不再是单纯的消费者,而是产品和服务的共同创造者。随着社交媒体和社交电商的发展,消费者会在购买和使用产品后,主动传播使用产品的感受,甚至成为分销渠道的一部分,这些都与营销和渠道有关。

由此可见,产品和服务与营销和渠道有很多交集。好的产品和服务在设计的时候就要考虑消费者的需求,而且要把消费者发展成传播者甚至渠道,这个趋势在社交媒体时代更加明显。换个角度来看,营销和渠道也首先要洞察消费者需求,从而设计出合适的产品和服务去满足他们的需求,产品和服务是企业和消费者沟通的载体,也是市场营销的一部分。

在各个行业中,数字化对媒体行业和零售行业的影响是最早的，也是最具颠覆性的。由于媒体是营销的主要载体，零售是渠道的主要载体，因此媒体和零售的剧变也必然带来营销和渠道的剧变。数字化时代最先影响的就是营销和渠道，营销和渠道数字化转型的案例也最丰富，因此我们有必要把营销和渠道作为单独一章去分析和研究。

新媒体对消费者的影响

在过去 30 年的时间里，我们看到各种媒体形态发生了翻天覆地的变化。仅仅在 20 年前，媒体的主要形式还是报纸、杂志、电视和广播，读者和观众通常只是被动地接收信息。由于当时中国的媒体主要是国有媒体，而且行业处于相对垄断状态，因此这些媒体上发布的信息具备权威性。这种权威性甚至会影响在这些媒体上发布的广告的可靠性。

比如央视，由于央视是国家级的电视台，即便现在还是有很多人觉得央视上发布的信息都是权威的，这种感觉甚至会不自觉地"移植"到央视的广告上。由于很多人认为能在央视上打广告一定可信赖，因此商家争相去央视打广告。那个时候的电视广告效果真的很好，因为商家的竞争，央视还举办了广告拍卖活动，并促成了"标王"的诞生。

但随着互联网尤其是社交媒体的兴起，媒体的进入门槛被大大降低了。从理论上来说，现在每个人都可以拥有自己的媒体，比如微信、博客、抖音、快手，还有各种直播平台。在互联网和社交媒体兴起的年代，人们正在以前所未有的方式书写和表达自我、寻找受众，这在各种社交媒体和直播平台上都能看到。传统媒体也在受这些新媒体的影响。

在新媒体时代，不仅每个人都可能会在一夜之间成为明星，而且每个人都有可能摇身一变成为作家、艺人和制作人，这在以前是无法想象的。个人的力量变得更加强大，他们可以自由地通过网络获取一个产品的信息，也可以通过网络发表对这个产品的评价。人们往往更倾向于相信使用者对产品的评价，而不是广告所宣称的。

产品和媒体之间的界限也在日益模糊，一些娱乐产品——例如网络游戏，本身既是产品也是媒体。除此之外，一些企业开始设立网络社群，让一群具有共同爱好的人在一起交流，非常典型的就是小米，"米粉"会对产品提意见，也是小米的品牌传播者。

所谓的新媒体不是一种新的媒体形态，而是一种新的媒体法则。新的媒体法则强调个性化、开放性、趣味性、互动性和快捷性，在新媒体时代，消费者也可以是生产者。所谓的新媒体并不是对传统媒体的一种颠覆，它不过是媒体规则的变化，因此新的媒体法则也适用于报纸、杂志、电视和广播这样的传统媒体。

新媒体对营销的影响

新媒体改变了人们的沟通方式，也给营销带来了更多的可能性，改变了营销法则。我们经常能看到这样的现象，一些公司在传统媒体上投入了大量的广告费，却没有取得好的效果，另一些公司在抖音、快手、直播平台上只投入了很少的费用，就获得了很好的知名度。

为什么会有这样的不同呢？我们来分析一下传统的营销流程。传统的营销流程一般是这样：首先，选择一些具有广泛影响力的媒体发布广告，获得品牌知晓度；其次，做一些大型活动成功推出产品，安排媒体采访，建立销售网络；最后，进入实际的销售过程，将产品通过分销渠道交付到客户手里，为客户提供售后支持和服务。

在这个过程中，厂家通常控制了营销的全部过程。这样做确实大大降低了营销的风险，但是由于缺少消费者的参与，他们往往只是被动地接受这一切，因此对这样的品牌忠诚度普遍不高。但一些互联网公司，比如百度、阿里巴巴、腾讯、抖音、快手这样的公司，消费者使用其服务的过程就是消费者参与交流的过程，因此能大大提高客户的满意度。

再以公关为例，传统的公关方式是由一些品牌专家和公关专家辛辛苦苦为公司设计一个精致的公众形象，然后由公司的首席执行官对外发布出去。这种做法很完美，但往往忽视了沟通的关键之处：真正的沟通不是自言自语，而是你来我往的交流。公司和消费者之间的互动现在已经成为可能，而且越来越符合人们的期望。

很多人担心这样做会有信息失控的风险，实则不然。一家公司请消费者说出他们自己的看法、体验和选择时，往往能获得一箭双雕的效果：既能获得市场情报，又能赢得客户的信任。通过与客户交流，公司可以了解到那些它没有想到的问题，从而防止这些问题变成真正的麻烦，而且这个过程通常还可以赢得客户的信任。

这样做使营销过程变得更加复杂,但也提高了营销的效果。让客户参与到营销宣传活动中,请客户说出自己的想法并提出问题,同时给他们一定的空间来发言,这种做法能够使观众对公司更加信赖和忠诚,其作用甚至超过炫目的广告。一些公司甚至故意向客户袒露自己的弱点,以此来赢得客户的信任。

在这个时候,与其辛辛苦苦为公司设计一个精致的公众形象,不如在公司内部找一个真诚的人来代表公司——这个人可以是公司的 CEO,也可以是公司的一线员工。一些大公司甚至通过员工的形象对外宣传自己,这对于大公司来说尤为有意义。目前,越来越多的企业创始人开通微信公众号、微博、抖音和快手,他们本身就是公司最好的代言人。

一些公司开辟了自己的媒体空间,采用真实的人开展真实的对话,再加上真实的内容,让受众觉得有趣、好玩、富有魅力,而这些空间也借此成为一个事实上的媒体。耐克利用一些制作精美、滑稽逗趣的视频短片树立一种生活方式,这样的视频短片往往能获得许多网站的转载,而且不用向它们付费。

还有一些公司将更多的预算投入那些目标定位明确的"一对一"媒体,比如互联网和移动设备。这些精准营销的媒体往往能够比传统的电视和报纸等媒体更加精准地找到公司的目标消费群体,而且能够真正融入他们的生活,和他们亲密接触,提高了营销的效果,而且这种营销效果是可以用一些客观标准衡量的。

最重要的是,一旦公司有了什么想法,就要立即去实践,不要等到已经很完美了再拿出来。比如,越来越多的互联网公司把那些不算完美的东西拿出来，让大家对其评头论足，然后根据市场的反馈迅速做出修正，使其在这个过程中得到改善。从概念上说，公司是开放的，不仅让用户发表意见，还邀请他们设计产品。

从零售行业的变迁看渠道之变

由于零售是产品销售的主要渠道（尤其是 2C 行业），因此考察零售行业的变化能让我们更好地理解渠道的变迁，这是一个很好的观察视角。

先来说一下零售的定义，零售的本质是构建一个特殊的交易场所，让消费者能够找到商品，或者把商品卖给消费者。换句话来说，零售就是让"人"和"货"精准匹配的一个"场"，所有零售行业的变迁都是这个"场"的演进。

自从有了市场交易，零售行业就存在了，这是一个古老的行业，它至少经历了五个阶段的变化。为了方便大家理解，我把零售的五个阶段分别用 1.0 ～ 5.0 来表述。

零售 1.0 的代表是城市的交易市场或乡村的临时集市。在这个"场"里，商家带着"货"去寻找客户，客户也在这里寻找商家。人们在这里或者长年交易，或者集中在某段时间交易，这种渠道带有某种地域性，信息非常不透明，也很少有连锁经营这一说。那个时候的销售者和消费者都是分散的，渠道也没有品牌效应，没有哪一方具备相应的主导权。

零售 2.0 的代表是百货商场和超市。百货商场和超市的兴起意味着渠道品牌的崛起，在这些渠道里，百货商场和超市卖各种各样的产品，有些产品采用买断制，有些产品采用寄售制，但总的来说更强调渠道品牌，渠道也拥有更大的话语权，典型的是像沃尔玛这样的大型超市。它们决定销售什么产品，对于消费者而言，渠道品牌比产品品牌更重要，因此有一种说法叫"渠道为王"。

零售 3.0 的代表是各种品牌连锁店和购物中心。由于强势的渠道品牌挤压了品牌商的空间，因此品牌商想在渠道中占据更重要的角色，于是它们开始自建各种品牌连锁店，并对产品的销售和品牌负责。随着这个潮流的兴起，百货商场也升级为购物中心，这些购物中心经营一个空间，然后把空间分给各大品牌商，向品牌商收取租金或者销售提成，与品牌商共生共荣。

零售 4.0 的代表是电子商务。电子商务是随着互联网的普及兴起的，也是互联网商业化的最早尝试，从美国的亚马逊、eBay，到中国的淘宝、天猫、京东。电子商务的兴起极大改变了零售业态，与之相应的还有快递行业和金融行业的发展。目前，电子商务在整个零售行业中的比重已经超过了 20%。

零售 5.0 的代表是新零售。准确来说，新零售不是一种新的零售业态，而是前几种业态的升级和融合。电子商务曾经想要取代线下零售，但后来发现这很难实现，因此也开始积极进入线下零售，利用数字技术改造传统零售。与此同时，传统零售业态也在面临数字化转型的压力，两种力量在相向而行，而且共同进化，这就构成了新零售的业态。

在腾讯看来，新零售又称为智慧零售，是指运用互联网和物联网技术感知消费习惯，预测消费趋势，引导生产制造，为消费者提供多样化、个性化的产品和服务。智慧零售的发展在于三大方面：一是拥抱数字化时代的技术，创新零售业态，变革流通渠道；二是从 B2C 转向 C2B，实现大数据牵引零售；三是运用社交化客服，实现个性服务和精准营销。

智慧零售之所以能引领零售业的变革，主要有以下四方面原因：一是智慧零售打破了线上线下单边发展的局面；二是智慧零售实现了新技术和实体产业的完美融合；三是智慧零售是全球企业正在探索的必然趋势；四是智慧零售是开放共享的生态模式。

从零售业态的变迁可以看出，零售行业的演进就是在不断打造不同的"场"，提高"人找货"和"货找人"的效率。为了让交易达成，一方面需要吸引人进来，为此需要给客户提供更好的体验，比如优质产品、舒适的购物环境、各种促销等；另一方面需要提高运营效率、降低交易成本，使用供应链管理、信息系统、新媒体营销等。各种零售行业的企业，都在这两个方面发力，努力提升用户体验，并提高运营效率。

电子商务的各种新模式

电子商务也在经历模式的变化，也能反映营销和渠道的变迁。

以阿里巴巴为例，它最早的业务模式是 B2B，也就是对接中国的供应商和全球的买家，阿里巴巴提供信息对接服务。2003 年，淘宝开拓了 C2C 模式，对标 eBay 和易趣，也就是帮助个体商家把产品卖给消费者。由于小商家在淘宝上开店是免费的，而 eBay 和易趣是收费的，因此淘宝很快就吸引了上百万的小商家进驻，并导致了 eBay 和易趣的失败。

进驻淘宝的门槛很低，当上百万个体商家进驻淘宝后，它们本以为能对接全球的消费者，但它们很快发现自己被淹没了，完全不像它们想象的样子。为了能够在海量的商家中凸显出来，它们需要购买广告位来获得流量，淘宝主要靠向商家卖广告导流来盈利，这就是 C2C 的主要盈利模式。淘宝后来也为商家提供很多免费服务，但盈利模式没有大的变化。

随着越来越多的大商家进驻，淘宝成为 C2C 和 B2C 混合模式。但大商家需要有更好的服务，于是淘宝把 B2C 模式分离出来，成立了淘宝商城，后来改名为天猫。天猫对进驻的商家要求比较高，这样就规避了以往给人的"山寨"的感觉，提升了平台的品牌形象。天猫除了收取广告费之外，也通过抽成的方式盈利，这种模式让平台和商家形成利益共同体。

同样是 B2C，京东和天猫不一样。早期京东扮演的是商家而非平台的角色，而且自建物流体系，这样做的好处是确保了产品的品质，以及物流速度很快，因此用户的购物体验较好。后来，京东利用自己的流量和物流优势做平台服务，允许第三方商家进驻平台。现在京东的收入包括两部分：一部分是自营商品的销售收入，另一部分是平台业务的服务费。

除了阿里巴巴和京东之外，还有一些细分领域的电商，比如当当、唯品会、本来生活、易果生鲜、叮咚买菜等，但它们的商业模式还是典型的 B2C 模式，只是在某个细分领域深耕而已。真正构成模式差异的电子商务是后来发展起来的 C2B 和 C2M，比如拼多多、必要和酷特智能，以及社交电商兴起后的 S2b2c 模式，比如云集和爱库存。

第 3 章分析了拼多多的商业模式,很多人以为拼多多是利用社交工具卖便宜货的平台,这是一个很大的误解。社交分享只是一个手段,拼多多的核心能力是通过补贴和社交分享汇聚海量的用户群体,然后通过人工智能的分析帮助商家生产适销对路的产品。利用对消费数据的分析,拼多多可以帮助商家判断某款产品用某个价格能卖出多少。以前很多商家想做到生产"适销对路、少库存"的产品,而拼多多帮助商家做到了这一点。

如果说 B2C 模式帮助商家降低了营销成本,那么 C2B 和 C2M 模式则完全改变了零售的商业模式,因为它们真正做到了从消费者需求出发,并利用消费数据去整合供应商的生产能力。对于消费者而言,由于他们可以直接从厂家拿货,因此价格往往比零售渠道便宜很多。对于商家而言,它们可以更加精准地安排生产和定价,降低了库存的风险。

随着社交电商的兴起,又出现了一种 S2b2c 模式,非常典型的是云集和爱库存。这里的 S 指大供应商,b 指小商家(微商),c 指消费者。以爱库存为例,它原本是帮助企业卖库存尾货的交易平台,但后来发现中国有一个庞大的做代购的群体(微商),于是开始转型为它们提供服务,帮助它们对接好的货源,并帮助它们更好地销售。

爱库存一方面帮助大商家解决了库存问题(后来不限于库存),另一方面帮助小商家自主创业创收,还提供供应链与培训合规等一站式的全面服务。爱库存搭建了自己的数据算法团队,实现了用户推荐、活动推荐、商品推荐等多维度的算法推荐,更好地实现了"货找人"。此外,随着用户个人数据的不断丰富,用户界面从"千人一面"慢慢演化为"千人千面"。

数字化融合线上和线下

从零售行业和电子商务的变迁历史可以看出,数字化对渠道的影响开始于电子商务的兴起,但随着新零售的兴起,线上和线下渠道开始融合,未来严格意义的电子商务将不复存在。

在电子商务刚刚兴起的时候,最早尝鲜的企业"收割"了一波红利。当时,电子商务刚开始爆发,平均获客成本很低,再加上没有租金成本,有些企业还不用交税,因此与一些传统的线下门店相比有碾压性的成本优势,销售价格自然低得多。电子商务对线下实体店可谓降维打击,这让人们看到了传统零售行业的弊端,比如运营效率低、运营成本高等。

电子商务刚开始兴起的时候,很多企业在自己的官网上开通一个电子商务频道,但后来发现基本没用。因为没有流量导入,再漂亮的网页设计也像是建在沙漠里的别墅,很难转化为实际交易。后来它们开始与第三方电商平台合作,商家负责产品和运营,第三方电商平台负责营销,这样双方可以发挥各自的优势,形成一个双赢的商业生态。

随着时间的推移,越来越多的商家看到电子商务的好处,纷纷进驻淘宝和天猫,而且做各种广告来吸引客户。由于竞争越来越激烈,这些商家在电子商务上的获客成本变得越来越高,以至于需要不断地寻找新的流量红利,比如短视频和直播带货。这也是一个基本的商业规律,每波红利都会吸引更多商家加入,直到红利逐渐消失。

电子商务的兴起也在倒逼线下实体店的成长。线下实体店发现,要对抗电子商务的冲击,它们不得不放弃传统的高毛利策略,转而采用低毛利的策略,这就需要它们降低运营成本,因为只有这样才能盈利。随着线下实体店不断提升运营效率,再加上电子商务的营销成本不断上升,线上和线下的价格"剪刀差"开始慢慢变小,线上的价格优势渐渐消失。

这个时候,电子商务和实体店开始融合,从而没有严格意义上的线上线下之分了。零售不只是卖东西,还收集用户信息,往后整合价值链中的各个环节,包括上游环节的产品设计、研发、生产、物流等,从而让这个价值链变得更有效率。

以手机行业的渠道为例。在功能机时代,大多数手机都是通过第三方渠道销售的,包括中国移动和中国电信这样的运营商,类似迪信通这样的专业手机销售连锁企业,以及国美、苏宁、京东这样的综合3C店,厂商自建品牌专卖店的情况很少,厂家和消费者不直接接触。

后来一些手机品牌开始自建渠道,非常典型的是OPPO和VIVO,它们都是从步步高系拆分出来的,相互独立运营,也被称为蓝绿兄弟。它们主打二三四线城市的线下实体店,光OPPO在2015年就拥有近20万家销售网点。除了密集开设线下店铺之外,它们还请当红明星代言,"广告+渠道"的方式让OPPO和VIVO成为手机行业的前四。

2010年成立的小米前五年推出的手机都是通过线上销售的,

并以纯线上销售为荣。2016 年，经过长达几年的高速发展，小米的发展出现了停滞。看到 OPPO 和 VIVO 线下渠道的成功，雷军开始意识到要打破原来的认知，光靠线上电商渠道是不行的，小米也必须大力发展自己的线下渠道，于是开设了小米之家，到 2020 年 4 月已经开店 1000 家。

对于线上渠道和线下渠道的选择没有那么重要，或许会偏重某一方面，但两者并存的状态会持续下去。一些非标的产品，比如服务，在拓展线上渠道的同时，还是会继续在线下耕耘。教育培训业的变化很明显，在线上，消费者可以通过购买视频录播、视频直播、音频等产品完成学习；在线下，各种培训班、论坛、沙龙仍然在如火如荼地举行。

现在，随着社交媒体的发展，以及在线支付的普及，营销和渠道的界限也越来越模糊。比如，你在抖音或者快手上看直播，看到一个不错的产品，你可以随时下单购买，这个时候抖音和快手既是营销平台，也是销售渠道。这就帮商家解决了一个长期的问题：广告费花出去了，但只能间接带来销售收入，营销的效果不是那么容易精准衡量。现在营销和渠道合二为一，它们可以通过营销的投入直接获得收入，这样就更容易做决策。

数字化营销的方法论

菲利普·科特勒在做演讲时，开头和结尾经常引用同样的两张幻灯片，第一张的内容是"市场变得比市场营销更快"（market changes faster than marketing），最后一张的内容是"如果五年内你还用同样的方式做生意，你将关门大吉"（within five years, if you're in the same business you are in now, you're going to be out of business）。

菲利普·科特勒所言非虚，近几年，很多企业已经在数字化时代丧失了竞争优势，原有的市场标杆企业已无当年夺目之锋芒，甚至连被誉为"消费品营销之王"的宝洁也面临着创新者的窘境，新的营销方式也对原有的营销模式进行了升级甚至颠覆。

但显然大多数公司都还没有做好准备。科特勒咨询集团（KMG）一项针对CEO和CMO的调研显示，81%的企业认为数字化营销是自身数字化转型的关键；68%的企业宣称自己没有系统的数字化营销战略，更重要的是，58%的企业宣称数字化营销没有达到预期效果。

科特勒咨询集团在咨询过程中发现，CEO、CMO和其他高管的问题和困惑有以下几个。

（1）数字化营销如何与公司的数字化战略相结合？数字化营销战略在整体的数字化战略中发挥何种功能？

（2）数字化营销战略究竟解决的是品牌与渠道的升级问题，还是整个营销模式的颠覆？

（3）与传统营销相比，数字化营销在营销的战略环节上，究竟哪些变了，哪些没有变？

（4）营销如何与数据进行结合，在哪些维度上结合？

（5）数字化时代品牌应该如何建？有没有高速、有效的"快品牌"方式？

（6）是否要建立新的营销组织，如果是，如何建？如何与传统的职能有效融合？

（7）数字化营销号称投资回报率可追踪，那高管应该如何衡量数字化营销的绩效呢？

理查德·鲁梅尔特在《好战略，坏战略》中说，没人会承认自己不拥有战略，但是他的战略未必是好的战略。科特勒咨询集团的管理合伙人王赛在与诸多企业的营销决策层进行交流的时候发现，问题出在战略思维的缺失，或者称之为"好的战略思维"的缺失。

王赛认为，很多企业应用的数字化营销的工具和方法差别不大，但做出来的结果有天壤之别，这在很多情况下是因为使用这些工具和方法时没有指向"本质"。要完成营销的数字化转型，首先要回归问题的本质。无论营销的手段如何变化，营销战略的本质有三个核心是不变的，即需求管理、建立差异化价值、建立持续交易的基础，这在数字化时代依然适用。

需求管理的核心是企业对市场"不断变化"的根源（需求的不确定性）进行有效控制和导引，正如宝洁100年来不变地专注于洞察与挖掘消费者的本质需求。

建立差异化价值指的是建立起区隔性、差异性的优势，从而从竞争者中脱颖而出，这也是英特尔做"要素品牌"（B2B2C branding）、建立"Intel inside"的根源。

建立持续交易的基础。持续交易的基础是营销可持续性的核心，同时利用创新以及不断升级的软件、硬件、服务和社群来持续黏住用户，苹果公司便是很好的例子。

王赛把营销的核心范式分为三个要素：产品管理、客户管理和品牌管理（见图6-1）。在数字化时代，产品管理更强调共同创造，客户管理趋向社区化，品牌管理凸显个性化。

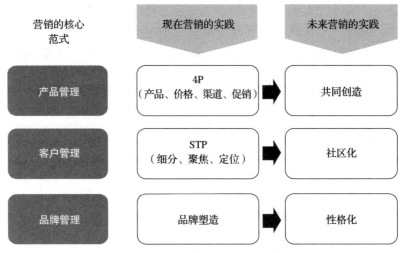

图6-1 营销范式和实践的变化

在产品管理方面，越来越多地呈现出生产者和消费者共同创造，比如，消费者开始参与到产品的设计和创新中，生产者和消费者的界限变得模糊。在定价方面，也会根据不同的用户和场景灵活定价，非常典型的是滴滴等打车软件，不同的用户在不同时段的定价体系是不一样的。渠道也变成了一个个数字触点，这些数字触点使营销传播与购买行为合一。

在客户管理方面，以前对客户的细分主要依据地理位置和市场，但随着互联网的普及，共同利益和价值观越来越成为市场细分的新维度，不同价值观的用户开始形成各自的虚拟社区，用户也就越来越细分和聚焦。数字技术也帮助商家根据消费者的行为做更加精准的营销，比如在淘宝网页上，不同用户看到的首页是不同的，实现了真正的"千人千面"。

在品牌管理方面，数字化时代出现了从价值导向到价值观导向的转变，价值观导向的品牌能在社交媒体上实现"疯传"，品牌从劝服者转变为互动者与赋能者，从硬性广告到内容营销，大数据可以打通消费者的线上浏览与线下购买。此时，品牌个性更重要，我们常说的魅力经济、粉丝经济、超级 IP 和网红带货都与内容营销和大数据有关。

综上所述，数字化的本质是实现"人与物、人与信息、人与人"之间的"连接"，无论是营销还是渠道，都要在连接中思考其中的变化，不断优化原来的营销和渠道理念。

案例导语 随着互联网媒体和电子商务的发展，零售和渠道很早就开始了数字化转型，随着产业互联网的深入，针对传统行业的数字化转型也在加速。本章的案例是产业互联网方面布局最广的两家企业——阿里巴巴和腾讯，并选择了2020年新冠肺炎疫情这一极端场景，看看它们如何助力传统企业实现营销和渠道的数字化转型，这种转型具备普适性。

案例6-1

支付宝助力服务业数字化转型

服务行业是一个依赖人和人接触的行业。也因为这个缘故，服务行业受新冠肺炎疫情影响最深，因为人和人之间要保持距离。如果说17年前的"非典"让零售行业数字化了，那么2020年暴发的新冠肺炎疫情则让服务业的数字化变得更加迫切。

新冠肺炎疫情给服务业造成了巨大冲击，短期内给服务业造成了重大损失，但"危中有机"，从长期看也是对服务业的洗礼，疫情中涌现出了一批线上线下结合、业务创新的商家数字化案例，更有背后提供支撑的服务商顺利实现"逆风翻盘"转型。

不同细分行业的服务业做数字化转型的路径各有不同。不管是街边小店、中等规模的商家，还是世界500强的大型商家，都有相应的数字化升级方案。

对于街边小店，通过收钱码接入移动支付是第一步，既能够实现经营数字化，还能享受多收多贷、多收多保等服务。对于中等规模的商家或提供政务服务的部门，则可以在独立软件开发商（ISV）的支持下，获得低成本的全套数字化解决方案，通过开发小程序、引入物联网设备等，完成数字化转型。对于大型商家，可以通过平台级的合作，在商业操作系统的帮助下，实现升级。

通过对蚂蚁金服旗下支付宝的调研，我整理出了八个它帮助服务企业数字化的案例。

（1）中国移动：牵手支付宝升级数字化服务模式，搭上增长快车道

（2）美菜商城：火速完成 2C 转型，解决百万家庭买菜难题

（3）乡村基：一个餐饮品牌借力平台数字化的"自救行动"

（4）汉堡王：快餐巨头的数字化转型，中国市场"逆风翻盘"

（5）奈雪的茶：利用数字化会员模式，让客单价提升了 68%

（6）美宜佳：万店背后的数字化之路

（7）万宁：与阿里携手数字化转型，完成线上线下一体化经营

（8）货拉拉：低频的同城物流，如何实现留存率翻倍

1. 中国移动：牵手支付宝升级数字化服务模式，搭上增长快车道

中国移动是中国最大的电信运营商之一，它面临的问题是，传统电销、线下营业厅等服务方式已无法满足用户日趋多样化的需求，究竟如何守住老用户、挖掘新用户？

中国移动的答案是，对"人、货、场的运营做数字化升级"，提供更便捷的渠道、更优质的服务、更吸引人的权益等。

"移动互联网时代，通信运营商的焦虑是如何将自己的能力线上化。在线上进行客户运营是互联网企业的长项，借助支付宝强大的平台和流量能力，双方走到一起打造联合运营的阵地。"中移

互联网有限公司市场部副总经理解应俊表示。

蚂蚁金服作为中国移动的合作伙伴,为中国移动提供了一整套完整的解决方案。中国移动结合支付宝花呗的"先享后付"能力推出"移动花卡",除了套餐优惠,还附加饿了么、虾米等阿里系权益。上线6个月,小程序的月活峰值就达到2000万。"双V会员"把中国移动会员跟支付宝会员打通,变成线上会员俱乐部,上线半年用户量就突破4000万。

2. 美菜商城:火速完成2C转型,解决百万家庭买菜难题

美菜商城于2014年6月成立,是头部餐饮供应链服务商,一直为餐馆和酒店类商家提供B端餐饮食材采购服务,自建了完整的仓储和配送体系与采购网络。

在新冠肺炎疫情防控期间,餐饮行业遭遇年夜饭退订、堂食取消,线下业务受到巨大冲击,而美菜商城作为产业链上游,其B端业务也因此受到一定影响。与此同时,很多地区出现C端家庭用户买菜难的现象,线下商超每天上午菜就被抢光了,线上买菜类App的菜品储备和运力告急。美菜商城管理层当机立断,决定开辟C端商业模式,面向个人家庭提供服务,解决疫情期便民服务痛点。2020年1月28日,美菜商城C端服务率先在武汉上线。由于疫情期支付宝聚拢了大量疫情相关的便民服务,因此美菜商城联系支付宝希望上线支付宝平台。

双方对接后迅速进入开发流程,用了一周多时间,就完成了小程序开发以及针对C端用户定制的与B端有所差异的菜品分拣机制、菜量和包装设计、服务流程和配送体系以及服务器扩容等相关工作。2020年2月9日,美菜商城支付宝小程序正式上线。上线第二天,美菜商城小程序获得了支付宝社区生活公域流量的

支持，第一时间覆盖全国30多个城市，后期逐步扩大到80个城市。与此同时，美菜商城还被聚合入支付宝官方"买菜"专题。上线首周，美菜商城支付宝小程序日均日活超过10万，获取新用户超过80万个，复购率高达40%。

3. 乡村基：一个餐饮品牌借力平台数字化的"自救行动"

乡村基是一家从重庆走出来的知名餐饮品牌。早在2015年，乡村基就通过接入支付宝开启了与阿里的合作。目前乡村基已经打通了支付宝、饿了么、口碑三端的会员体系，通过打通到店与到家场景激发出更多存量消费，甚至反哺餐饮商家的新菜品研发。乡村基首席市场总监余雪松表示，支付宝对乡村基而言，已经从最初的移动支付工具演变为完整闭环商业解决方案的提供者。

乡村基利用支付宝做了以下创新服务，并取得了很好的效果。

（1）拓展到家服务，上线外卖小程序。乡村基在支付宝上开发了外卖小程序，利用小程序、生活号双端运营，盘活了自己的私域流量，在疫情防控期间实现了外卖业务20%的增长。

（2）利用支付宝扫码点餐小程序，乡村基在门店复工以后实现了点餐安全"无接触"，还借助支付宝小程序"线上发券，线下花"，为消费者提供便利和实惠。

（3）淘宝直播，拓展生意。在疫情防控期间门店的生意少了，但线上生意火了，直播也很火。乡村基在年前开通了支付宝轻店小程序，打通天猫旗舰店，并在疫情防控期间探索淘宝直播，从自热米饭到支付宝、口碑、饿了么券包统统在直播间里卖，实现了同时段直播观看量第一。

4. 汉堡王：快餐巨头的数字化转型，中国市场"逆风翻盘"

汉堡王于2005年进入中国，但在2013年之前一直发展得比较慢，到了2012年在国内也只有100家店面。但在2016年后，汉堡王迎来了飞速发展，到2019年底国内店面达到1300多家，其中数字化经营的举措贡献明显。

汉堡王的数字化分"三步走"：一是拥抱移动支付，率先在餐饮领域打破传统的收银及对账模式，从支付宝"初始化"数字化；二是大举接入外送服务，汉堡王是最早接入饿了么的快餐品牌，目前其超过90%的线下门店都延伸到了到家服务场景；三是从消费、营销、物料配送等多环节、全链路数字化，建立属于汉堡王的数字生态系统。

在支付宝上，汉堡王打通了物联网、点餐小程序、会员小程序、轻会员、蚂蚁森林公益等多样数字化营销链路。同时，汉堡王还借助支付宝小程序打通了天猫、高德、饿了么等服务场景。2019年，汉堡王单店营业额同比增长率是两位数。

5. 奈雪的茶：利用数字化会员模式，让客单价提升了68%

奈雪的茶自2015年创立起，就作为新式茶饮品牌步入了互联网高速发展的时期。在拓展会员过程中，奈雪的茶遇到了商家建立会员体系时容易出现的老问题：付费会员会消磨顾客的开卡意愿，免费会员则让会员价值大打折扣。

对此，奈雪的茶使用了支付宝的轻会员，让用户不用支付会员费即可享受会员优惠，用多少优惠扣多少钱。比如，提供5元无门槛、满35减6、满50减8等各个层次的优惠券，可以满足新用户、复购、多人畅饮等需求。

通过这样的阶梯形优惠券，奈雪的茶可以清楚地知道用户对于哪种券的接受程度最高，以及用户对不同产品的付费意愿。数据显示，使用满60减8、满100减20优惠券的用户占比，并不比低额门槛的优惠券小，于是奈雪的茶大力推广满60减8、满

100 减 20 的优惠券。

轻会员上线以来,小程序日均成单数翻了整整一倍,办理轻会员的用户比未办理的用户下单量高出 42%,客单价提升了 68%。

现在,奈雪的茶还与支付宝合作了蚂蚁公益林、刷脸支付等多种玩法。数据显示,蜻蜓刷脸即支付、支付即会员的亮点功能,使注册会员转化率相比传统模式提升了近 6 倍。

6. 万宁:与阿里携手数字化转型,完成线上线下一体化经营

万宁是一家全球连锁零售企业,于 2004 年进入内地市场。作为零售企业,它也面临数字化转型问题,它选择了与阿里巴巴共同开展数字化转型。

首先,优化支付环节,实现精准营销。支付宝作为商业操作系统的重要一环,与万宁在刷脸支付、生活号及电子会员卡、优惠券三个方面展开了合作。2020 年 4 月蚂蚁金服发布的报告显示,万宁刷脸支付 100% 门店覆盖,大大缩减了收款环节的耗时;同时,通过生活号推广的方式,成功发展新会员超过 140 万个,在万宁会员日,优惠券到店转化率高达 45%。

其次,联合天猫品牌轻店,实现多场景融合。用户可通过支付宝轻店小程序查询门店新品,同时也能通过轻店小程序跳转至万宁天猫旗舰店,查询并参加更多品牌活动。

接下来,万宁希望能以店长导购码代替门店码进行会员招募,打通店长的 C2C 运营渠道,进一步丰富消费者触达渠道,做好一对一或者一对多的用户沟通;提供未来主动营销渠道对消费者的活动推送提醒,提升该渠道的转化效率。

7. 美宜佳:万店背后的数字化之路

经过 20 多年的发展,美宜佳在全国开了近 20 000 家门店,

日均到店人次达 400 万。从 2014 年开始，美宜佳就踏上了数字化转型之路，而直到 2018 年，会员问题始终没有得到很好的解决，但会员又是把握顾客不同层次和频次消费需求尤为重要的参考依据。

在进行了多种会员注册形式的摸索后，美宜佳惊奇地发现，借助支付宝小程序的多种会员能力，顾客可在授权后一键注册为会员，大幅度简化了会员开卡流程，提升了开通效率。在"美宜佳会员"支付宝小程序上线的短短 2 个月里，会员新注册数便超过了 80 万。

美宜佳开始尝试付费会员模式。数据显示，美宜佳在接入轻会员几个月后，轻会员复购客单金额提升了 57%，优惠券的核销率最高可达 72%，可见轻会员确实切中了会员运营的"命脉"。未来，支付宝会员模式或将成为美宜佳门店精细化经营、提升销售额的重要"武器"。

8. 货拉拉：低频的同城物流，如何实现留存率翻倍

成立于香港的互联网物流平台货拉拉专注于货运、搬家垂直场景，属于典型的非高频应用，目标用户的需求频次决定了提高留存率是一件既迫切又具挑战的事，因此，寻找高效的数字化会员拉新和运营渠道成了当务之急，最终它选择了支付宝小程序。

货拉拉选择支付宝小程序的原因很简单：在 C 端层面，支付宝端内用户寻找服务的心智很强，而且对营销优惠活动熟悉，接受度高；在 B 端层面，因为有一系列的风控和安全能力，让平台降低了履约成本，能顺利开展运营活动。

货拉拉推出不同版本的小程序轻会员，让低频的搬家场景和高频的拉货场景都能被满足，从而实现了会员的分层运营。此外，

货拉拉还通过引导用户关注生活号,利用互动话题、大咖课堂、热点推文等增强用户黏性,充分利用消息模板不断提醒触达用户,活用收藏有礼、积分兑换、卡券等营销工具,最终达成用户留存率翻番的效果。

数据显示,接入支付宝小程序后,新用户月留存快速提升了5%,老用户的平均消费频次提升了25%,将次月留存率做到了15%,优惠券的核销率达到60%。

案例 6-2

腾讯智慧零售助力零售行业数字化

在2020年暴发的新冠肺炎疫情中,零售行业是受冲击最严重的行业之一,因为大多数线下门店都关闭了。在零售企业抗击这场疫情的过程中,微信平台上的小程序、企业微信与微信社群等智慧零售工具发挥了重要作用,成为大量零售企业"战疫"的最重要武器。

提起微信,大家比较熟知的是,它有十亿级的用户,因此以为这是一个2C软件,其实微信也是很多企业强有力的营销平台和渠道。它除了很好地解决了企业员工在家远程办公的问题,微信平台上的小程序、企业微信与微信社群等工具还成为大量零售企业"战疫"的重要武器,在线下销售完全停摆的情况下,这些企业借助微信平台获得了极为宝贵的现金收入。

例如,每日优鲜、永辉生活、钱大妈等生鲜企业的小程序订单量相比2019年同期都大幅增长。其中,在除夕到初六期间,每日优鲜的小程序订单量增长309%,实收交易额增长了465%;永辉生活·到家福州地区的小程序订单量同比增长超过450%,销售额同比增长超过600%。春节期间,微信小程序到家业务的整体订单量大幅增长。微信小程序官方数据显示,在除夕到初七期间,小程序生鲜果蔬业态交易笔数增长149%,社区电商业态交易笔数增长322%。

微信发布的《2019微信数据报告》显示,微信小程序2019年的交易规模已经超过8000亿元,相比2018年增长160%。

从线上零售到智慧零售

早些年腾讯曾经亲自创办过电子商务平台,从早期的拍拍到后来的易迅,但都不太成功。后来,腾讯把易迅卖给了京东,并通过战略投资京东等零售企业实现了对线上零售的布局,此后腾讯就在战略上明确了不直接做零售,而只是利用自己的资源与能力成为零售企业的数字化助手,提供帮助零售企业更好经营的工具箱。

随着微信的功能进一步丰富,越来越多零售企业开始将微信支付、小程序、企业微信与微信社群作为重要的销售工具,希望腾讯能提供更完整的线上零售解决方案。在需求的推动下,腾讯于2018年初成立了"智慧零售战略合作部",来推动腾讯智慧零售业务的发展。2018年底,智慧零售业务又被整合进新成立的云与智慧产业事业群(CSIG)。

随着业务的探索,腾讯智慧零售逐渐形成了以"企业微信+社群运营+小程序商城"为核心的智慧零售工具。这些工具有一个共同特征,都是基于微信旗下产品在2C端的巨大优势,帮助B端客户建立其极为看重的直接2C的能力。

以餐饮企业西贝为例,在疫情开始暴发的1月,西贝全国门店的客户经理通过企业微信添加了30 000多名客户,在线下门店无法营业的情况下,全国200多家门店的客户经理每天通过企业微信的客户朋友圈和群发消息功能,把西贝的相关信息第一时间传递给消费者,同时西贝把线上小程序商城和西贝微信外卖小程序挂接到门店人员资料页里,让消费者可以方便找到购买的入口,完成线上预订的操作,使西贝在疫情防控期间获得了极为宝贵的订单与现金流。

服装企业歌莉娅也采用了"企业微信 + 小程序"的工具组合。歌莉娅的导购首先通过企业微信添加消费者的个人微信,然后在客户朋友圈发布商品信息,最后引导用户到小程序商城交易,实现了线上客户运营的闭环。歌莉娅的 IT 负责人称:"2月1日至7日,我们每日在企业微信上的销售额超过 100 万元,2 月 7 日那天高达 300 万元,企业微信不仅帮助我们在微信上做起了线上生意,更帮助我们有效地对销售活动进行管理。通过在企业微信上搭建移动 BI,我们的管理人员每天都能看到线上商城的情况,及时跟进调整市场策略。"

除了"企业微信 + 小程序"的智慧工具组合,还有很多零售企业将微信社群作为在疫情防控期间实现产品销售的主阵地。

例如步步高超市,其给每个小区指定一名团长,团长建立小区的微信社群,团长通过微信社群便可以第一时间了解和响应顾客的需求,并据此同步和调整商品供应信息,顾客可以在微信群内直接下单,团长收集订单后发到仓库,仓库收到订单后进行拣货、打包,再统一配送到小区。货到后,团长收货,并将商品送到顾客手中。

钱大妈更是将微信社群运用到极致,其每天上午都会在微信用户群内发布秒杀团购链接,用超划算的价格提高群内的活跃度和用户的复购率;每天 19:00 会在群内每隔半小时公布打折消息,将门店所剩菜品拍照发布到群里,并告知包场价多少钱,实现库存清理；日常还会通过发送天气预报、本地新闻早报、做菜小视频、美食等消费者感兴趣的内容，以及定时发问候红包与抽奖红包，来提升微信社群的活跃度。就是这样一套精细的微信社群运营体系，让钱大妈在疫情防控期间实现了销量的大幅增长。

智慧零售工具包

在"企业微信＋社群运营＋小程序商城"之外，腾讯还为零售企业提供了"圈层咨询＋腾讯有数＋物流助手"等其他辅助工具。

其中，圈层咨询是腾讯智慧零售基于腾讯的大数据能力，以热力图的形式集中显示潜在消费者集中的区域，可以帮助商家更快、更准确地确定卫星仓、前置仓的选址，并根据潜在消费者数量规划货架数量，还可以帮助商家高效地找到合适的地推场地。

例如永辉生活·到家的卫星仓选址就利用了腾讯智慧零售的圈层咨询功能，准确的选址让永辉生活·到家卫星仓从接到小程序的订单开始，到触发拣货、流转、打包，平均仅需 3 分钟，包括配送在内的流程也只需要 30 分钟。

腾讯有数是腾讯智慧零售为服务品牌商家提供的数据经营分析平台，可以让品牌商家实时掌握流量、渠道、商品、门店、用户与活动等多维度的经营动态，并进行经营数据分析，指导品牌商家的经营决策，提升运营效率。

微信物流助手则帮助小程序开发者解决发货难题，其让小程序开发者无须对接不同快递公司的接口，只需要调通微信物流接口，即可连接多家快递公司进行发货，并能够实时获取订单的物流状态。同时，微信物流助手也帮助餐饮商户同时接入顺丰同城急送、闪送、达达快送和美团配送四家同城即时配送公司，打通了小程序线上外卖的物流环节。

通过上述一系列的工具,腾讯智慧零售很好地帮助商家实现了从客户获取到客户运营、客户交易,再到客户服务的完整闭环,同时还赋予了商家较大的运营与数据自主性,再加上微信平台庞大的用户群体与流量优势,其吸引了越来越多的商家开始将微信作为新的销售渠道。

目前,腾讯智慧零售已经渗透到商超百货、服饰时尚、美妆护肤、日化快消、母婴育儿、家居家装、商业地产等细分领域,与众多头部客户建立合作,创造了巨大的生意增量。

除了这些头部商家,其实还有数不清的中小零售商家也因微信平台而受益。例如,在疫情防控期间,大量小区封闭,居民不能外出,小区附近便利超市与生鲜店的店主就成了最忙碌的人,他们保障了整个小区的日常生活物资供给,而连接店主与小区居民的工具就是微信社群,店主每天在微信社群中进行商品推广,小区居民则在微信社群内下单购买。

2020年2月18日,微信在深圳地区上线了智慧零售小程序,之后陆续推广到其他城市。智慧零售小程序包含极速到家、大牌好店与云逛街三大主要模块。

其中,极速到家可以为用户提供便捷的生鲜超市到家服务。用户直接点击商品就可跳转至商超类企业的官方小程序,并自动定位到附近的生鲜超市门店,由就近的门店提供服务。

大牌好店是企业在腾讯智慧零售小程序内的官方展示页。用户通过点击品牌海报进入展示页,并跳转至企业的官方小程序。用户可在企业的官方小程序内挑选商品并可选择配送到家。

云逛街是零售企业线下门店的店长和导购向附近的用户发布新品,提供时尚穿搭技巧和服务的内容模块。用户可通过点击相关内容，直接与门店一线导购对话交流，获取商品或活动的第一手信息，体验与门店内一样的一对一服务。

智慧零售小程序的推出意义重大，它是腾讯智慧零售为零售企业数字化转型提供的又一个重磅工具，相当于为零售企业提供了一个入口级的展示平台，使其获得更多直接触达用户的机会。目前，深圳地区有包括沃尔玛、每日优鲜、永辉、优衣库、丝芙兰、ONLY与名创优品等在内的超过37家商户接入了智慧零售小程序。

本章核心观点

1. 好的产品和服务在设计的时候就要考虑消费者的需求，而且要把消费者发展成传播者甚至渠道，这个趋势在社交媒体时代更加明显。换个角度来看，营销和渠道也首先要洞察消费者需求，从而设计出合适的产品和服务去满足他们的需求，产品和服务是企业和消费者沟通的载体，也是市场营销的一部分。

2. 在新媒体时代，不仅每个人都可能会在一夜之间成为明星，而且每个人都有可能摇身一变成为作家、艺人和制作人，这在以前是无法想象的。个人的力量变得更加强大，他们可以自由地通过网络获取一个产品的信息，也可以通过网络发表对这个产品的评价。人们往往更倾向于相信使用者对产品的评价，而不是广告所宣称的。

3. 所谓的新媒体不是一种新的媒体形态，而是一种新的媒体法则。新的媒体法则强调个性化、开放性、趣味性、互动性和快捷性,在新媒体时代,消费者也可以是生产者。所谓的新媒体并不是对传统媒体的一种颠覆,它不过是媒体规则的变化,因此新的媒体法则也适用于报纸、杂志、电视和广播这样的传统媒体。

4. 与其辛辛苦苦为公司设计一个精致的公众形象,不如在公司内部找一个真诚的人来代表公司——这个人可以是公司的 CEO,也可以是公司的一线员工。一些大公司甚至通过员工的形象对外宣传自己,这对于大公司来说尤为有意义。目前,越来越多的企业创始人开通微信公众号、微博、抖音和快手,他们本身就是公司最好的代言人。

5. 新零售不是一种新的零售业态,而是前几种业态的升级和融合。电子商务曾经想要取代线下零售,但后来发现这很难实现,因此也开始积极进入线下零售,利用数字技术改造传统零售。与此同时,传统零售业态也在面临数字化转型的压力,两种力量在相向而行,而且共同进化,这就构成了新零售的业态。

6. 新零售的发展在于三大方面:一是拥抱时代技术,创新零售业态,变革流通渠道;二是从 B2C 转向 C2B,实现大数据牵引零售;三是运用社交化客服,实现个性服务和精准营销。智慧零售打破了线上线下单边发展的局面,实现了新技术和实体产业的完美融合,是全球企业共同探索和发展的必然趋势,也是开放共享的生态模式。

7. 从零售业态的变迁可以看出,零售行业的演进就是在不断打造不同的"场",提高"人找货"和"货找人"的效率。

为了让交易达成,一方面需要吸引人进来,为此需要给客户提供更好的用户体验,比如优质产品、舒适的购物环境、各种促销等;另一方面需要提高运营效率、降低交易成本,使用供应链管理、信息系统、新媒体营销。各种零售行业的企业,都在这两个方面发力,努力提升用户体验,并提高运营效率。

8. 如果说B2C模式帮助商家降低了营销成本,那么C2B和C2M模式则完全改变了零售的商业模式,因为它们真正做到了从消费者需求出发,并利用消费数据去整合供应商的生产能力。对于消费者而言,由于他们可以直接从厂家拿货,因此价格往往比零售渠道便宜很多。对于商家而言,它们可以更加精准地安排生产和定价,降低了库存的风险。

9. 很多企业应用的数字化营销的工具和方法差别不大,但做出来的结果有天壤之别,这在很多情况下是因为使用这些工具和方法时没有指向"本质"。要完成营销的数字化转型,首先要回归问题的本质。无论营销的手段如何变化,营销战略的本质有三个核心是不变的,即需求管理、建立差异化价值、建立持续交易的基础,这在数字化时代依然适用。

10. 数字化的本质是实现"人与物、人与信息、人与人"之间的"连接",无论是营销还是渠道,都要在连接中思考其中的变化,不断优化原来的营销和渠道理念。

第 7 章

数字化时代的领导力

企业要实现数字化转型,不仅需要一以贯之的数字化战略,还需要公司领导者高度重视。第 4 章中介绍的业务领先模型的最上面和最下面分别是领导力和价值观,中间是战略和执行。没有领导力的驱动,没有价值观的基础,企业的数字化转型将无从谈起,一个企业的领导力和价值观也塑造了这个企业的企业文化。

马歇尔·戈德史密斯(Marshall Goldsmith)写过一本名字很长的书——*What Got You Here, Won't Get You There*,中文翻译为"那些曾经让你成功的东西,不会让你继续成功"。这句话也非常适合那些正在数字化转型的企业。企业要完成数字化转型,就要完成自我突破,忘掉过去的成功经验。那些曾经让你成功的因素,不仅不会让你继续成功,甚至会成为你继续成功的障碍。没有屡试不爽的套路,只有不断转型创新,才有可能取得成功。

数字化转型需要领导力

为什么说那些曾经让你成功的东西不会让你继续成功,反而会成为你继续成功的障碍呢?

因为每个人都有"路径依赖"的潜意识。当一个人因为机缘巧合做成了某件事,他的大脑里就会建立一种因果关系的反应回路:我之所以干成了这件事,是因为我做了这些事。于是他以后遇到类似的问题,就会下意识地按以前的老方法去做。但如果环境发生了变化,以前的那些方法可能就不好用了,因此往往无法继续成功。

对于那些功成名就的企业家,路径依赖尤为明显。我见过很多企业家,他们大都白手起家,敢想敢干,商业感觉很好,善于抓住机会,再加上勤奋努力、坚韧不拔,最后大获成功。他们身边还有一群对他们毕恭毕敬的高管,把他们的话当作金科玉律,不断强化他们的认识和信念。由于有成功经验和一群思维同质化的同事,他们往往对自己的成功经验深信不疑。

在企业的内外部环境不变的情况下,这种相对固定的认知不会遇到什么挑战。但当企业外部的政治、经济、社会和技术环境发生变化,以及企业在成熟以后出现各种官僚主义问题,这种"自以为是"的思维方式就会带来问题。很多企业无法完成数字化转型,很大的原因就是企业家的这种认知局限。世界已经变了,而他们的思维还停留在以前。

在外部环境快速变化的时代,领导力变得尤为重要,比管理更加重要。这也是领导力成为这个时代的显学的原因。在商业论坛和媒体上，企业家几乎言必称"领导力"，在百度上搜索"领导力"这个词会出现超过7200万条信息，可见"领导力"这个词有多热。

那到底什么是领导力？据不完全统计，关于领导力的定义和模型不下100种。领导力专家李峰把各种领导力流派分为三类：一类讲领导力特质（形容词），一类讲领导力过程（动词），一类讲领导力成效（名词）。我很喜欢这种高屋建瓴的归纳，各种领导力流派和模型就像乐高积木一样，虽然用的词语和侧重点各有不同，但基本上逃不开这个范式。

领导者一般要做好三件事：领导自我、领导组织和领导业务。其实早在两千多年前孔子就有对这三个维度的精彩阐述。"儒学八目"堪称最早的领导力模型，它们分别是"诚意、正心、格物、致知、修身、齐家、治国、平天下"，其中"诚意、正心、格物、致知、修身"和领导自我有关，"齐家"和领导组织有关，"治国、平天下"和领导业务有关（见图7-1）。

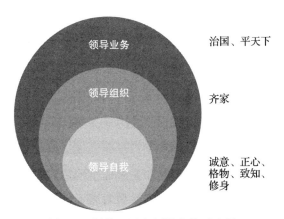

图7-1 儒学八目和领导力的对比图

关于领导力特质的模型和书籍有很多，它们往往从心理学出发，强调一个人之所以成为领导者，往往是因为具备了一些先天或者后天养成的品质。李峰在《领导力语法》一书中列出了领导力的五大特质：①与人为善；②成就动力；③自信果敢；④战略思维；⑤知人之智。这些领导力特质，从个人视角出发，类似于给领导者做了一个领导力的体检。

李峰的领导力五大特质算是一个极简的领导力模型。光辉国际（Korn Ferry）的罗明格（Lominger）领导力素质模型要复杂很多，它一共定义了67种领导力素质，基本上涵盖了企业经营管理的方方面面，有些甚至不能算是严格意义上的领导力，这些领导力素质被做成一个个卡片，所有岗位的管理者都可以用这些卡片来评估领导力，比较容易操作。

领导力专家林光明曾担任光辉国际人才管理与领导力咨询（L&TC）中国区总经理，他在罗明格领导力素质模型的基础上做了一些优化，把领导力分成3个层面、8个要素和36种特质。他写的《领导力基因》一书兼顾了学术性和实操性，对我也有很多启发。我对数字化转型需要的领导力的理解也是基于他的分析框架，稍后我会详细阐述。

领导力不仅是一种特质，更是实践和行为。关于领导力行为最知名的书籍是《领导力》，作者是詹姆斯·库泽斯（James Kouzes）和巴里·波斯纳（Barry Posner）。在这本书里，他们把领导力定义为"动员别人想要为共享的理想而奋斗的艺术"，并列出了卓越领导者的五种行为习惯：①以身作则；②共启愿景；③挑战现状；④使众人行；⑤激励人心。

这五种行为习惯又可以分解为十个承诺，分别是：

（1）明确自己的价值观，找到自己的声音。

（2）使行动与共同的价值观保持一致，为他人树立榜样。

（3）展望未来，想象令人激动的、崇高的各种可能。

（4）描绘共同愿景，感召他人为共同愿景奋斗。

（5）通过捕捉创意和从外部获取创新方法来猎取改进的机会。

（6）进行尝试和冒险，不断取得小小的成功，从实践中学习。

（7）通过建立信任和增进关系来促进合作。

（8）通过增强自主意识和发展能力增强他人的实力。

（9）通过表彰个人的卓越表现来认可他人的贡献。

（10）通过创造一种集体主义精神来庆祝价值的实现和胜利。

企业的数字化转型本身就是一个"挑战现状"的过程，因此库泽斯和波斯纳的领导力行为模型也值得借鉴，我对数字化转型时代的领导力的理解也借鉴了他们的思考框架。

从领导力的成效来看，领导力必须反映在个人和组织的成长，以及企业经营效果的改善上。结合本书的思考框架，领导力必须体现在领导者的心智模式上，必须体现在组织的愿景、使命和价值观上，必须体现在团队的组织能力上，必须体现在企业的战略、产品、营销、渠道、经营、管理和财务的结果上，这些是检验企业领导力的试金石。

数字化转型对领导力的新需求

基于上面提到的领导力模型，我认为企业的领导者在数字化转型时，需要从三个维度来实现数字化转型，分别是自己的转型、组织的转型和业务的转型，并对领导力有不同需求。

首先是领导自我。领导是一个不断自我修炼的过程，领导自我是领导组织和领导业务的前提。领导者的格局是企业成长格局的上限，因此领导者首先要做到"诚意、正心、格物、致知、修身"，然后才能做到"齐家、治国、平天下"。我见过很多优秀的领导者，他们无一不在自我修炼方面下过大功夫，不断学习，以身作则，因为只有这样企业才能不断成长。

由于数字化时代的外部环境变化得很剧烈，对企业家的学习能力提出了很高的要求，因此企业家要终身学习，"好学如饥、谦卑若愚"，不断提升自己对自我、组织和世界的认知水平。同时，领导者需要有自己清晰的"使命、愿景、价值观"，并以身作则、感召他人，形成整个组织都认同的"使命、愿景、价值观"，以及与之相匹配的企业文化。

其次是领导组织，领导组织需要有三个能力：吸引合适的人加入组织，不断培养他们并提升他们的水平，激励他们不断做出贡献。这三个能力分别对应人力资源领域的招聘、培养、考核和激励。这需要领导者有知人之智，能洞察人性，知道什么人适合自己的组织，还需要花时间去培养核心骨干，以及善于用物质和精神的手段不断激励他们。

数字化时代对领导者在领导组织方面也提出了新的要求。比如，为了吸引优秀人才加入，他们需要改变原来的组织结构，从雇用制变成事业合伙人制度。要培养团队，他们必须具备做教练和培训的能力，而且要善用各种数字化的沟通和培训工具。要激励团队，除了有竞争力的薪水和股权激励外，他们还要善于在各种企业文化活动中宣讲。

最后是领导业务，领导业务需要有四个能力：一是高瞻远瞩的战略思维，在企业的转型阶段，战略思维能力尤为重要；二是脚踏实地的执行能力，在企业的数字化转型中，领导者往往要身先士卒，这对他们的业务能力、演讲能力都提出了更高要求；三是敏锐前沿的创新思维，一个企业要想创新，领导者也必须是创新者，只有领导者创新，团队才能创新；四是坚韧不拔的抗压能力，数字化转型不可能一帆风顺，因此企业家必须坚韧不拔，敢于面临一个个挑战，以及伴随其中的失败，能够不断克服困难，争取企业的胜利。

在数字化时代，这也对领导者提出了新的要求。比如，企业要数字化转型，领导者必须首先使用各种数字化工具，比如社交媒体、协同平台、支付工具、直播工具，一个平时不用数字化办公工具的领导者很难对数字化转型有清楚的认识。转型相当于企业的第二次创业，领导者往往要亲临一线，多听听客户、一线员工和合作伙伴的声音，而且要真的沉下来，做好企业产品的创新，否则就无法建立起对市场的真实感受。

林光明认为，数字化时代的领导者需要善于以意义、使命等人类特有的"基因"来激发人群的共鸣，为灵活、敏捷的团队和个人提供共享的平台；他们需要在员工的内在需求和客户的动态需求间建立灵活的业务模式；他们需要赋能于员工，帮助他们在组织的平台上实现自己的价值；他们需要在充分信任员工、推动去中心化的同时保持整体组织不脱轨。

领导者必须具备六个身份,分别是:

(1)真我领导者:有深刻的自我觉知,善于以坚定的愿景和不可动摇的价值观影响他人;诚实可信;在VUCA(VUCA是四个英文单词首字母的缩写:volatility是易变性,uncertainty是不确定,complexity是复杂性,ambiguity是模糊性)环境中展现非凡的韧性。

(2)开放式平台的搭建者和整合者:接纳并管理跨界多样性;整合资源实现组织的最优化,变控制为引导,确保大方向、少数而重要的规则得以执行。

(3)赋能的导师:敢于、舍得、善于把控制权下放,让下属做自己;善于培养人才,通过引导、教练的方式提升团队的能力。

(4)兼具领导者和追随者:根据场景灵活转变角色,在需要的时候要善于追随前方的团队,在领导者和追随者间切换角色。

(5)新数字技术达人:及时跟踪新技术不落伍,并善于敏锐地将新技术与本领域工作结合,利用数字新工具创造高效的沟通和业务运作模式。

(6)变革与创新的文化大使:营造创新和变革文化,鼓励、支持并推动变革与创新。

同样,数字化时代对人才也提出了以下新的要求。

(1)对于VUCA环境的高度适应性:容忍并快速适应VUCA环境,把控自己的情绪不受影响;对于变化具有灵活性和韧性的恰当平衡。

(2)高效处理信息:善于使用各种新技术高效利用巨量、碎片化、快速迭代、难辨真伪的信息。

（3）开放思维带来的持续创新：保有好奇心，主动拓展知识面，以包容的心态获取跨行业、地域、专业、文化的知识和人脉。

（4）新型的客户导向思维：快速调整以满足客户动态、个性化、高品质的需求。

（5）学习敏锐度：将各种新的体验迅速内化从而获得新的能力素质，并将所得有效地运用于新实践。

清晰的使命、愿景和价值观

一个领导者要有坚定的使命，这是支持他每天奋斗的驱动力。他要有对未来的愿景描述，这是他坚持奋斗的目标。他还要有清晰的价值观，知道应该做什么，不应该做什么。

拥有清晰的使命、愿景和价值观是领导力的源头。只有拥有清晰的使命，领导者才能去感召那些和他有一样使命的人；只有拥有清晰的愿景，领导者才能去凝聚别人，让大家看到未来的方向；只有拥有清晰的价值观并以身作则地践行，别人才会持续追随他。

一个公司的战略、组织、产品和人都会经常变化，但变化中必须有一些东西保持相对稳定，就是公司的使命、愿景和价值观。它们相当于船的舵，船桨可以划，可以改变方向，但是舵要足够稳。使命、愿景和价值观不清晰的公司，往往会陷入茫然状态。

使命往往是超越个人利益层面的东西，它要回答的问题是，我们为什么而存在？使命与一个人的信仰和信念有关，往往能在很长时间内保持不变。比如阿里巴巴的使命是"让天下没有难做的生意"，从1999年阿里巴巴创业之初到现在，这个使命二十多年没有变过。

愿景是一个企业对中远期未来图景的描述，这个描述应当充满希望和抱负，能够让人热血沸腾，激励人们为之奋斗。吉姆·柯林斯（Jim Collins）在《基业长青》中说，那些基业长青的公司拥有BHAG（big，hairy，audacious goals），即宏伟、艰难和大胆的目标。BHAG让人觉得不可思议，却又能刺激人的内心，使人们充满希望，愿意全身心投入其中。

转型期的领导者不仅要提出转型目标，比如"成为零售领域的第一名"，还要描述转型的未来图景，告诉大家转型成功之后会是怎样的场景，比如"我们的品牌会像其他世界品牌那样家喻户晓""我们的加盟商遍布全球""受到竞争对手和客户的尊重"等。那些野心勃勃的未来图景更能调动人们的情绪，让大家"因为相信而看见"，召唤人们跟随。

企业的愿景会随着时间的推移而变化。比如阿里巴巴在创业之初的愿景是"成为一家活102年的好公司"，在2019年的20周年庆典活动中它公布愿景升级为"成为一家活102年的好公司；到2036年，服务20亿消费者，创造1亿就业机会，帮助1000万家中小企业盈利"。

要完成数字化转型，领导者首先要建立一个清晰的愿景：5～10年以后，我们的公司会是一家怎样的公司？这个愿景在很大程度上取决于领导者的格局和战略眼光。比如，领导者是只把数字化理解为技术和应用，还是认为数字化会从各个维度颠覆企业经营的各个方面。领导者对数字化的愿景判断不一样，对公司的数字化的愿景也不一样。

价值观则是企业及其员工的价值取向，反映的是企业全体员工或多数员工赞同的关于企业意义的终极判断，简而言之就是企业赞赏怎样的行为，反对怎样的行为。价值观是企业决策者对企业的性质、目标、经营方式所做的选择，是为员工所接受的共同观念。

2004年，阿里巴巴成立五周年时，正式形成"六脉神剑"的价值观：客户第一、团队合作、拥抱变化、诚信、激情、敬业。2019年，阿里巴巴在成立20周年之际公布了"新六脉神剑"，也就是阿里巴巴的最新价值观。阿里巴巴称，"新六脉神剑"由六句"阿里土话"组成，每一句话背后都有一个公司的小故事，表达了阿里巴巴员工与世界相处的态度。

"新六脉神剑"为：客户第一，员工第二，股东第三；因为信任，所以简单；唯一不变的是变化；今天最好的表现是明天最低的要求；此时此刻，非我莫属；认真生活，快乐工作。这六句朴素的"阿里土话"将成为阿里巴巴继续践行使命、实现愿景的出发点和原动力。

一个公司的使命、愿景、价值观往往最早源于创始人的信念，但它后来变成整个组织的公共信念，一定不是靠老板拍脑袋拍出来的，而是大家在工作中不断沟通，统一认知，然后集体共创出来的。比如，阿里巴巴虽然早在2004年就有了"六脉神剑"，但"新六脉神剑"的制定依然前后历时14个月，修改了20多稿才完成。

除了共创之外，价值观要落地，必须有反馈机制，其中最重要的是考核和奖惩。阿里巴巴把对价值观的考核和绩效考核放在同等重要的位置，如果价值观考核不及格甚至会被一票否决。公司的首席人才官（CPO）也拥有比其他公司的首席人力资源官更大的权限。

终身学习，提升自己的格局

领导者心智模式的改变是企业转型的根本。企业要发展和转型，领导者就要改变自己的认知和心智模式，而要改变自己的认知，就要保持终身学习，不断提升自己的格局。

关于领导力发展的模型有很多，其中我比较认可创新领导力中心（CCL）的"721"领导力发展理论。"721"领导力发展理论的意思是，一个人领导力的发展，70%来自有挑战性的工作，20%来自同伴的经验分享，10%来自课堂和阅读。

拉姆·查兰（Ram Charan）在《领导梯队》一书中指出，一个人在一家大公司里成长为首席执行官需要经历六个领导力发展阶段，并按照不同阶段提出了不同的领导力要求（见图7-2）。

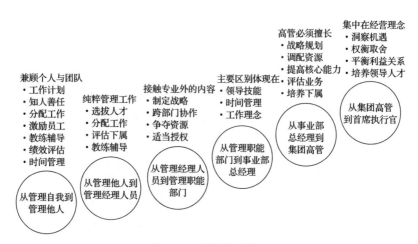

图 7-2 领导梯队模型

每一个阶段对领导力的要求各有不同。比如，一线经理要学会安排下属的工作；部门总监要学会选拔人才；事业部副总经理要拥有战略思维；事业部总经理要学会重视所有部门；集团高管要处理好各部门的综合问题，将公司业务联动起来；首席执行官要站在全局层面，善于平衡短期和长期利益，实现企业的可持续发展等。

领导梯队的每个层级需要的能力是不一样的。每一次领导力的进阶都要抛弃上一阶段让你获得成功的技能，而去学习更新的技能。每一个有进取心的领导者，都应当清楚地知道自己处于领导力的哪一层，需要朝哪个方向进步，所以领导者的学习能力很重要。同时，他还应当了解下属处于领导力的哪一层，需要引导他们朝什么方向发展，并给出相应的辅导。

公司内部通常会用轮岗的方式来培养跨界人才。一般来说，轮岗的人才都是公司希望培养的未来领导者，专业的技术人员则不会大动。比如，把市场管理人调去管供应链、管生产，或者去做人力资源，这样培养下来，一个人能够了解公司完整的产业链，对企业价值链认识得更深刻，视野会更宽。轮岗是一种有效的领导力提升手段，要求你在短时间内快速适应部门和职位，提高相应的能力。这种压迫式的学习能够让人快速成长。

在数字化转型过程中，企业的领导者一定要知道自己的优势和短板，而且要领导企业去变革、转型、创新，他自身就必须是一个快速的学习者，能够不断否定自己，学习新的思维方式和技能。领导者需要谨记的是，一个领导者是企业发展的驱动力，如果他自己放弃学习，就会成为企业进一步发展的障碍，企业就遇到天花板了。

通过各种学习，领导者要达到四个维度：高度、深度、宽度和跨度。

第一是高度，要有完整的理论体系和方法论，能够看到整个未来变化的趋势，系统地看待事情。领导者可以经常看一些经典的书籍，尤其是思想大师的著作，做到高屋建瓴。

第二是深度，能够一下子看到一个行业或者问题的本质，能够一针见血地发现问题的关键点，在工作中能够不断反思、请教他人，掌握一个行业或者问题的核心点。

第三是宽度，领导者不只是某一个领域的专家，对其他行业也要有研究，不一定每个行业都了解，但知识面要宽。管理企业必须懂很多东西，不然就无法了解各部门的情况，并给予相应指导。

第四是跨度，现在的企业需要跨界创新，因为很多行业的创新不是来自内部，而是外部。我们经常说，领导者要跨界学习，因为他可能已经在某个行业做到了龙头地位，行业内没有标杆可以学习了。这时候领导者就需要放眼外部，通过跨界学习来启发思维。

在快速变化的数字化时代，企业家快速学习的能力变得越来越重要，因此学习敏感度也是企业家领导力的核心能力。

知人善任、激励他人、达成目标

仅凭领导者一人之力，是不可能实现企业的愿景目标的。对于转型企业来说，领导者对团队的管理尤为重要。如果从结果层面去解读，领导力无非包括三点：达成目标、创造不同、培养团队。一个无法实现这三个结果的领导者很难说是有领导力的。

要培养有战斗力的团队,需要领导者懂识人、会用人;要达成既定目标,需要领导者对自身有深度察觉的能力,视野、技能、心态——一个也不能少;而要想创造不同,则需要持续精进的修炼,站在历史与他人的角度去发现自己特有的"修身之法"。

具体到带领团队层面的领导力,涉及以下三个层面。

第一是识人用人的能力。你要找到一群志同道合、能力互补的人,而且形成相互协作、取长补短的组合。就像《西游记》里面的唐僧团队,他们各有所长、各有所短、各有各的分工,只有这样才算是一个稳定的团队。如果大家志不同、道不合,团队是走不远的。

作为一个领导者,你知不知道你的团队需要哪种人?能不能清晰判断人才是否符合你的要求?这就要求对公司的战略有清晰的认知,对岗位要求有清晰的认知,对他人的能力和性格有清晰的认知,才有可能做到知人善任,让合适的人在合适的岗位上。

第二是培养人的能力。在企业快速成长中,最重要的是团队里的人能否跟上企业发展的需求。这不仅要求领导者善于学习,也要求团队的每个成员都要学习。那么,领导者如何以身作则,带领全体成员形成学习型组织,将影响整个组织的能力。

前面提到的 721 领导力发展理论也适用于管理层的学习。那就是首先尽可能通过具体的、有挑战的工作去学习,"在战斗中学习战斗";其次通过公司内部的群体讨论,用行动学习的方式去学习;最后才是去看各种书籍,上各种课。更准确的说法应该是,这三种行为都围绕着一些具体的目标和问题去进行,这样的学习是最有针对性的。

辅导下属并不是说手把手地教他们做事，这样永远都培养不起来。领导者要做的是通过不断地提出问题、引导思考，让下属在主动学习中取得进步。领导者不仅要"授权于人"，而且要"赋能于人"，通过"赋能于人"，就可以让下属不仅能执行，而且能决策。

第三是激励他人的能力。除了奖金和期权等物质奖励方式之外，还有升职、奖杯、团队活动等精神奖励方式，甚至一件有价值的工作本身就是一种激励因素。满足感和成就感是员工为工作努力的最重要的原因。领导者要让一件事变得很有价值，让员工感觉到这份工作本身的价值，能够帮到他人，也有利于自己的学习和成长。

当一个领导者能够识人用人、培养人激励人的时候，他的团队才能继续壮大稳定。那么，在企业数字化转型的关键期，什么样的人值得领导者去培养和激励呢？

首先，领导者要吸引那些和他有相近的使命、愿景和价值观的人；其次，要培养那些不会固守经验、按部就班的人，去激发他们的创新能力；最后，每个人都要为自己的行为负责，有责任感的人应当得到重用，一个对自己有高要求的人能够为企业创造更多的价值。

领导者必须具备创新能力

正如彼得·德鲁克所言，企业家就是一群善于创新的人，创业精神本质上等同于创新精神。对于面临数字化转型的企业家而言，创新精神尤为重要。创新者应该具备哪些素质？

2020年初去世的哈佛商学院教授克莱顿·克里斯坦森（Clayton M.Christensen）联合欧洲工商管理学院教授杰夫·戴尔（Jeffrey H.Dyer）和杨百翰大学教授哈尔·格雷格森（Hal B. Gregersen）为了寻找这个答案，曾经展开了一项长达6年的研究，访问了超过3000名高管人员，曾创办过创新型公司或发明过新产品的500名企业家，并重点研究了25名创新型创业家的习惯，发现了创新型企业家的一些特质。

这些结论基本上颠覆了人们对创新者的习惯看法。那些最有创新能力（前15%）的企业的最高管理者本人往往就是非常有创新能力的人，比如史蒂夫·乔布斯、杰夫·贝佐斯等。这些创新能力并非天生，完全可以通过有意识的训练去强化。管理者不需要是一个创新全才，他们只需要在某方面做得出色就可以了，其他的可以交给别人去做。

一个创新型的管理者具备哪些技能呢？他们发现，最具创新能力的管理者具有五大"探索技能"，分别是质疑（questioning）、观察（observing）、试验（experimenting）、建立人脉（networking）和联想（associating）。创新型管理者用于这五项"探索活动"的时间，要比普通管理者多出50%。这些探索技能综合起来就构成了"创新者的DNA"。

在创新者的五种能力中，"质疑""观察""试验"和"建立人脉"是行动能力，他们通过这些行动产生各种想法。"质疑"让创新者突破现状，思考新的可能性。通过"观察"客户、供应商和其他公司的活动，创新者能够探索其行为有哪些微妙细节，其中蕴藏着哪些新的商业模式。通过"试验"，创新者坚持不懈地尝试新的经验，探索新的世界。通过与不同背景的人"建立人脉"，创新者能够获得完全不同的视角。上述四类行动共同帮助创新者展开"联想"，把这些新想法汇聚在一起就促成了创新的发生。

第一是"质疑能力"。质疑能力也是提出正确问题的能力，一个正确的问题往往会激发出不一样的答案，正如彼得·德鲁克所言："最重要、最艰难的工作从来不是找到对的答案，而是问出正确的问题。"eBay前CEO梅格·惠特曼（Meg Whitman）曾直接与多位创新型企业家共事，其中包括eBay、PayPal和Skype的创始人，她说："他们喜欢打破现状，不能忍受一成不变。因此，他们会花大量时间思考如何改变世界。在进行头脑风暴时，他们经常会问：'如果我们这么干，会发生什么呢？'"这种质疑能力往往会为解决问题打开一个新的窗口，让他们去发现另外一种可能性，这种可能性往往是和创新联系在一起的。

第二是"观察能力"。创新者善于用不同的技巧，从不同的角度去观察这个世界。他们会像人类学家和社会科学家一样去观察他人和社会，他们通过对常见现象特别是潜在客户的行为详加审视，具有探索精神的企业高管能够提出不同寻常的商业创意。印度企业家拉坦·塔塔（Ratan Tata）曾经观察过一家四口挤在一辆摩托车上的窘境，并由此产生了"生产全世界最便宜的汽车"的灵感。经过多年的产品研发，塔塔集团终于在2009年通过模块化生产的方式生产出了售价仅仅2500美元的微型汽车Nano，这款车型彻底颠覆了印度的汽车销售体系。

第三是"试验能力"。同科学家一样,创新型企业家也通过制造样品和进行小规模试验积极尝试新的想法。正如爱迪生所说:"我并没有失败,我只是发现了 10 000 种行不通的方式。"对于创新型企业家来说,这个世界就是他们的实验室。亚马逊创始人贝佐斯认为试验对创新至关重要,他甚至在亚马逊把试验作为一项制度规定下来。"我鼓励我们的员工去钻牛角尖,并且进行试验,"贝佐斯说,"如果我们能使流程分散化,就可以进行大量的低成本试验,我们将会得到更多的创新。"

第四是"建立人脉的能力"。普通高管搭建人脉只是为了获取资源、推销自我或是所在公司,而创新型企业家则是为了拓展自己的知识领域,他们有意识地结交类型各异的人士。RIM 公司创始人迈克尔·拉扎里迪斯(Michael Lazaridis)提到,黑莓手机最早的灵感就是来自 1987 年他参加过的一次会议。当时一位发言者描述了为可口可乐设计的无线数据系统,可以使自动售货机在需要补货时发出信号。拉扎里迪斯回忆说:"就在那个时候,我突发奇想,我记得高中老师说过,'不要过于痴迷于计算机,因为能够把无线技术和计算机整合起来的人才会改变历史'。"

第五是"联想能力"。联想能力是把一些看似无关的疑问、问题或来自不同领域的想法成功关联起来的能力,是"创新者 DNA"的核心所在。弗朗斯·约翰松(Frans Johansson)将这种现象称为"美第奇效应",指的是在文艺复兴时期,意大利的美第奇家族曾将不同学科的人聚集在一起,如雕塑家、科学家、诗人、哲学家、画家以及建筑师等,结果新创意就在这些人各自领域的交叉点上大量涌现出来。苹果公司创始人史蒂夫·乔布斯就是一个非常有"联想能力"的人,iPod、iPhone和iPad都是跨界联想的产物。乔布斯经常说:"创造力就是把事情联系起来。"

当然,创新者不需要全部具备这五种技能,他们只需要具备两种以上技能就可以了。创新思维对某些人来说是与生俱来的,但它也可以在实践中得到发展和强化,创新者必须坚持不懈地与别人想得不一样、做得不一样。通过理解、强化和模拟"创新者的DNA",企业能够找到更有效的方法,激发所有人的创造力火花,从而提升企业的创新能力。

转型需要坚韧不拔的意志

做企业很难,数字化转型更难,可谓"九死一生",这不只是说成功转型的企业是极少数,而且成功转型的企业也会经历"九九八十一难"。领导者需要对此有危机感,优秀的企业家大多会像张瑞敏一样,保持"战战兢兢,如履薄冰"的心态,这样才能生存下来。

在这个"成王败寇"的企业江湖里,成功和失败都具有很大的偶然性。很多企业家把自己的成功归结于运气,并不全是自谦,因为运气确实是成功的一个重要因素。做同样的一件事,时间节点不同,结果可能完全不同。"成功了都是故事,失败了都是事故"。你听到的永远都是成功者的津津乐道,那些没有成功的人则成了"沉默的大多数"。

商学院教授也很喜欢分析所谓的"最佳实践",火锅店学海底捞,手机厂商学小米,但没有一个人是靠模仿成功的。一是因为他们模仿的往往不是成功的关键要素，二是因为时机已经过去了。当时成功的一些外部环境因素已经发生了很多改变，过于迷信所谓的"最佳实践"，反而会让自己陷入刻舟求剑的窘境。

我们从失败中能学到的东西要比从成功中学到的东西多。马云大概也同意这个看法，他在创办湖畔大学时说："我们不学成功，我们学失败！因为成功的偶然因素很多，很难学习和模仿，而失败的原因也就那么几条，把那些最有可能导致失败的因素规避了，企业往往也就成功了。"

在数字化时代，一切都在快速变化，企业家不仅要有对趋势敏锐的判断力，而且还要有坚韧不拔的意志。从人性角度看，企业转型是离开自己的舒适区，迈入一个充满不确定的未来，这是一个反人性的过程。人性是追求稳定的，而转型却是随时变化、极度不稳定的。因此领导者不仅要和自己追求稳定的天性做斗争，还要和整个团队追求稳定的天性做斗争。

2015年，TCL集团的100多名高管在行知探索的安排下重走"玄奘之路"，徒步112公里，沿途穿越戈壁、盐碱地等复杂地貌。TCL集团董事长李东生说，发起这次徒步行动，是为了激发个人潜能，超越自我，为企业的转型塑造氛围，"只有变，才是唯一不变的阵地"。

李东生认为，三十多年前，TCL在创立之初是个年轻的企业，充满活力和激情，也没有什么包袱。然而，经过几十年的发展，当年的青年人变成了中年人，企业规模变大了，动作也变得越来越迟缓。企业只有不断转型，从自我做起，革自己的命，才能完成"鹰的重生"。

李东生还经常向雷军等人请教。李东生年龄比他们大,成功也比他们早,有人说他能放下身段,他坦然回应说:"产业里是以规模和盈利能力来分大小的,我怎么敢在他们面前称大哥?他早就跑到十万八千里外了,雷军叫我大哥我都不敢应。年龄大已经是不利因素。"

另一个坚韧不拔的人是华为终端的总裁余承东。他1969年出生于中国安徽省霍邱县,自小勤奋学习,成绩优秀。他本科毕业于西北工业大学,硕士毕业于清华大学,毕业后在1993年加入了华为。他经历过生活的磨难,又有着雄心壮志,这类品质是任正非十分欣赏的。

2011年,华为任命余承东担任消费者终端CEO,领导终端转型。从那一刻开始,余承东从自我开始,做出了许多改变。在此之前,余承东为人低调沉稳,这是华为人的典型风格,但在受命终端转型之后,他开始变得高调和开放,比如频频在微博上和粉丝互动。

在此之前,还没有一位华为高管在微博上如此直接地表达过情感。作为设备供应商,华为早已习惯按客户的要求隐匿自己的品牌,每天埋头做事。曾经,低调是华为的优秀品质,而如今要直接面对消费者的华为,必须学会表达自己、宣传自己,要学会直接和消费者沟通。

余承东成了华为第一个敢高调做人做事的高管,他的目的就是让更多人关注华为手机品牌。发微博成了他的兼职工作,他每天睡觉前都和粉丝对话,在字里行间让更多人认识华为。他发的微博多数是关于华为手机的,其中不乏自我批评,姿态放得很低。

余承东说:"过去媒体来见我们,我们不接受,都会躲,因为之前做 B2B 业务,不需要,现在做 B2C,我们需要让消费者知道,如果离消费者很远,就会有问题,我们要把自己真实亲切的一面展现给消费者。"

余承东希望从自己做起,起到带头作用,让华为内部所有的员工都能像他一样,在一切可能的情况下去推销华为手机。他相信,只要转变思维,勇敢走出去,学会表达自己,适应消费者终端新的节奏,再加上华为深厚的技术积累,终端品牌就有成功的希望。

利用私人董事会发展领导力

对于企业家而言,私人董事会是一个有效发展领导力的方法。全球著名领导力教练马歇尔·戈德史密斯曾表示,他每年都会带一批企业家去非洲的深山老林,通过与大自然的亲密接触反省自我、回归自我,以此来提升企业家的领导力。

在多年的实践后,他发现每个企业家一生都必须做三件事:第一,拥有一个目标,这个目标设定得越早越好、越大越好;第二,拥有一个自己的私人董事会,就像打鼓一样,击鼓者是自己,听鼓者是董事会;第三,拥有个人生活。

一个经典的私人董事会现场通常是这样的:12 人左右的小圈子,没有谁是主讲者,对于当期筛选出的核心问题,谁都可以随时提问,或提供不同的视角。通常经过很多轮的针锋相对、思维碰撞，企业面对的真问题才显现出来。经过私人董事会多轮的讨论、磨合，来自不同行业、不同年龄的私董们成为更深层的社交学习伙伴。

私人董事会的核心功能是什么？这要从其英文原意说起。私人董事会的英文是"peer advisory board"，直译为"同僚建议董事会"，即把一群具有相似背景、面对相似问题的企业家聚在一起，通过"互照镜子"和"相互建议"的方式，提升企业家的领导力，以及决策的科学性，它的核心功能是发展企业家的领导力。

当然，发展企业家的领导力不是泛泛而论，其方法论是讨论并解决问题，而且中间使用了大量群体教练的技术，还需要采用咨询模型提高讨论质量，甚至还需要针对参与者做一些简单培训。概括来说，私人董事会融合了教练、咨询和培训三种方法论，作用是帮助企业家提升领导力，是一种新型的学习方式。

为什么说私人董事会能够发展企业家的领导力？因为依照这种理论，商学院教育只能解决领导力发展中10%的问题，私人董事会则侧重于解决那20%的问题，并彼此敦促解决那70%的实践问题。

如果用健身房来做比喻的话，提升领导力就像一个人练肌肉，他必须亲自操练，通过有压力的运动才能成功，这是没有任何人可以替他做的，光知道如何去做还不够。在这个过程中，如果能有一个私人教练给予一些科学辅导，或者能有一群朋友相互鼓励或者提供建议，就可以让他更快也更愉快地达到目标。

同样，一个人的领导力也不是天生就很发达，要通过反复训练才能不断改善，他必须经历很多压力和挑战。在这个过程中，教练可以帮助他更好地训练自己，同伴则会让他更有信心坚持下去。私人董事会通过挑战性提问和同伴经验分享，强调学以致用、知行合一，从而推动领导力的提升。

这就是私人董事会的作用。如果一定要排序的话，其首要目的应该是发展领导力，其次是解决实际问题，最后才是交知心朋友。这个次序不能反过来，否则就会走样，变成另一个"咨询工作坊"，或者另一个"企业家圈子"。

坦诚地说，虽然私人董事会有解决问题的价值，但由于准备和讨论时间都有限，问题解决的深度和系统性是不充分的。如果你指望一群对你了解并不深入的CEO在几个小时的讨论之后给你一套完整的解决方案，那十有八九你是要失望的！他们所给的建议更多的是个人的经验和感悟，能够直接拿来用的并不多。

私人董事会中价值最大的环节是提问部分，而不是建议部分。为什么？每个问题都代表一种思考的视角，一个未经过专业训练的人的思考视角很少超过三个，但在私人董事会里，十几个CEO同时向你发问，这意味着对于同一个问题，你有机会从十几个视角去看，这个时候往往会产生一些参与者意想不到的效果。

每个人都有自己的局限性。一个有丰富人生阅历的CEO，在思考问题时往往已经形成了一定的套路，这让他很容易做出决策，但也容易遮蔽其他可能性。这个时候，利用一套讨论问题的流程，让一个问题被充分展开，这时候你会发现问题背后的问题，当你直抵问题核心的时候，其实答案已经呼之欲出了。

提问的过程就像剥洋葱，一个好问题就像一把锋利的小刀，有助于发现问题背后的问题，甚至抵达人的潜意识层面，帮助人们发现自己未曾预料到的问题。我的经验是,很多问题在经过一连串高质量的提问之后,才被发现是一个伪问题,真正的问题可能那个人之前都没有意识到,也就是进入了一个人的潜意识层面。

私人董事会的本质就是对话。通过参与各方的对话,让每个人进入反思的状态,从而发现自己思维的盲区,拓展自己的思维,从而抵达问题的核心。在这个过程中,问题更像是一个道具,它起到了激发大家思考的作用,当大家开始深度思考问题的时候,往往每个人心中都有了自己的答案。

心理学对于这一问题早有解释。"乔哈里窗"把人的认知分为四个象限:自己知道别人也知道的,自己知道但别人不知道的,自己不知道但别人知道的,自己不知道别人也不知道的。通过对话拓展一群人的认知边界,发现各种新的可能性,从而达到醍醐灌顶的作用,这是一个人提升领导力的一种重要途径。

管理大师彼得·德鲁克说:"最重要、最艰难的工作从来不是找到对的答案,而是问出正确的问题。因为世界上最无用,甚至最危险的情况,就是虽然答对了,但是一开始就问错了。"一个好的问题应该像一把利斧,能劈开脑海中冰封已久的成见,让我们看到其他可能性,甚至直抵问题的核心。

怎样形成一个场域,让你能够和与你知识结构水平相当的人,通过提问、质疑、反思的方式,发现自己真正的问题,让别人过去犯过的错误给你提醒,给你提供很好的建议——我觉得这是私人董事会非常有效的地方。

案例导语 企业的数字化转型是一把手工程,因此对领导力有全方面的要求,包括价值感召、学习能力、组建团队、赋能他人、战略思维、创新能力和坚强的意志力。其中价值观的塑造往往是第一步,下面这个案例分析了企业如何塑造团队都认可的价值观,并让价值观落地。

案例 7-1

如何让价值观真正落地

我去过一些公司的办公室,墙壁上往往贴着一个个大字,都是些很好听的词,比如追求卓越、专业主义……我假装不懂地问那些公司的总裁:为什么要贴这些标语呢?这些总裁往往会自豪地告诉我:这是我们公司的价值观啊!然后我问这个公司的员工:你们都遵守这些价值观吗?他们的回答往往是,领导喜欢搞这些虚头巴脑的东西,怎么遵循?!

我发现这不是个案。大多数把使命、愿景和价值观贴在墙上的公司,它们的使命、愿景和价值观都不能落实到员工的心里。大多数员工都认为那些贴在墙上的文字不过是各种各样动听的标语和口号,也就是赶潮流而已,有些还经常换来换去。其实大多数领导者也都知道员工怎么想,但往往把这归咎于执行力:我们的价值观很好,员工执行力不行!

真的是执行不力的问题吗?当然不是!这些价值观之所以不

能落地，是因为它们从诞生的那一天开始，就决定了它永远都不可能真正落地！

首先来说说什么是价值观。价值观是人们在评价人和事所具有的价值属性时所持有的根本观点和看法，它是一种介于意识和潜意识之间的东西，没有人可以长期地隐藏自己的价值观。观察一个人的价值观其实很简单，不要听他是怎么说的，而是看他在面临压力和诱惑时如何反应。因为在压力和诱惑下，人的潜意识最容易表现出来，那就是他真正的价值观。

外在行为和价值观一致的人往往"心口合一"，心态平和稳定，而那些"心口不一"的人往往会言不由衷，做事情很纠结。比如，一家公司的老总口口声声说"员工是我们最宝贵的财产"，但真实情况是这个老总对员工非常吝啬，也很少花时间和金钱培养员工，那么我们就可以断定这个老总有些"口是心非"，他所谓的价值观也就是说说而已。

大多数公司的价值观都是领导拍脑袋定的，老板在某个地方看到了一个标语，觉得不错就拿过来用了，最多经过品牌公司润色一下。由于每年的时髦词语都不同，因此有些公司甚至会每年更换自己的价值观，好像这样更与时俱进似的。这些"价值观"都不能算是公司的价值观，顶多算老板的价值观，和员工没什么关系。

一个和员工没什么关系的价值观自然不能落地！大多数企业的价值观都是老板拍脑袋拍出来的"个人作品"，因此即使文字再优美，放的位置再醒目，也不会落实到大家的心里。只有经过团队成员认真地讨论、大家都认可的价值观，才能内化为大家内心真正相信的东西，才能指导大家平时的行为。

制定价值观过程的另一个问题是太过理性。理性适合用来研讨商业模式、设计发展战略，却不是提炼公司核心价值观的最佳选择。提炼公司的核心价值观最好是走感性的路子，因为真正的核心价值观是介于意识和潜意识之间的东西，完全理性地讨论往往会让人停留在意识层面，而不能完全渗入大家的潜意识。

因此，真正能落地的价值观应该能反映团队成员的集体价值观，它根植在每个成员的内心，是大家都认可的价值标准，也只有这样的价值观才能真正落地。真正能够落地的价值观应该是团队成员集体讨论出来的，能真实地反映成员的内心诉求。讨论过程比结果更重要，因为讨论过程是塑造团队精神的重要方法，也是持续激励团队的重要驱动力。

如何梳理出公司的价值观呢？以我主持过的私人董事会小组讨论小组价值观为例，因为来的都是公司的一把手，平时做事非常强势，要让他们对所在小组的价值观达成共识，可谓比登天还难，值得所有公司借鉴。

在小组讨论开始后，我先向各位成员抛出了一系列问题：你希望你的孩子长大后继承你的哪些价值观？要是你再创业的话，你希望从一开始就倡导怎样的价值观？

十几个成员被分成三个小组，每组4～5个人，每组讨论大约15分钟。每个成员都要用几个词来描述他认可的小组核心价值观，并最后达成小组共识。15分钟以后，小组被打乱，成员重新组成新的小组，开始新的讨论。再过15分钟后，刚才组成的小组又被打乱，成员重新组成小组，进行第三次小组讨论。在这样三轮讨论之后，这十几个成员都已经相互交流过了，彼此的想法也逐渐接近了。

这次私人董事会分成三组，进行三轮讨论，是希望所有人都有机会向所有人表达自己的看法，这样有利于达成共识。有些公司在建立"使命、愿景、价值观"时,需要把高管团队拉出去封闭式讨论三天才能达成共识。公司内部有利益冲突,要达成共识很困难,没有利益关系的小组也需要半天时间。

小组讨论的过程非常激烈。这些总裁大多性格强势,会直言不讳地表达自己的观点,并经常争吵,我会不时扮演"法官"的角色,明确讨论的规则,同时适时地启发、引导,并告诫大家要多倾听。一位企业家事后告诉我,以前在公司里都是他说了算,在听下属汇报时也只听得进自己想听的内容,因此在刚开始参加私人董事会小组讨论时还有些不习惯。

在三轮小组讨论结束之后,我又开始放幻灯片,把那些卓越公司的价值观列举了一遍,包括强生、微软、谷歌以及Facebook。然后,对照这些公司的价值观,小组成员再次讨论,进一步修正自己小组的核心价值观。

整个讨论过程持续时间长达两个小时,每个小组都要派一个人阐述自己小组达成的共识:我们小组的核心价值观是什么?经过个人、小组、大组的反复讨论和争辩,大家都认可的价值观就慢慢呈现出来了,有四个词被重复得最多——信任、关怀、挑战和成长,最后这被确认为所有小组都认可的核心价值观。

这个核心价值观也是私人董事会倡导多年的价值观,这也证明了价值观具有恒久的价值,它反映人们内心真正的诉求,完全不需要赶潮流。

要让价值观真正落地,集体讨论只是重要的第一步,比集体讨论更重要的是,未来在公司运营时,要从上到下、一以贯之地执行大家讨论出来的价值观。

从某种程度上来说,一个创业型公司领导者的价值观往往就是团队的价值观。正如柳传志所言:以身作则不是领导者劝导下属的重要方式，而是唯一方式。如果一家公司的领导者口口声声说要诚实正直，却整天忙着偷税漏税的事情，或者依靠行贿获取订单，员工就自然不会把所谓的"诚实正直"的核心价值观当回事，还会认为领导者是个伪君子。

团队成员的资质和能力要与公司倡导的价值观吻合，一个倡导正直和诚信价值观的公司招聘的员工也一定要是正直和诚信的。一个成年人的价值观已经基本定型了，因此在招聘环节就把对价值观的考核作为一个重要指标，是确保公司价值观落地的重要一步。如果一个公司的中层领导者大多是能力超群而品德可疑的人，那么正直、诚信的价值观就无法落地。

对价值观的考核应该纳入人才评估体系。没有衡量和考核，就没法管理，价值观也是如此。如果价值观只是泛泛而论，没有非常细致指导日常行为的细节，那么也没办法落地。阿里巴巴的"新六脉神剑"价值观的每一条都能够指导日常实践的具体细节，这样可以保证员工知道该怎么做，而且阿里巴巴会定期评估，价值观不合格的人会被淘汰出局，这种把价值观纳入考核体系的方法确保了价值观能够成为深入阿里巴巴员工骨髓的东西。

共同的价值观是衡量一个团队是不是卓越团队的重要标识。一个卓越的团队是一群有着共同使命、愿景和价值观的人。价值观不是竞争优势，也不是商业模式，它不必听上去多么独特，多么让人印象深刻，但它必须能够真正体现大多数团队成员的心声。只有在执行时确保纪律性和一致性，让价值观内化为企业文化的一部分，价值观才能真正落地。

一个有生命力的公司价值观根植于每个团队成员的内心，领导者的角色不过是唤醒大家共同认可的价值观而已。塑造公司价值观的过程，就是唤醒团队成员内心驱动力的过程，也是打造核心团队的过程。在这个过程中，领导者要身体力行和以身作则，因为团队成员不会听你是怎么说的，而是看你是怎么做的。

本 章 核 心 观 点

1. "那些曾经让你成功的东西，不会让你继续成功。"这句话非常适合那些正在数字化转型的企业。企业要完成数字化转型，就要完成自我突破，忘掉过去的成功经验。那些曾经让你成功的因素，不仅不会让你继续成功，甚至会成为你继续成功的障碍。没有屡试不爽的套路，只有不断转型创新，才有可能取得成功。

2. 领导者一般要做好三件事：领导自我、领导组织和领导业务。其实早在两千多年前孔子就有对这三个维度的精彩阐述。"儒学八目"堪称最早的领导力模型，它们分别是"诚意、正心、格物、致知、修身、齐家、治国、平天下"，其中"诚意、正心、格物、致知、修身"和领导自我有关，"齐家"和领导组织有关，"治国、平天下"和领导业务有关。

3. 由于数字化时代的外部环境变化得很剧烈，对企业家的学习能力提出了很高的要求，因此企业家要终身学习，"好学如饥、谦卑若愚"，不断提升自己对自我、组织和世界的认知水平。同时，领导者需要有自己清晰的"使命、愿景、价值观"，并以身作则、感召他人，形成整个组织都认同的"使命、愿景、价值观"，以及与之相匹配的企业文化。

4. 拥有清晰的使命、愿景和价值观是领导力的源头。只有拥有清晰的使命，领导者才能去感召那些和他有一样使命的人；只有拥有清晰的愿景，领导者才能去凝聚别人，让大家看到未来的方向；只有拥有清晰的价值观并以身作则地践行，别人才会持续追随他。

5. 要完成数字化转型，领导者首先要建立起清晰的愿景：5～10年以后，我们的公司会是一家怎样的公司？这个愿景在很大程度上取决于领导者的格局和战略眼光。比如，领导者只是把数字化转型理解为技术和应用，还是认为数字化会从各个维度颠覆企业经营的各个方面。领导者对数字化的愿景判断不一样，对公司的数字化转型的愿景也不一样。

6. 在数字化转型过程中，企业的领导者一定要知道自己的优势和短板，而且要领导企业去变革、转型、创新，他自身就必须是一个快速的学习者，能够不断否定自己，学习新的思维方式和技能。领导者需要谨记的是，一个领导者是企业发展的驱动力，如果他自己放弃学习，就会成为企业进一步发展的障碍，企业就遇到天花板了。

7. 首先，领导者要吸引那些和他有相近的使命、愿景和价值观的人；其次，要培养那些不会固守经验、按部就班的人，去激发他们的创新能力；最后，每个人都要为自己的行为负责，有责任感的人应当得到重用，一个对自己有高要求的人能够为企业创造更多的价值。

8. 最具创新能力的管理者具有五大"探索技能"，分别是联想、质疑、观察、试验和建立人脉。创新型管理者用于这五项"探索活动"的时间,要比普通管理者多出50%。这些探索技能综合起来就构成了"创新者的DNA"。

9. 在数字化时代,一切都在快速变化,企业家不仅要有对趋势敏锐的判断力,而且还要有坚韧不拔的意志。从人性角度看,企业转型是离开自己的舒适区,迈入一个充满不确定的未来,这是一个反人性的过程。人性是追求稳定的,而转型却是随时变化、极度不稳定的。因此领导者不仅要和自己追求稳定的天性做斗争,还要和整个团队追求稳定的天性做斗争。

10. 真正能落地的价值观应该能反映团队成员的集体价值观,它根植在每个成员的内心,是大家都认可的价值标准,也只有这样的价值观才能真正落地。真正能够落地的价值观应该是团队成员集体讨论出来的,能真实地反映成员的内心诉求。讨论过程比结果更重要,因为讨论过程是塑造团队精神的重要方法,也是持续激励团队的重要驱动力。

第 8 章

数字化时代的组织和人才

组织管理主要是处理好四种关系：①组织与环境的关系；②组织与战略的关系；③组织与个人的关系；④个人与目标的关系。在数字化时代，这四种关系都在被重塑。组织的外部环境影响组织的形态；组织和战略之间会相互影响，不仅战略会影响组织，组织也会影响战略；组织和个人的关系也在变化，组织必须在个人目标和组织目标之间达成平衡。

各种数字技术都在重塑组织。比如，数字化让组织之间的交易成本降低了，组织不必像以前那样追求规模，现在灵活和敏捷比规模更重要，组织变得小规模化。数字化让组织内部的沟通成本降低了，组织从传统的金字塔结构向扁平的网状结构调整，组织变得扁平化。数字化促使越来越多的协同平台出现，也让自由职业者和临时用工成为新的用工形式，让组织变得无边界。数字化让大家可以远程办公，因此数字化协同平台开始成为主流。

组织要顺应环境变化而转型

要判断数字化时代组织变革的趋势,最好先分析组织演进的历史,从历史看未来能获得更好的观察视野。

人类进入文明社会以来,一直存在着各种各样的组织,比如国家、家族、教会、学校、作坊等。我们通常说的公司都是股份制公司,这种组织形态出现得比较晚,全球第一家股份制公司是荷兰东印度公司,它于 1602 年在荷兰阿姆斯特丹诞生。现在股份制公司已经成了企业的主流形态,合伙制企业、个人独资企业和事业单位都不算严格意义上的公司。

为什么会有企业这种组织出现呢?诺贝尔经济学奖获得者罗纳德·科斯(Ronald H.Coase)在"企业的性质"这篇文章中回答了这个问题。科斯认为:市场交易是有成本的,通过形成企业这样的组织,并允许某个权威(通常是企业家和管理者)来支配资源,能节约市场交易成本。企业能让个体员工的联系更加紧密,协作效率要比在市场上更高,能够完成个人无法完成的目标,这也是企业存在的价值。

既然企业有那么多好处,那企业是不是规模越大越好,甚至越大越安全呢?当然不是,企业的运行也需要管理成本。企业规模越大,管理成本就越高,甚至一些企业会出现各种官僚现象,我们称之为"大企业病"。当管理成本高于内部协作产生的收益时,企业就会变得规模不经济,因此组织的规模也是有边界的。当外部环境发生变化以后,很多企业会因为无法顺应外部环境的变化而开始老化,甚至被淘汰出局。

自从有企业这种组织以来,企业就在面临不断的演进和转型,其中绝大多数企业最后都被淘汰了。荷兰东印度公司于1799年解散,英国的东印度公司曾经统治了印度一百多年,并拥有自己的军队,但也于1858年解散了。那些幸存的企业都在不断地经历转型,比如IBM和通用电气就经历过多次转型,它们现在做的事情和100年前已经完全不同了。

为什么会这样呢?每一次气候变化之后,都会有一大批物种消失。企业作为一种社会物种也是如此,当外部环境变化以后,企业必须做出相应的变化才能生存下来。达尔文说,那些能幸存的物种不是最强大和最聪明的物种,而是最能适应外部环境变化的物种。同样,那些未来能够生存的企业并非最强大和最聪明的企业,而是那些最能适应外部环境变化的企业。企业必须随时应变、不断转型,这样才能幸存。

以前由于企业的外部环境变化不大,技术革新的速度也没那么快,因此行业和企业的生命周期都比较长,也由此诞生了很多历史超过百年的家族企业。但技术革命加速了变革和转型的速度,也使行业和企业的生命周期越来越短。以前一个行业的变革周期往往在10年以上,现在压缩到3~5年,往往是"城头变幻大王旗,各领风骚三五年"。

因为这种变化,企业的经营管理者经常说现在的商业环境是VUCA的环境。VUCA这个词最早出现在20世纪90年代,是美军用在军事战场上的一个术语,海湾战争就是典型的VUCA环境。后来VUCA被应用在商业世界,因为它准确地描述了企业家面临的状况——外部环境在快速变化,变得越来越复杂不明、变幻莫测。

新冠病毒疫情就是典型的 VUCA 环境。如何应对呢？首先要敏捷应对，企业要生存下来，必须保持一定的现金流，企业可以通过清理库存、银行贷款、促销的方式来提高企业的现金流。解决了短期的生存问题以后，也要关注长期的发展问题，比如企业如何实现数字化转型，提高对外部风险的抵抗力。免疫力不仅适用于个人，也适用于组织，如果一个组织在面对风险之后生存了下来而且获得了发展，那么它就获得了对抗风险的免疫力。正如尼采所言："那些杀不死我的，将会让我更加强大。"

组织形态也要发生相应变化

如果把商业看成一个生态系统，那么各种组织就是这个生态系统里的不同物种。确实，很多管理理念都有生态学的影子，比如适者生存、共生策略等，用生态学的一些理念去理解组织形态的变化，更容易看到组织的变化逻辑和趋势。

在商业这个生态体系里，一方面行业之间的界限消失，边界分明的商业让位于新商业，新的"生物体"大量地产生、繁衍，生存在世界的各个角落。各个公司在一些行业的交叉领域进行竞争，使用完全不同的商业模式，彻底改变了公司的竞争环境。另一方面这些"生物体"也在不断演化，一些曾经的"巨无霸"组织像恐龙一样毁灭，另一些组织则从小鱼变成了鲸鱼。

麦肯锡归纳总结了未来组织的形态，分别是"**鲸鱼、布谷鸟和益生菌**"。其中鲸鱼是指那些依靠平台效应、具备规模优势的巨型公司，它们动作迟缓，但规模就是最大的优势。布谷鸟是指那些作为其他公司的职能部分而存在的公司，比如快递公司、软件公司、咨询公司等。益生菌是指那些瞄准利基市场的小公司，这里面大多是一些创业型公司，或者各个领域的隐形冠军，但如果条件成熟，它们也能迅速长成鲸鱼，并且这个时间越来越短。

鲸鱼：鲸鱼是世界上最大的哺乳类动物。它们体形庞大、智力超群，不过数量十分有限，而且容易在沙滩上搁浅。在过去十年中，全球最大的150家机构的市场资本总额递增了三倍之多，规模效应非常明显。鲸鱼面临的最大挑战来自它们本身的成功，就像在哺乳动物的世界中，鲸鱼的搁浅率比较高一样，"巨无霸"的企业也会随着环境的变化面临系统风险。

布谷鸟：布谷鸟从不亲自哺育雏鸟。它们把蛋生在其他鸟类的巢里后便一走了之，让其他鸟照料它的后代。作为一个生物体，布谷鸟发现，最佳的生存之道不是独自生活，而是参与进其他物种的生活中。布谷鸟公司作为其他公司的职能部分而存在，与别的公司和平共处、互惠互利，形成共生关系。随着价值链的整合，它们会成为这个领域的领导者。

益生菌：益生菌体积微小，适应能力极强，只要有机会就会繁衍兴旺起来。它们有特殊的功能：保护视力、消化食物、保持健康。公司世界里的"益生菌"起着同样的作用，它们提供公司需要但自身缺乏的专业技能。它们也是商业创意的重要来源。近年来，大型医药公司经常向小型生物技术公司和大学实验室采购研发成果。很多高科技公司旁边都有很多类似的小型公司，它们为大公司提供创意和技术，大公司负责产品的生产和营销。

随着互联网的出现，各种社交媒体和协作平台也相继涌现。这种协作平台相当于一种新型的组织形态，它让个体不再依赖于一家公司就可以向成百上千的客户提供服务。这种趋势产生了两个新"物种"：一是社交媒体和协作平台，二是大量的自由职业者。

与此同时，公司这种组织形态也在发生某种变化。由于市场交易成本降低了，为了平衡管理成本和维持灵活性，公司也不需要那么大的规模了，而是专注于自己的核心业务，将非核心业务外包出去。这也是我们经常说的组织再造、无边界组织等趋势的背后原因。

公司内部还出现了一些自组织，它们是在没有外部指令的条件下，系统内部各子系统自行按照某种规则形成的一定结构或功能的组织。天空中的鸟群和海洋中的鱼群是自组织，无领导小组工作方式、鼓励公司内部创业等也都是自组织的运用。

组织本身正在变得无边界。以前组织的边界是非常明确的，以公司是否和员工签署长期雇用合同为组织边界的判断标准。但现在越来越多的公司开始采用灵活用工的方式，员工往往是临时派遣过来的，与公司是短期合作关系。这个时候，组织的边界就变得模糊了，正如海尔的张瑞敏说的那样，"全世界都是我的人力资源部"。

在组织结构形态上，组织在从传统的金字塔形组织向混合型组织，再向敏捷的网状组织演进。这种扁平的网状组织结构可以随着外部环境和内部任务的变化而变化，这样可以让大公司保持小公司的敏捷程度，适应外部环境的快速变化。

即便同样是高科技公司，不同公司的组织架构图也相差甚远。网页设计师马努·科尔内（Manu Cornet）曾经在他的博客中用调侃的口吻，描述了一组美国知名科技公司的组织架构图（见

图 8-1）。在这张图里我们可以看到，亚马逊的组织架构等级森严、严格有序；谷歌虽然结构清晰，但部门之间的关系非常混乱；Face book 的组织架构扁平而分散；微软内部山头主义盛行，各个部门之间互相竞争；苹果则高度集权，往往是 CEO 一个人说了算；甲骨文官僚气息严重，法务部的人员比工程部的人员还多，而且结构更加复杂。

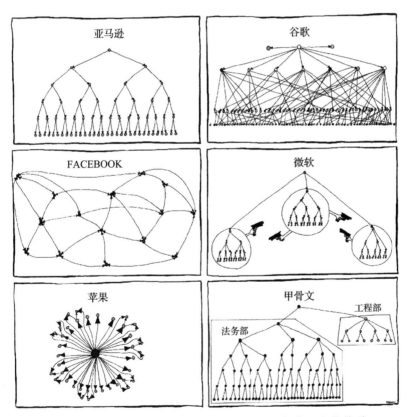

图 8-1 美国的几家科技公司拥有不同的组织架构和文化特质
资料来源：Manu Cornet.

组织和战略相互影响

阿尔弗雷德·钱德勒（Alfred Chandler）在研究美国企业组织结构和经营战略的演变过程时发现，企业组织结构是随着经营战略的变化而变化的，企业组织结构不仅具有多样性特征，还具有动态适应性特征。战略重点决定着组织结构，战略重点的转移决定着组织结构的调整，组织结构制约着战略重点的实施。企业的经营战略决定着企业组织结构，并受所采取的组织结构模式的制约。他后来把这个发现写进了《战略与结构》一书，并做出了后来被称为"钱德勒命题"的判断：组织结构跟随战略。

在数字化时代，战略和组织的关系在发生改变。以前是战略意图决定组织形式，根据战略选择与之相匹配的组织形式。由于外部环境和内部组织都在快速变化，依靠领导者和外部咨询专家来制定长期战略的方式已经过时。正如任正非所言："谁来呼唤炮火，应该让听得见炮声的人来决策。"一个公司的战略，应该由那些最了解情况的人参与制定，而且战略需要变得更加敏捷，并不断迭代。数字化时代的战略周期大大缩短，战略制定正在变得越来越敏捷。公司还必须充分发动管理层来共同制定战略，遵循战略共创的原则。

在数字化时代，战略和组织相互影响与塑造，人力资源也必须和战略与组织契合。陈春花认为，人力资源和战略完整契合意味着不能把人力资源作为独立的部门，人力资源必须为战略落地做人员配置，确保任务的执行。企业在做战略规划的时候必须同时考虑到人力资源规划，否则制定的战略就是不完整的。从某种程度上来说，战略规划不只是制定业务战略，也必须考虑到人力资源规划，否则制定的业务战略无法落地。

人力资源的管理理念也在快速变化。密歇根大学教授戴维·尤里奇（Dave Ulrich）把人力资源的发展分为四个阶段（见图 8-2）。在中国公司中，这四个阶段都能找到相关案例。

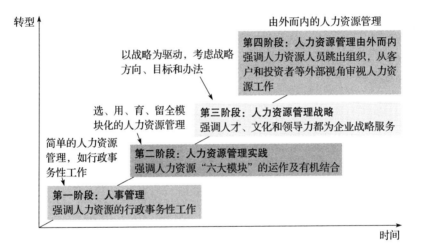

图 8-2 戴维·尤里奇论人力资源的四次转型

在人力资源的第一阶段，人力资源的主要工作是人事和行政管理，人力资源部门主要从事一些行政事务性工作，现在很多国内公司的人事部和人事行政部都停留在这个阶段。

在人力资源的第二阶段，开始强调专业化分工，人力资源"六大模块"就是这个阶段的产物。"六大模块"分别是：①人力资源规划；②招聘与配置；③培训与开发；④绩效管理；⑤薪酬福利管理；⑥劳动关系管理（见图 8-3）。目前，国内大多数大公司的人力资源部门都是按照这六大模块来分工的，这个阶段的人力资源开始变成了一个真正的专业。

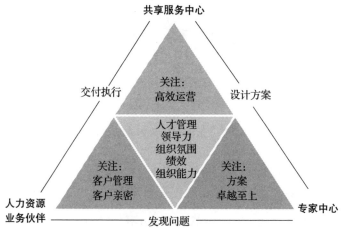

图 8-3 从人力资源"六大模块"到人力资源三支柱

在人力资源的第三阶段,开始强调人力资源的战略价值,也就是人才、文化和领导力都要为企业的战略服务。这个阶段的主要理念是戴维·尤里奇在 1997 年提出来的"人力资源三支柱":专家中心(COE)、人力资源业务伙伴(HRBP)和共享服务中心

（SSC）。其中，HRBP必须懂业务，才能更好地服务一线的业务人员，COE针对HRBP反馈的频繁发生的业务问题提供系统化解决方案，SSC使一般性支持事务的效率最优化。华为、腾讯都在用这个模型。

在人力资源的第四阶段，开始把人力资源当作一个独立的业务。也就是说，人力资源不再只是业务伙伴，而是业务本身。人力资源作为一个业务，必须跳出组织内部，从客户和投资者的角度来考虑它的价值。现在，人力资源三支柱里的COE和SSC都开始变成独立的公司，它们会同时为多家企业的HRBP提供服务。

战略、组织和人力资源的关系也在同步发生变化。在IBM的战略转型过程中，人力资源的管理理念和实践也在同步变化，这种变化是相互依存、相互促进的关系（见图8-4）。

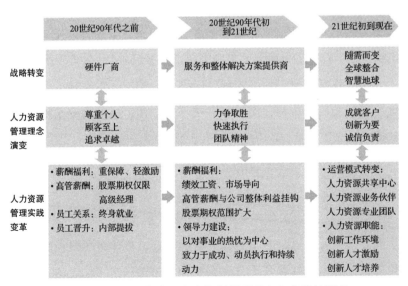

图8-4　IBM的战略、人力资源管理理念和实践的演变

组织和个人的关系在变化

我们先从一些大家熟悉的现象入手，分析组织和个人正在发生的变化。

首先，你发现周围的人经常换工作，跳槽已经成为一件大家习以为常的事。虽然大型跨国公司依然是很多大学毕业生的首选，但民营高科技企业正在吸引他们越来越多地关注。经验丰富的管理者更是出现这样的人才流动趋势：从外资企业到民营企业，从传统企业到高科技企业，从大型企业到创业型企业。

其次，很多人不再跳槽，而是干脆辞去工作成为一名自由职业者。他们大多毕业于知名大学，受过良好教育，也曾在"高大上"的知名企业工作。但最近几年，他们辞去了知名企业的工作，转型成为一名自由职业者。有些人写公众号，有些人做培训师，有些人做定制旅游。他们和各个平台合作，但不依附于任何一个组织。他们没有固定收入，但赚的比以前多。

伴随着这种变化的是各种协同平台的崛起。越来越多的人不再受雇于某一家公司，而是和多家平台合作，他们的关系也不再是传统的雇用关系，而是变成了一种新型的合伙关系。

以知识服务业为例，这个行业非常古老，但最近几年发生了很大的变化。

早些年，知识工作者必须依附于某个组织——大学或者公司，才能活得很好。这是一个高度分散的行业，总体市场规模可能有几千亿元，但存在着几十万家企业，销售额超过1亿元的企业寥寥无几，从业者的收入也相对有限，年收入过千万元的寥寥无几。

微信、得到、喜马拉雅、蜻蜓这样的平台的出现，改变了这个行业的形态。

这种超级平台，可以将数以亿计的用户聚合在一起，并养活了数以万计的知识工作者。通过这样的平台，消费者用比传统培训低得多的费用就可以获得优质的知识服务，而少数明星知识工作者则可以获得数以百万级的用户，他们可以获得比以前多得多的收入。

以中国领先的知识服务平台得到为例，得到上面有很多明星讲师，如薛兆丰、刘润、万维刚、吴军等，他们的专栏都拥有超过10万的付费用户，每个用户一年只需要支付不到200元的费用，就可以获得高品质的知识，这些明星讲师每年也可以获得过千万元的收入。

知识服务业是一个"头部效应"非常明显的行业，互联网技术又加剧了这种"头部效应"。以前可能是20%的人赚到了80%的钱，现在则可能是1%的人赚到了80%的钱。当极少数明星知识工作者获得了大部分的市场收入时，这个行业的大多数从业者将会被淘汰。

随着经济和技术的变化，资本、组织和个人的关系也在发生变化。

在一百多年前的工业时代，由于工业生产非常依赖资本，而且资本相对稀缺，因此资本家（或股东）在组织中更强势，相对而言，管理层和劳工不是那么重要。

但随着跨国公司的发展，公司的股权变得高度分散，资本也开始变得相对充裕，权力的天平越来越偏向组织的管理层。很多公司的股权高度分散,它们没有"实际控制人",这时候的管理者往往拥有更大的话语权,并产生了一大批高薪的明星经理人。

管理层和普通员工的工资水平差距也越拉越大。据统计,1965年,CEO与工人工资的比例是20∶1;这个比例在1989年上升到58∶1,并在2000年达到顶峰,当时CEO的收入是普通工人的344倍,而2017年麦当劳全球CEO的收入是普通员工的3100倍。

但现在,随着各种协作平台的兴起,还有组织的无边界潮流,组织开始大量采用临时雇用知识工作者和工人的方式,个人和组织的关系也在逆转。越来越多的知识工作者不再依附于某个组织,由于他们同时服务于多家企业,因此他们获得的锻炼机会更多,也能够获得更高的收入。

一个悖论就这样出现了:组织更依赖于明星员工,而明星员工却不再依赖于组织。

要改变这种被动的局面,组织要将传统的雇用关系变成一个"共享平台"。组织的价值在于努力为员工创造价值,让员工创造伟大的产品,从而实现组织、个人和社会的三赢。一个伟大的企业不仅要创造伟大的产品,更重要的是汇聚和培养伟大的人才。

同时,组织和人才的契约关系也在发生改变。除了传统的和员工的经济契约(包括薪酬、奖金和股权等)外,企业还需要重构社会契约和心理契约。所谓社会契约,就是把组织放到社会中去,去考虑各个利益相关者的价值,包括客户、员工、供应商的价值。所谓心理价值,就是让人才对组织有归属感和亲近感。

临时用工也正在变成一种趋势,这在新冠肺炎疫情防治期间尤为明显。

2020年新冠肺炎疫情期间，盒马鲜生和50多家企业签署合约，临时用工5000多人，这些企业主要是餐饮类企业，比如西贝、云海肴、青年餐厅。这些企业年前都准备了很多食材，因为疫情没法对外营业，盒马鲜生会帮它们销售一部分食材，这些企业的员工也被派遣到盒马鲜生工作，一般签约1～2个月。

这种灵活用工的方式未来会成为盒马鲜生用工的常态。受这次疫情的临时用工启发，盒马鲜生4月上线了一个"生态用工"系统，将临时用工的职能外部化，不仅供盒马鲜生自己招聘临时用工，还对接其他需要临时用工的机构，以及需要打多份工的务工人员。

让组织成为"人才联盟"

三十多年前，中国的国有企业和政府机关的工作大多很稳定，只要不犯大错误，就可以作为"单位人"一直工作下去。但随着市场经济体制的确立，这种事实上的"终身雇用制"受到了来自外企和民企的冲击，"自由雇用制"和市场经济被想当然地联系在一起。所谓"自由雇用"，就是个人有选择雇主的自由，如果雇主对某个雇员不满，也可以以某个理由解雇这名雇员。

自由雇用制催生了大量的猎头和招聘公司。人才开始在各大公司之间高速流动，越来越少的人一辈子只在一家公司工作。企业不再保证会给雇员一个长期稳定的职位，个人也大多没想在一家企业工作一辈子。现在各种各样的互联网公司的招聘广告的创意大多是一样的：对老板不满意？想要更大的发展？想要更高的薪水？上某某网，更好的职位在等着你！更高的薪水在等着你！

这种公司和个人之间的自由雇用关系优化了人力资源配置，但也带来了一些负面效应，那就是公司和个人之间的信任与忠诚都大幅下降。由于缺乏组织忠诚度，很多人总想着一有机会就跳槽，而一些公司则不愿意培养人，它们的逻辑也很简单：好不容易培养了一个人，别人给高一点的薪水就走了。于是，公司在失去高潜力人才，人才也无法充分投入工作，而是在市场上不断寻找机会。

老路已经无法回去了。终身雇用制这种传统模式非常适合相对稳定的时期，但它对于当今的网络时代来说太过死板，不再适合现在不断变革的宏观环境。几乎没有公司能继续为员工提供传统的职业晋升阶梯，即使以终身雇用制见长的日本企业，在糟糕的宏观经济环境下，也不得不开始裁员。在这种环境中，要求员工和公司保持长期关系是不现实的，彼此之间的忠诚更是罕见。

有没有什么办法在保持自由雇用制的弹性的基础上，让员工和公司之间保持相互信任和忠诚的关系，至少在一个阶段内如此？领英（LinkedIn）创始人里德·霍夫曼（Reid Hoffman）基于他的观察和实践，提出了一个新的人才策略框架：使雇主与员工之间的关系从商业交易转变为互惠关系的联盟，这种雇用联盟关系为管理者和员工提供了建立信任、进行投资，以建设强大企业和成功事业所需的框架。

这种互惠关系需要把心照不宣的心理契约书面化。雇主需要告诉员工："只要你让我们的公司更有价值，我们就会让你更有价值。"员工需要告诉他们的老板："如果公司帮助我的事业发展壮大,我就会帮助公司发展壮大。"于是,员工致力于帮助公司取得成功,而公司致力于提高员工的市场价值。通过建立互惠的联盟,雇主和员工可以投资于这段关系,并承担其中可能发生的一些风险。

比如,老板和人力资源主管为了培养一个人花了很多钱在培训项目上,却看到这个人在参加完培训几个月之后就离职了,自然会有些沮丧。但如果因此削减培训预算,就不能为组织发展提供持久的推动力。这个时候,比较理想的方式是公司和个人都开诚布公地设定各自的预期:员工可以表达自己想要发展的技能以及他对公司的承诺,而公司则可以明确表达它的投资以及期望的回报。

里德·霍夫曼的这种提法并不新鲜,组织行为学的教材中就有提及:组织存在的目的在于让一群人一起完成一个共同的目标。一个组织就像一个职业球队,每个球员都有明确的目标(比如赢得比赛),球员为了实现这个目标聚到一起,各自既有分工也有协作。只有在球员彼此信任,将球队的成就置于个人成就之上时,球队才会胜利。球队胜利也是球员实现个人成就的最佳方式,胜利球队的球员会被其他球队争相求购。它们看中的既有这些球员展现出的技能,也有他们帮助新队伍建立胜利文化的能力。可以说,球队和球员在赢得比赛这件事情上是真正的双赢。尽管职业球队不采用终身雇用制,但相互信任、相互投资、共同受益的原则仍然适用。

当然,在中国,这种联盟的人才策略需要做一些本地化的调整。虽然公司不是家庭,无须刻意营造一种温情脉脉的家庭氛围,但组织成员之间的相互关心和欣赏依然是必要的,它能增强人对组织的情感归属。另外,对于那些已经离开公司的员工,公司和他们之间的关系也并非因此而结束,可以像朋友一样经常联系,这种人力资源网络就像社会资本一样,能让双方互惠互利。

在快速变化的数字化时代,公司和员工都需要一定的弹性。公司无法假装温情脉脉地说"公司就是家,我们是家人",员工也无须假装表态"生是公司人,死是公司鬼"。但公司和员工在约定时间内的相互忠诚依然是必要的,因为没有这种忠诚就无法长期考虑和投资未来。人才联盟很好地解决了这个问题:它让公司和个人达成一个心理契约,让双方都专注于中长期收益,为公司带来更多创新、韧性和适应性,实现真正的双赢。

通过"内部创业"推动组织转型

1978年,经济学家吉福德·平肖三世(Gifford Pinchot Ⅲ)首先提出了"内部创业"的概念。从诞生之日起,内部创业就被看作解决"大企业病"的"灵丹妙药",可以打破传统组织的结构和秩序,激活员工的创新和创业精神,推动公司的转型和持续创新。

对员工而言,内部创业也非常有吸引力。一些想要创业的员工能够借助大公司的资源和资金,带着一线团队做内部创业,而且有些团队最终能获得成功。一方面,这些内部创业的员工能获得更大的满足感和收益;另一方面,企业能激发员工的活力,并留住这些优秀员工。

从理论上来说,虽然随着企业的外部交易成本越来越低,企业可以做到越来越小，但大公司依然有资源和规模优势，因此内部创业的本质是"大平台 + 小前端"。大平台有资源优势和规模优势，小前端可以减少管理成本，也就更加动态灵活和适应环境，也能以客户为中心。看上去，内部创业是一个完美的解决方案，但在实践中，内部创业有成功也有失败。

内部创业的成功案例很多，比如张小龙带领的微信团队就是腾讯内部创业的成功典范。除此之外，谷歌的 Gmail、搜狐的搜狗、阿里巴巴的钉钉和盒马鲜生都是内部创业的成功典范。通过内部创业，这些大公司吸引和留住了优秀人才，而且做出了一些现象级的产品。

海尔的内部创业计划引发了一些争议。从 2005 年开始，海尔逐步把公司打造成了一个全员创业的组织，并喊出了"人人都是 CEO"的口号，2017 年时有 200 多个小微企业。海尔的做法甚至被哈佛商学院写进了案例库，很多管理学者都盛赞海尔的创举。但这么多年过去了，真正获得成功的小微企业并不多，而且海尔的销售额和市值都被老对手美的和格力全面超越了。

为什么有些内部创业成功了，而有些失败了呢？简单来说有三个原因。

一是内部创业需要的企业家精神是绝对的稀缺资源，社会上的创业人才本来就少，公司内部有能力又有意愿创业的人当然更少，创业成功的更是少上加少，这样层层筛下来，内部创业成功的概率就非常小了。偶尔有少数成功案例，企业对其大肆宣传，使很多人把偶然当成必然，而没有看到内部创业是"一将功成万骨枯"，消耗了组织大量的有效资源。

二是有些企业所在的行业和商业模式并不支持内部创业。以华为为例，华为所在的通信行业是一个创新驱动和资源密集的行业，所以华为的战略遵循"压强原则"，把有限的资源集中在一点，在配置强度上大大超过竞争对手，同时不在非战略机会点上消耗竞争力量。在这种情况下，内部创业必然会导致内部资源的消耗，反而让企业无法做到足够聚焦。

三是有些公司的制度和文化不支持内部创业。很多公司的内部创业都是"伪创业"，只是把原来的一线团队改个名字而已。公司总部的平台价值不够，内部创业小组在需要资源支持的时候，还是要向上级层层申报审批，结果还未必能得到支持。在这种官僚体系作风和本位主义文化下，前端再怎么说自己"自驱动"也驱动不起来。

从上面三点来审视海尔的内部创业遇到的问题，就会豁然开朗。虽然"人人都是CEO"的口号很好，但真正有能力也有意愿成为CEO的人其实不多，而且这种高度分散化的组织往往只能做应用层的创新，在技术研发方面的创新很难形成优势，此外，给人的感觉是整个公司的战略不够聚焦，似乎什么都在做，但真正做得好的比较少。

内部创业还是比较适合那些对技术创新要求不高的行业，比如服装和餐饮，因为它们可以共享后台的资源，前台则可以大规模复制现有团队。比如，韩都衣舍著名的"三人小组制"可以看作可以复制的组织形式，虽然服装款式的设计需要一定创新，但是创新难度不大，而且小组的运营管理是可以复制的，所以组织也有很强的拓展性，组织拓展相对容易成功。

特雷弗·欧文斯（Trevor Ownes）和奥比·费尔南德斯（Obie Fernandez）在《精益创业》中提到的创新特区（innovation colony）是一个值得借鉴的做法。这个特区的办公空间、文化和组织结构都是独立的，不受母公司的官僚体制和固有思维的制约，享受特殊的政策。公司对于选定的创新团队要充分信任，容忍失败，不过多干涉，给予足够的人权、财权、决策权，并且给予各种资源赋能这些创新团队。

这需要从上到下的战略支持和资源投入。比如腾讯在孵化微信项目的时候，就采用了创新特区的做法。它很清楚微信项目会对QQ业务造成伤害，如果只是将微信作为一个普通的项目来做，那么它将得不到资源支持。腾讯决定把微信开发团队作为创新特区，甚至采用了"赛马"机制，安排了三个项目团队同时研发同类产品，最后位于广州的张小龙团队取得了胜利。

总之，要推动企业的数字化转型，在组织管理方面主要是处理好四种关系：①组织与环境的关系；②组织与战略的关系；③组织与个人的关系；④个人与目标的关系。为了推动组织变革，内部创业逻辑上可行，但实践中会遇到很多调整，不同行业和企业应该根据自己的情况做出选择。

案例导语 组织是衔接战略和个人的桥梁。数字化时代的组织转型就是要让组织顺应外部环境变化，支持战略的敏捷和迭代，激活个体的潜能和创造力。本章选择了腾讯和海尔的案例，都是介绍组织变革如何更好地支持战略转型，以及如何更好地激励个体发挥潜能。

案例 8-1

腾讯的战略进化和组织变革

腾讯创立于 1998 年 11 月，在中国可谓家喻户晓，知名的产品包括 QQ、微信、腾讯视频、腾讯游戏等。腾讯是中国最大的两家互联网生态级企业之一（另外一家是阿里巴巴），也是全球市值排名前十的公司。2019 年，腾讯更新了自己的使命：用户为本，科技向善。具体来说，就是致力于通过技术丰富互联网用户的生活，助力企业数字化升级。

因为腾讯的 QQ 和微信太知名，以至于很多人都认为腾讯是一家典型的 2C 公司。这个观念其实早已过时，因为腾讯的 2B 业务也很强，比如腾讯云、智慧零售等。2018 年 9 月 30 日，腾讯宣布调整组织架构，把七大事业群改为六大事业群，其中新成立的云与智慧产业事业群（CSIG）就是专注于 2B 业务，腾讯云和智慧零售就属于这个事业群（见图 8-5）。

对于腾讯的这次组织架构调整，腾讯董事会主席兼首席执行官马化腾认为,这是腾讯迈向下一个 20 年的主动革新与升级迭代。总裁刘炽平则认为,互联网即将进入下半场,整个社会将从消费互联网迈向产业互联网,各行各业将迎来更大规模的产业升级。在互联网的上半场,腾讯的使命是做好连接;而在下半场,腾讯的使命是成为各行各业最贴身的数字化助手。

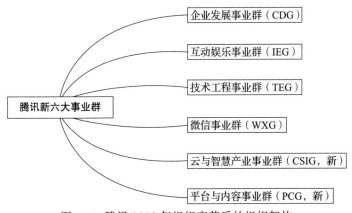

图 8-5　腾讯 2018 年组织变革后的组织架构

腾讯三次公司级的组织变革,分别发生于 2005 年、2012 年和 2018 年,几乎每 6～7 年就会变革一次。每一次的组织变革都伴随着战略的变化。比如,2018 年的组织变革就是为了加大 B 端市场和内容市场的权重,以更好地适应外部环境的变化。腾讯的业务战略和组织架构一直都处在动态调整的过程,这家互联网平台公司本身也在不断数字化转型。

互联网环境急剧变化,每一家公司都要像生物一样去适应,适者生存。腾讯业务转载和组织变革的逻辑是什么呢?下面我们来分析腾讯的三次组织变革。

2005 年,第一次组织变革

腾讯的组织架构的第一次大调整发生在 2005 年。

2004年,腾讯在港交所上市。当时腾讯大约有2000人,只有一个核心产品,那就是QQ,大多数业务都围绕着QQ展开。可以说,当时的腾讯就是一家产品类公司,它所思考的问题是如何在即时通信里占领第一,将QQ打造为爆品,并且靠QQ带来的流量赚到更多的钱。

当时的腾讯采用的是职能型组织架构,主要分为开发、设计、市场销售等部门。五个创始人中,马化腾是CEO,抓全面管理,张志东、曾李青、陈一丹和许晨晔各管一个部门。这样的组织架构的好处是沟通起来比较高效,但对于一个2000人的公司来说,混乱不可避免。

2004年,马化腾看到了网络游戏、网络媒体、移动互联网等市场机会,果断进行新业务布局,以"打造一站式在线生活平台"为战略方向,并努力实现五年销售额过百亿元。但同时马化腾发现,传统的职能型组织架构已经不管用了,CEO分身乏术,协调成本也不断上升。

2005年,腾讯开始了第一次大刀阔斧的战略、业务和组织架构调整。在组织架构调整方面,把职能型组织架构变成事业部(business unit,BU)制。每个事业部的执行副总裁(EVP)负责整个业务,他们在事业部里相当于CEO的角色。

腾讯的第一次组织架构调整推动了腾讯的多元化战略,也让腾讯从一个产品公司变成了平台类公司。腾讯利用自己的流量优势,几乎进入了所有与互联网有关的领域,比如门户、音乐、视频、游戏、搜索、电商等,什么火就做什么,而且很快就大获成功。

腾讯在多元化方面采用的是"跟随战略",也就是看到一种新产品火了,就去复制一个类似的产品,然后利用自己的流量优势"干掉"市场的先行者。这种做法给腾讯招来了许多负面评论，2010年7月，《计算机世界》刊登了一篇文章，详细叙述了联众、360等与腾讯之间的恩怨情仇，说腾讯是"创新公敌"。

到了2010年，基本上除了电商和搜索以外，腾讯在互联网的每个细分领域都做到了第一名。但这种跟随战略也带来了很多非议，并在这一年带来了一场大危机。

2012年，第二次组织变革

2010年11月3日，腾讯在经历了和360长达数年的纠纷后，终于忍无可忍地宣布：在装有360软件的电脑上停止运行QQ软件，用户必须卸载360软件才可登录QQ。这种强迫用户"二选一"的做法立即引来舆论的一片哗然，这就是史上著名的"3Q"大战。

"3Q"大战对于腾讯是一个里程碑性的事件。经过内部的深刻反思，腾讯决定开始走向开放，除了自营业务之外，还把很多业务交给合作伙伴，自己扮演好平台的角色。这对于腾讯来说是一个重大的战略调整，用马化腾的话来说，就是从一棵树到一座森林。

与此同时，移动互联网也开始渐渐成熟起来。2012年被认为是移动互联网元年，腾讯、百度和阿里巴巴都开始全面转型移动互联网。

2012年，手机QQ的消息数第一次超过了PC版的QQ，用户的时间开始主要花在手机上。腾讯以前的事业部制的组织架构也面临困境，"诸侯分封"在带来巨大激励效应的同时，也为各自为政和部门之间的内耗埋下了伏笔，拖慢了发展速度。

比如，手机版QQ和PC版QQ属于不同的事业部，两者除了账号打通，分享一些必要的用户信息之外，对于QQ未来该如何发展的分歧越来越大。一个具体的细节是，QQ 的未读消息在手机上阅读后，PC 端的消息提醒应该自动取消，当手机版 QQ 的产品经理就此需求与 PC 部门沟通时，无论需求推进还是实际开发，都遇到了极大阻力。

马化腾看到了组织架构的弊端，他说："由于组织架构的限制，已经不能完全满足用户层出不穷的新需求了。所以在这个时候，我们必须聚焦用户、顺势而变，从用户需求的角度、从产业发展的角度重新调整我们的组织架构。"

为了便于业务协调，减少内部竞争，腾讯进行了第二次组织架构调整：将事业部升级为事业群（business group，BG），每个事业群相当于控股集团下的小集团。

对此，马化腾评论："通过这次调整，更好地挖掘腾讯的潜力，拥抱移动互联网未来的机会，目标包括：强化大社交网络，拥抱全球网游机遇，发力移动互联网，整合网络媒体平台，聚力培育搜索业务，推动电商扬帆远航，并且加强创造新业务能力。同时，我们也聚合技术工程力量，发展核心技术以及运营云平台，更好地支撑未来业务的发展。"

同时，腾讯努力推进开放战略，从做产品到做平台。马化腾说："必须进一步开放思维，要有所为有所不为。一方面，在各个专业领域深耕细作，打造用户平台；但另一方面，也要培育产业链，让合作伙伴更好地找到共赢点。"

因此，组织架构的灵活一面就是，必须对平台的业主保持十足的关注，养一批类业主的自营业务，防止"打劫者"出现，一旦出现，这些"兵"就要在流量优势下对竞争对手形成十足的震慑力。这也是一种冗余，但相对而言，它是竞争导向的或者说是防御导向的。

腾讯一直强调"赛马"机制，只要符合企业的战略方向，几个团队同时开发一款产品，这也给企业发展带来了内部竞争的活力。比如，在 2010 年，先后有好几个团队都在研发基于手机的新一代通信软件，每个团队的设计理念都不一样，最后微信大受欢迎。

2011 年初，通过内部竞争的方式，张小龙带领的广州研发团队做出了微信，这是移动互联网时代最成功的产品之一。但直到 2012 年 5 月，腾讯才正式宣布组织架构的调整，而 2014 年 3 月，才正式成立微信事业群（WXG）。

2018 年，第三次组织变革

微信的成功让腾讯在移动互联网时代始终保持领先优势。同时，腾讯投资了很多产业公司，通过投资建立起了一个生态级企业，并开始涉足实体产业的转型。

腾讯在发展过程中不断遇到新问题。一方面，腾讯的主营收入来自游戏，因此被人质疑没有"企业社会责任"。另一方面，由于腾讯做产业生态，投资了多家公司，因此被评论为"没有梦想"，正在变成一家投资公司。与此同时，字节跳动系的今日头条、抖音等产品快速发展，对腾讯造成了很大的冲击，甚至被认为是对腾讯的大本营发起进攻。

另外，腾讯开始涉足 2B 领域，开始做腾讯云和智慧零售，其在 2C 业务中无往不利的打法，在 2B 业务中失灵了。比如，企业级客户有一个需求，希望腾讯为它提供一个微信平台上的地理位置服务（LBS），腾讯会有很多团队先后去找它，为它提供不同的解决方案，这会让客户非常困惑，也会损害腾讯的声誉。

企业级服务是腾讯非常重要的战略布局。马化腾认为，"互联网+"基础设施的第一要素就是云，过去"插上电"带来了电气化的革命,现在"接入云"将带来数字化的升级。2018年,腾讯云开始全面助力产业发展,落地到具体行业上。马化腾指出,腾讯云要建构三张大网:"人联网""物联网""智联网"。业务战略的转型呼唤新的组织架构。

很多人开始怀疑,在消费互联网如鱼得水的腾讯,能否做好产业互联网业务,因为这两个领域需要的能力差异比较大。曾经担任过腾讯副总裁的吴军甚至认为,腾讯没有2B的"基因",并引发了很多讨论。马化腾认为这不是"基因"的问题,是完全可以改变的,其中最重要的方法就是调整组织架构,让2B的产业互联网拥有更大的权力。

在2017年12月的员工大会上,马化腾就有过架构调整的表态:"在管理方面,我们面临的最大问题是内部的组织架构,现在的腾讯需要更多2B的能力,要在组织架构上进行从内到外系统性的梳理。"经过了近一年的酝酿,腾讯在2018年9月30日推出了新的组织架构。

腾讯在新的组织架构调整中,把七大事业群改为六大事业群,其中整合成立了两个新的事业群:云与智慧产业事业群(CSIG)、平台与内容事业群(PCG)。这体现了腾讯对产业互联网和内容的重视。腾讯整合成立了新的广告营销服务线,并成立腾讯技术委员会。

对于腾讯面临的外部环境、业务战略和组织变革,马化腾解释说:"移动互联网的上半场已经接近尾声,下半场的序幕正在拉开。伴随数字化进程,移动互联网的主战场正在从上半场的消费互联网,向下半场的产业互联网方向发展。""两个新成立的BG,分别承担着消费互联网与产业互联网生态融合、社交与内容生态创新的重要探索。"

组织架构的调整让腾讯在产业互联网领域获得了长足进步，关于腾讯是否具备 2B "基因"的质疑也渐渐烟消云散。自 2018 年 9 月 3 日腾讯第三次调整组织架构以后，腾讯在产业互联网上一路狂奔，在零售、餐饮、文旅和会展等行业赋能传统企业数字化转型，并有了很多成功案例。腾讯在消费互联网的优势，也使它在帮助消费类企业数字化转型方面优势明显。

总结

从腾讯的三次组织架构调整来看，腾讯的组织架构调整往往是业务战略转型的重要支撑力量，也是推动业务战略转型的重要推手，它们相互影响，互为支撑。无论是早期的职能型组织架构，还是后期的事业部制或事业群制组织架构，都是根据当时组织的内外环境以及业务发展战略进行的因需而变，腾讯的组织变革也是腾讯自身的一种进化。

腾讯的组织变革，也反映了领导者居安思危、创新求变的领导力。马化腾说："互联网是个变化很快的行业，竞争非常激烈。腾讯从来没有哪一天可以高枕无忧，我们每天都如履薄冰，始终担心某个疏漏随时会给我们致命一击，始终担心用户会抛弃我们。"

案例 8-2

海尔如何进行组织转型

海尔集团创立于 1984 年，是全球大型家电的第一品牌。欧睿国际发布的 2017 年全球大型家用电器调查数据显示，海尔大型家用电器 2017 年品牌零售量占全球市场的 10.5%，位列全球第一，这是海尔第九次蝉联全球第一，其中冰箱、洗衣机、酒柜、冷柜和电热水器遥遥领先。2017年，海尔全球营业额实现2419亿元，利润首次突破300亿元，增幅都在20%以上。

不仅海尔在大型家电领域引领市场，而且海尔的首席执行官张瑞敏也堪称管理思想家。他倡导的"人单合一""创客平台"都引领时代潮流。全球的很多管理思想家都去海尔调研访谈，而且很多企业家都在学习海尔的组织转型。如今的海尔，已经从一家传统制造家电产品的企业，转型为面向全社会孵化创客的平台，因此，研究海尔的组织转型也非常有价值。

海尔的战略和组织变革

海尔在36年的发展历程中，先后经历了五个战略发展阶段，分别是品牌战略、多元化战略、国际化战略、全球化战略和网络化战略。每个阶段的战略重心都会伴随着不同的组织变革，在最新的网络化战略阶段，海尔全面开始了数字化转型，并从管理理念、薪酬模式、流程模式、运营模式、生产模式、营销模式等方面进行了全面的颠覆和升级。

战略和组织变革的背后，则是管理理念的不断升级，目前海尔已经全面升级到了"人单合一"模式。所谓"人单合一"，就是让员工对接用户，以满足用户需求为目标，管理者成为资源提供者，从而极大地提高企业的沟通和决策效率，增强了企业在市场上的竞争力。

"人单合一"模式的精髓是紧盯用户，整合企业内外部资源，满足用户的需求。海尔在海外并购和整合过程中，通过"人单合一"模式的输出，规避了因为文化和管理方式的差异导致的文化冲突，既保持了原来企业管理团队的理念和文化，又能真正帮他们提高竞争力，真正做到了"合而不同"。

伴随着管理理念变化的是组织模式的变革,也就是从传统的金字塔式的科层制,转变为小微企业的生态圈,让企业变成一个汇聚各方资源、各方利益最大化的利益共同体(见图 8-6)。

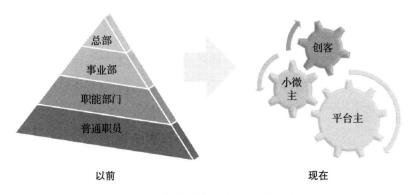

图 8-6　海尔的组织架构前后对比

组织模式颠覆成网状结构

传统企业的组织是串联式的,从研发设计、生产制造、营销、服务到用户有很多层级,但中间层并不知道用户的具体需求。海尔"外去中间商,内去隔热墙",尽可能去除那些不直接面对用户的中间层,从而提高了组织对用户的响应程度。海尔也转型成可实现各方利益最大化的利益共同体,各种资源可以无障碍进入,实现各方的利益最大化。

这也是海尔提倡小微企业的由来。截至 2018 年,海尔通过内部创业的方式成立了 200 多家小微企业。另外,海尔外部的创业平台通过汇聚 1300 多家风险投资机构,吸引了 4000 多家生态资源,孵化和孕育着 2000 多家创客小微企业。

伴随着组织变革的是薪酬模式的变化。海尔从传统的公司付薪模式转变为用户付薪模式,将员工的注意力引导到关注用户需求上。海尔首创了战略损益表、日清表和人单酬表，将这三张表作为员工日常工作推进和考核的依据。其中，战略损益表是核心，通过这张表，员工能够清晰地知道为谁干、谁来干、怎么干，以及干好了有什么好处等。

以海尔洗衣为例分析小微企业

在海尔内部的200多家小微企业中，我曾参与过海尔洗衣的投资和投后管理，以海尔洗衣这个项目为案例来说明海尔的组织转型会更加形象。

海尔洗衣属于海尔集团的外部孵化项目。在成立之初，这家公司的控股方并不是海尔，而是小村资本管理的磁谷基金。2015年，在新一轮的创业趋势受资源驱动、效率改进、创业要素回归传统商业范畴的大背景下，小村资本专门成立了这只基金，专注于和传统的行业龙头企业联合孵化创新企业。

海尔决定做海尔洗衣的动机很简单。2017年，海尔利用经销商渠道在高校洗衣机房占领了65%的市场份额，但在此之前只是把洗衣机卖给经销商，和终端用户之间没有直接关系，海尔希望通过互联网手段和终端用户建立直接联系。大学生不仅是海尔产品的潜在购买者，也是一批非常活跃的用户。

海尔本来想找内部员工来操盘这个项目，后来发现内部很难找到合适的人选，于是找到小村资本控股、孵化这个项目，并联合组建创业团队。"传统企业＋风险资本＋创业团队"的组合，让这个项目在很短的时间内就打开了局面。

利用海尔的渠道优势和技术力量，创业团队设计了一个互联网转型方案：通过给每一台洗衣机安装物联网模块把洗衣机互联起来，学生可通过一个叫"海尔洗衣"的移动App查到最近空闲的洗衣机，并预约好洗衣机，再通过移动支付完成支付。现金流从海尔洗衣的账户上流过，每完成一笔洗衣交易，海尔洗衣抽取10%的服务费用。

这个创业项目真正实现了"三赢"。对于学生而言，他们可以找到附近空闲的洗衣机并完成预约洗衣，再也不需要碰运气和排队。对于经销商而言，洗衣机利用效率提高了近一倍；不需要专门派人去收硬币，只需要和海尔洗衣分账即可；一旦洗衣机出现故障，海尔直接派人上门维修。对于海尔而言，它不只是把机器卖给经销商，还可以和终端用户建立直接联系，获得他们的数据，而且支付是从海尔洗衣走账的，可以拥有持续的现金流。

创业团队、小村资本和海尔也是这个项目的赢家。创业团队拥有公司的股份，由于有海尔的资源支持和小村资本的资金支持，创业成功的概率和速度大大提高。小村资本通过这个联合孵化项目，在一年的时间内资本增值了10多倍。海尔是最大的赢家，它通过联合孵化在创业初期规避了风险，获得了优秀的创业团队，盘活了原有资源。目前，海尔是海尔洗衣的第一大股东。

海尔洗衣的案例在海尔内部并不是个案。在海尔内部，大多数成功的孵化项目都采用了外部孵化的路径。海尔变成了一个创业和创新的平台，只要创业者有想法和能力，海尔就会大力扶植他们，并在早期阶段不谋求控股地位，通过引入风险资本方来汇聚社会资源，降低创业风险。等企业度过了最危险的早期阶段，海尔再溢价回购投资机构所持的部分股份，控股这家创业企业，之后再引入新的风险投资，把企业推向上市。

总结

海尔的组织转型已经超越了传统意义的组织扁平化的逻辑，而真正变成了一个创新创业的平台。海尔提供资源和资金，让创业者在平台上自由施展。这种组织转型在全球的大公司中绝无仅有，也必将成为大企业组织转型的新范式。

本章核心观点

1. 组织管理主要是处理好四种关系：①组织与环境的关系；②组织与战略的关系；③组织与个人的关系；④个人与目标的关系。在数字化时代，这四种关系都在被重塑：组织的外部环境影响组织的形态；组织和战略相互影响，不仅战略会影响组织，组织也会影响战略；组织和个人的关系也在变化，必须在个人目标和组织目标之间达成平衡。

2. 各种数字技术都在重塑组织。数字化让组织之间的交易成本降低了，组织不必像以前那样追求规模，现在灵活和敏捷比规模更重要，组织变得小规模化。数字化让组织内部的沟通成本降低了，组织从传统的金字塔结构向扁平的网状结构调整，组织变得扁平化。数字化促使越来越多的协同平台出现，也让自由职业者和临时用工成为新的用工形式，让组织变得无边界。数字化让大家可以远程办公，数字化协同平台开始成为主流。

3. 麦肯锡归纳总结了未来组织的形态，分别是"鲸鱼、布谷鸟和益生菌"。其中鲸鱼是指那些依靠平台效应、具备规模优势的巨型公司，它们动作迟缓，但规模就是最大的优势。布谷鸟是指那些作为其他公司的职能部分而存在的公司，比如快递公司、软件公司、咨询公司等。益生菌是指那些瞄准利基市场的小公司，这里面大多是一些创业型公司，或者各个领域的隐形冠军，如果条件成熟，它们也能迅速长成鲸鱼。

4. 组织本身正在变得无边界。以前组织的边界是非常明确的，以公司是否和员工签署长期雇用合同为组织边界的判断标准。但现在越来越多的公司开始采用灵活用工的方式，员工往往是临时派遣过来的，与公司是短期合作关系。这个时候，组织的边界就变得模糊了，正如张瑞敏说的那样，"全世界都是我的人力资源部"。

5. 在数字化时代，战略和组织的关系在发生改变。以前是战略意图决定组织形式，根据战略选择与之相匹配的组织形式。由于外部环境和内部组织都在快速变化，依靠领导者和外部咨询专家来制定长期战略的方式已经过时。一个公司的战略，应该由那些最了解情况的人共同参与制定，而且战略需要变得更加敏捷，并不断迭代。数字化时代的战略周期大大缩短，战略制定正在变得越来越敏捷。

6. 随着各种协作平台的兴起，还有组织的无边界潮流，组织开始大量采用临时雇用知识工作者和工人的方式，个人和组织的关系也在逆转。越来越多的知识工作者不再依附于某个组织，由于他们同时服务于多家企业，因此他们获得的锻炼机会更多，也能够获得更高的收入。一个有趣的悖论就这样出现了：组织更依赖于明星员工，而明星员工却不再依赖于组织。

7. 在快速变化的数字化年代，公司和员工都需要一定的弹性。公司无法假装温情脉脉地说"公司就是家，我们是家人"，员工也无须假装表态"生是公司人,死是公司鬼"。但公司和员工在约定时间内的相互忠诚依然是必要的,因为没有这种忠诚就无法长期考虑和投资未来。人才联盟很好地解决了这个问题:它让公司和个人达成一个心理契约,让双方都专注于中长期收益,为公司带来更多创新、韧性和适应性,实现真正的双赢。

8. 从理论上来说,随着企业的外部交易成本越来越低,企业可以做到越来越小,但大公司依然有资源和规模优势,因此内部创业的本质是"大平台+小前端"。大平台有资源优势和规模优势,小前端可以减少管理成本,也就更加动态灵活和适应环境,也能以客户为中心。看上去,内部创业是一个完美的解决方案,但实践中有成功案例也有失败案例。

9. 内部创业比较适合那些对技术创新要求不高的行业,比如服装和餐饮,因为它们可以共享后台的资源,前台则可以大规模复制现有团队,比如,韩都衣舍著名的"三人小组制"就可以看作复制型的,虽然服装款式的设计需要一定创新,但是创新难度不大,而且小组的运营管理是可以复制的,所以组织也有很强的拓展性,组织拓展相对容易成功。

第 9 章

数字化时代的管理和企业文化

数字化时代的组织和管理息息相关,组织转型必然带来管理变革。在工业化时代,管理的主要职能是计划、组织、指挥、协调和控制,但在数字化时代,在面临知识工作者时,指挥和控制就不那么好用了。数字化时代的管理者不需要发号施令,而是要以身作则,让团队成员主动追随,管理上也要转换角色,从指挥变为教练,从控制变为赋能。

数字化时代的管理也不再像以前那样强调自上而下的管理,各种自组织和自管理开始成为潮流。企业还需要重新调整制度和流程,让管理更好地赋能它们,考核方法也要从自上而下的关键绩效指标法(KPI)向自下而上的目标与关键成果法(OKR)调整。总的来说,就是不要为了管理去管理,而要让管理为业务服务,为人服务,让管理激活组织、激活个体,营造鼓励创新的企业文化。

从控制到赋能的转变

传统的管理是为了控制别人,传统的管理者是一个高高在上的指令发布者,但是这种做法在现在这个时代已经过时了。任何一个有创造力的个体,都不愿意被组织束缚,他们更多是想找到一个能够激发他们个人潜能的平台。平台的角色和功能也从控制者变成赋能者,这使对管理者的要求发生了新的变化,他们必须改变原来的管理方式。

数字化时代的管理者必须把自己调整为赋能者,成为帮助员工更好地发挥潜能的教练。他们也要考虑年轻一代的思维方式和价值观念,努力为他们创造一个能发挥潜能的地方,而且让企业文化变得更加有趣。有些网络游戏公司采用游戏的方式做项目管理和绩效考核,并取得了不错的效果,这也塑造了这个企业的组织文化。

赋能的思潮并不新鲜。1959年,彼得·德鲁克在首次提到"知识工作者"这个概念时就提到了"自我管理",并把它分解为自我衡量的目标管理,积极引导的协助式管理,分权体制下的创新管理,以及适应组织多元需求的学习成长型管理。加里·哈默(Gary Hamel)在《管理的未来》中提出,传统管理压抑了员工无限的创造力与激情,需要根本性的变革,也提到了赋能的概念。

在以人才为核心驱动力的高科技企业里,赋能的概念更是深入人心。谷歌的前任董事长埃里克·施密特(Eric Schmidt)在其所著的《重新定义公司》一书中对谷歌的定义是"聚集一群聪明的创意精英(smart creative),营造合适的氛围和支持环境,充分发挥他们的创造力,快速感知客户的需求,愉快地创造相应的产品和服务",这也有强烈的赋能概念。

如今"赋能"在各大企业的实践已经屡见不鲜,只是说法不同而已。稻盛和夫提出来的"阿米巴经营模式",通用电气提出来的"无边界的组织",全食超市提出来的"基层团队自治",海尔正在实践的"人单合一",韩都衣舍提出来的"产品小组制",永辉超市提出的"基层合伙人",虽然概念和实践都有很大差别,但核心都是为了赋能。

赋能有两层意思:一层是赋予能力(enabling),旨在通过认知、技能、态度的改变,最大限度地发挥个人的能力;另一层是激发潜能(energizing),也就是组织创造一个环境,激发每个人的能量和潜能,让组织里的每个人都能有更好的表现。正如谷歌创始人拉里·佩奇(Larry Page)曾说:"未来组织最重要的不是管理与激励,而是赋能。"

为什么要从控制到赋能呢?我认为有三个原因。

一是外部环境快速变化。管理者已经不再像以前"一切尽在掌握",只需要在上面发号施令,下面的人执行到位就可以了。在VUCA的环境下,很多信息都不掌握在管理者手中,而是掌握在第一线的员工手中。正如任正非说的那样,"让听得见炮声的人来决策",因此也要求每个个体在面对复杂的环境时,独立做出相应的决策,这就需要给他们赋能。

二是工作性质的变化。随着人工智能的发展,越来越多重复性的工作将被人工智能替代,但那些需要创造精神、以人际关系为导向的职位会保留下来,比如大学教授、建筑设计师、心理咨询师等,这些属于典型的专家型的工作。这个时候专家权力要远大于管理权力,因此管理者发号施令是没用的,他们要做的事情是服务好专家,为他们赋能。

三是从分工到协同的转变。流水线的工作强调分工,因此管理者的主要工作是计划、组织和控制,但如今更强调协同,而且不只是组织内部的协同,还有组织内外的协同,这个时候对管理者的要求也就不一样了。管理者的主要工作也就变成了协调和赋能,让每个个体的效能总体最大化,这样对管理者的工作要求也就不一样了。

数字化时代对制度和流程提出了新的要求。比如,数字化时代的公司往往会简化制度,而且一切都以客户和绩效为导向,流程也尽可能通过一些线上工具简化和自动化,这样的话,尽可能让管理变成为员工赋能,而不是去控制他们。正如德鲁克所言,管理的本质就是激发每个人的善意和潜能,这也是对未来的制度和流程的新要求。

传统管理的核心要义是控制风险,为此很多跨国公司设置了非常详尽的制度和流程,尽可能减少人事变动对整个公司的影响。但过于严格的制度和流程也会遏制企业的创新活力,为了激活企业的活力,企业需要有意地简化制度和流程,把工作重心放在客户和创新上。管理不是为了控制别人,而是为了激发个体的善意和潜能,为了更好地为他人赋能。

激活个体,激活组织

"从控制到赋能"这个话题背后,是组织面临的三个根本性的变化：①效率从哪里来？②价值从哪里来？③优秀的人从哪里来？

陈春花给出的答案是：①效率从哪里来？它不再源于控制而是源于协同；②价值从哪里来？绝对不会从你的绩效考核里来，必须来自激励价值创造。③优秀的人从哪里来？一定要有一个全新的文化。

要真正"从控制到赋能"，就要找到最根本的效率来源、价值创造、有创造力的员工，这三样东西都要彻底改变：效率源于协同，不是分工；激励必须是为了激励价值创造，而不是为了考核绩效；更重要的是必须有新的文化来融合，让有创造力的人留在这个平台。

陈春花认为，在数字化时代，要更好地将强大的个体与组织组合在一起，我们需要做两件事情：一是激活个体，二是激活组织。

激活个体就是充分尊重每个人的个人利益和追求，让其在创造组织价值的同时，也能创造属于自己的价值，让组织价值和个人价值结合起来。如果不把组织价值和个体价值结合起来，而只强调组织价值，企业就得不到优秀的人才。

激活组织就是让组织能吸引优秀人才，形成人才梯队，达成组织目标。

为了激活组织，管理者需要做好以下这些事情：打破内部的平衡，不能按原有的结构去做；建立一种新的激励，不仅能考核企业当期的业绩，还能考核未来；组织一定要真正地授权给各级员工，让他们能发挥主动性。

在数字化时代，组织的核心价值就是为每一个成员创造平台和机会,让他们能够真正创造价值,这样他们才会变得真正有意义。这个时候的管理者要做五件事情:①给员工上课,而且必须通过上课使上下达成共识;②打造一个让信息透明、让授权成为可能的系统;③设置更多的岗位激发大家;④建立有效的沟通机制;⑤做到上下同欲。

除了"从控制到赋能"之外,我们还需要考虑的一个问题就是怎么让员工从胜任到创造,这也是人力资源最大的挑战。人力资源能做的最重要的事情就是赋予能力和职业成长。

从胜任到创造很重要的就是给员工设计角色。传统企业不舍得给员工更多角色,而互联网企业很愿意给,它们编一堆角色给员工,这个首席那个首席,甚至还有首席员工。当员工有这个头衔的时候,他就不会想着当管理者,不会想干别的事情,而是一心一意守住"首席员工",这个时候他一定会努力、用心地工作。

数字化时代的人才培养

数字化颠覆了很多行业,其中影响最大的除了传媒和零售业之外,就是教育和培训业了。以培训业为例,所有培训师都必须面对这个问题:传统的传授理论、技能等的线下培训市场正在急剧萎缩,他们都在谋求数字化转型,但往往不知道方向在哪里。

线下培训市场萎缩的原因主要有两个:一是替代效应,随着互联网技术的发展,大家更喜欢用在线或移动学习的方式来学习知识,这样更加方便和经济。二是效果不彰,如果不能结合企业的目标和问题,只是提供一些理论、方法和案例,很难产生真正的效果。"知道"和"做到"之间存在一个巨大的鸿沟，就算知道了很多道理，可能依然做不好企业。

很多培训师还在靠贩卖知识和版权课程来生存，这样的空间越来越小。随着互联网的普及，这样的知识和模型大多很容易从网上获得，很多人都喜欢在网上找这些东西，虽然质量参差不齐，但毕竟是免费的。还有些企业大学主要靠卖版权课程，现在这种课程的满意度也不是很高，很多业务管理者往往把培训当作任务，投入度普遍不高。

一家知名企业大学的培训管理者曾向我抱怨："我们的企业大学在业界也算很有名了，各种知名培训课程一应俱全，还经常尝试各种最新的学习方法和工具，可业务部门的管理者就是对我们的工作不满意，你说该怎么办呢？"

这位培训管理者的困扰在业内很有代表性，我用教练的方法问了他一些问题。我问他："你们的客户是谁？"他回答："你说的我懂，当然是公司内部的业务人员。"我继续问："那你知道你的客户需要什么吗？"他回答："当然知道，他们希望我们培养人才并给他们的业务提供支持。"我继续问："你觉得你们的课程和工具能达成这些目标吗？"他说："部分能达成，但很多培训的结果不会那么直接，他们对培训的要求太急功近利了。"

我平时和企业家、CEO、总裁打交道比和人力资源从业者更多一些，因此我大体了解他们的想法。没错，他们都是十足的实用主义者，他们对目标非常关注，但对如何实现这些目标的手段则不是那么在意。他们对人力资源从业者的要求无非三点：找到对的人，激励和支持他们，做出卓越绩效。他们的口头禅是："你说的那些概念很好,然后呢?"他们要的是结果。

在总裁最关心的三个目标中,找到对的人与招聘和测评有关,激励和支持员工与激励体系和培训体系有关,做出卓越绩效则与绩效达成有关。培训只是达成这三个目标的一种手段,而我们经常说的课程只是培训的一种形式,别以为课程可以解决所有问题。许多培训管理者往往以为课程就是培训,并以为培训就是发展人和支持业务的全部方式。如果培训员工并不能达成卓越绩效的目标,高管就会对培训的效果不满。

但培训管理者的思考方式往往不是这样的,他们都接受过各种专业训练,对各种模型、流程、工具和课程乐此不疲。我经常和一些人力资源从业者打交道,他们会参加各种各样的认证,听各种各样的课程,琢磨各种各样的模型和工具,就像打磨自己的核心能力一样打磨自己的专业水平。但他们普遍对业务不是很了解,也无法有效地支持业务目标的达成。

这也是业务管理者和培训管理者视角的不同之处。业务管理者习惯于用业绩说话,他们更关注事而非人,他们也知道人对于事非常重要,但潜意识里还是把事当作目标,而人只是手段。培训管理者往往更关注人而非事,由于他们不用直接对业务结果负责,因此即便知道业务很重要,但潜意识里还是把发展人当作目标,甚至把各种学习工具和课程当作目标。这两种不同的视角往往导致了不同的评判标准,也导致了各种相互指责和不满。

哈佛大学教授西奥多·莱维特(Theodore Levitt)有一句经典名言:"顾客不是想买一个 1/4 英寸⊖的钻孔机,而是想要一个 1/4

⊖ 1 英寸 = 0.0254 米。

英寸的钻孔。"培训管理者应该知道,业务管理者需要的不是那些学习工具和课程,而是如何利用这些学习工具和课程更好地培养人,从而有效地支持他们达成业务目标。培训管理者的价值不在于他的专业本身,而在于如何利用这些专业帮助别人达成目标。

在说明白了这些道理后,我问那个培训管理者:"如果你在买钻孔机的时候,他们的工程师整天和你说钻孔机的原理与他们的技术优势,你会怎么想?"道理不难明白,如果培训管理者把业务管理者当作客户,他的责任就是帮业务管理者解决问题,而不是给他们上课,少和他们谈专业术语,自己知道如何解决问题就可以了。解决问题是目标,专业是手段,切勿把手段当目标。

要做业务管理者的好伙伴(这也是当前流行的 HRBP 的概念),培训管理者需要同时具备两种视角:一种是由内而外的视角,另一种是由外而内的视角。所谓由内而外的视角就是"专业视角",就是从专业角度去看待问题,这需要有很深的专业功底,包括熟悉各种模型、工具和课程。所谓由外而内的视角就是"客户视角",就是要理解并满足业务管理者的需求,知道什么时候采用什么模型、工具和课程去解决业务上的问题,这才是真正的智慧。

很多培训管理者都不具备这两种视角。首先,很多培训管理者的专业知识不够,他们在参加了某项认证之后就以为自己是这方面的专家了,其实大多数认证只是专业能力的入门水平。其次,他们很容易陷入"大师崇拜"的陷阱,以为某位大师的理论在任何情况下都适用,甚至陷入各种理论的流派之争。最后,他们对业务的本质缺乏洞察力,也缺乏真正帮客户解决问题的能力,这导致他们也不知道如何利用专业去达成业务目标,从而得不到业务管理者的认同。

人力资源从业者大多对能力素质模型耳熟能详，但我个人认为他们首先要做的，就是给自己做一个能力素质模型，看看自己能否满足企业发展的需求。现在各种新概念、新工具和新模型满天飞，但价值理论永不过时，为客户创造价值永远是公司和个人存在的目的。同样，每个培训管理者都应该经常反思一个问题：我为公司和同事创造了什么价值？

培训一定要结合企业的目标和问题，发动企业的管理层，群策群力、团队学习，才能真正解决企业的实际问题。培训师也必须同时发挥顾问、教练和引导师的角色，结合企业内部高管对企业和行业的经验与理解，才能真正解决企业的问题，帮助管理层成长。

从标杆学习到内生进化

企业培训还要避免"学习雷锋好榜样"的误区。现在企业很喜欢学习标杆企业，学海底捞、学华为、学小米……各种企业游学项目风生水起，研究这些公司的顾问也成了炙手可热的讲师，甚至这些企业的高管也成了各种培训课程的嘉宾，到处宣扬他们的"成功秘诀"。学习总归是好事，但学习的效果怎样呢？据我所知，学完之后用得上的并不多。

为什么标杆学不会呢？原因有很多，我只从两个角度说说我的观点。

第一，任何成功企业都有其"基因"，而这个"基因"与创始人的愿景和价值观有关，这些价值观后来变成了企业文化。模仿一个企业的产品容易，模仿一个企业的战略比较难，模仿一个企业的组织能力则非常难。一个企业的组织能力包括员工的态度、能力和治理体系，往往是经过多年的磨合，内生出来的。我们经常说企业的核心能力，所谓的核心并不是什么技术专利和战略，而是这种很难模仿和复制的组织能力。

第二，学习方法不对。很多培训和游学，往往停留在概念和案例的知识层面，没有深入到探索内在逻辑和心智的思维层面，更没有深入结合企业实际情况的行为层面。这也是各种演讲式培训的一大特点：培训师抛出了一个又一个时髦的概念和案例，加上演讲的口才普遍都还不错，搞得听课的企业家现场很激动，觉得学到了很多新知识，但回到公司之后，他们并没有能力把这些知识转化为行为，导致很多培训没有任何结果。

很多人参加培训，往往是"听的时候很激动，事后想想很感动，回到企业一动不动"。大家听到了一些新概念和案例，但并没有理解这些概念背后的商业逻辑，更没有把学到的知识转化为思维模式和行为模式，自然也就不会产生积极的效果了。

衡量管理是否有效的标准是能否提升绩效，同样的道理，衡量学习是否有效的标准也是能否产生行为改变和结果，从这个意义上来说，很多培训课程效果很差。

还有些培训师说，只要你能从我这里听到一两句对你有所启发的话，就算很有用了。我认为这句话是非常值得质疑的，我们每天都能听到很多心灵鸡汤，我相信这些心灵鸡汤大多数都很有道理，而且也会给你一些启发，但不能激励你行动。因为你还不能从思维层面真正理解这些观念，也没有因此转变自己的心智模式，更谈不上让自己的行为发生改变了。

真正的改变是全方位的，从"知道"到"做到"是一个漫长的过程，并需要经过长时间的知识储备、实践和思考。学习是一个系统的过程。首先建立一个结构化的知识框架，能够把吸纳的各种信息和知识链接起来。这就是读 MBA 和 EMBA 的作用，没有受过基本的商学院训练，就根本谈不上"后 EMBA"，学习必须从最基本的知识开始，然后才能创新。

然后建立属于自己的思维体系，并通过不断地倾听、观察、反思和实践形成自己新的心智模式，这是一个非常漫长而艰巨的过程。最后结合企业的实际情况形成一个可以落地的行动计划，这时学习的效果才是最好的。

考核：从 KPI 到 OKR 的转变

最近几年，在互联网公司，OKR 管理非常盛行，甚至有人说 OKR 必将取代 KPI。最极端的说法是"KPI 毁掉了索尼，OKR 成就了谷歌"，这种说法有些耸人听闻，因为索尼的没落是因为没有激情和创新，不全是 KPI 的问题，正如谷歌的成功也不是 OKR 的功劳。

首先来说一下什么是 KPI 和 OKR。

KPI 的全称是 key performance indicator，中文翻译为"关键绩效指标"。它是通过对组织内部流程的关键参数进行设置、取样、计算、分析，衡量流程绩效的一种目标式量化管理指标，是把企业的战略目标分解为可操作的工作目标的工具，是企业绩效管理的基础。

OKR 的全称是 objectives and key results，中文翻译为"目标与关键成果"。它更像是一个组织和个人的管理工具，强调目标和关键成果，它有一套严密的思考框架和持续的纪律要求，旨在确保员工紧密协作，把精力聚焦在能促进组织成长、可衡量的贡献上。

OKR 并不是新概念。它的原型是彼得·德鲁克在 1954 年出版的《管理的实践》㊀一书中提出的目标管理（management by objectives，MBO）。1976 年，英特尔正在从存储器向处理器转型，希望找到一种管理方法来统御工作目标，实现"上下同欲"。英特尔 CEO 安迪·格鲁夫（Andy Grove）是彼得·德鲁克的忠诚信徒，他借鉴 MBO 的核心理念，发明、推行了 OKR。

约翰·杜尔（John Doerr）当时在英特尔工作，对 OKR 这种工具深以为然。1999 年，已经是知名风投凯鹏华盈（KPCB）合伙人的约翰·杜尔，作为谷歌的董事，把这一工具介绍给了谷歌的两位创始人拉里·佩奇和谢尔盖·布林（Sergey Brin）。经过几个季度的尝试，OKR 终于在谷歌得以实施。后来，谷歌在所有它投资的企业都要专门培训和实施 OKR。

从诞生开始，OKR 就有两个典型特征：①在精不在多，因为它是用来明确工作重心的；②全体公开、透明，使你可以看到公司内部所有人的目标，从而确保"上下同欲"。可以说，OKR 是一套目标沟通、制定、展示和回顾的流程，它以季度为单位，对目标进行管理。

㊀ 本书中文版机械工业出版社已出版。

OKR 和 KPI 有很多相似的地方，比如，OKR 和 KPI 要求有可量化的结果，符合 SMART 原则；OKR 中最多有 5 个 O，每个 O 最多有 4 个 KR，而 KPI 也要有分解的指标；公司、团队和个人都有自己的 OKR 或是 KPI，而且要保持一致性；OKR 和 KPI 都要定期打分而且给出反馈意见；OKR 要求是有挑战性的目标，这个 KPI 也比较接近。

OKR 和 KPI 最大的不同在于：组织内部每个人的 OKR 在组织内部都是公开透明的，这一点 KPI 做不到；OKR 60% 的目标最初源于底层，是一个自下而上的过程，而 KPI 往往是用来解码公司战略的，是一个自上而下的过程；更重要的是，OKR 的结果不用于考核，它不是一个绩效考核指标，这和 KPI 主要用于绩效管理的目标完全不同。

以字节跳动为例，它在制定 OKR 时使用"自上而下"和"自下而上"两种方式。所谓"自上而下"，就是高层制定一个"大目标"，团队成员将"大目标"逐级分解成各自的"小目标"。所谓"自下而上"，就是业务团队一般成员向上发起"小目标"的制定，之后由部门负责人统一对"小目标"进行选择和总结，形成公司的"大目标"。

OKR 帮助字节跳动改变了很多，但没有改变公司的组织结构。为了保证信息和创意顺畅流动，字节跳动没有采用事业部编制，而是基于用户增长、技术和商业化等部门搭建中台，形成"你中有我，我中有你"的网状架构，也就是现在流行的"大中台，小前台"的结构。

在字节跳动，OKR 中的关键结果一定要有挑战性，必须全力以赴才能得到满意的结果，如果满分是 100 分，努力能够得到 70 分，这种目标才是合理和科学的。也正是因为善用 OKR、追求效率，字节跳动从一家小公司成长为市场估值超千亿美元的"独角兽"。

与之相对应的是，很多引入 OKR 的企业无功而返，究其原因主要有两个：①很多人把 OKR 当成类似于 KPI 的考核工具，忽视了 OKR 倡导的透明、信任、自主、结构导向。②公司内部对 OKR 的认知不统一，高层管理者和普通员工的认知不一样，无法做到"上下同欲"。

支持数字化转型的企业文化

"企业文化"概念的提出者埃德加·沙因（Edgar Schein）认为，企业文化是一个企业在处理外部适应和内部融合问题时学习到的，由组织自身发明和创造并且发展起来的一些基本的假定类型，这些基本假定类型能够发挥很好的作用，并被认为是有效的，由此被新的成员接受，并成为组织成员的潜意识。领导者在创造一个组织的同时，就创造了这个组织的文化。

埃德加·沙因认为，企业文化是一个组织由其价值观、信念、仪式、符号、处事方式等组成的其特有的文化形象。企业文化由以下三个相互作用的层次组成，即①物质层：可以观察到的组织结构和组织过程等；②支持性价值观：包括战略、目标、质量意识、指导哲学等；③基本的潜意识假定：潜意识的、暗默的信仰、知觉、思想、感觉等。

企业要实现数字化转型，领导者必须以数字平台和数字工具为纽带和抓手，重塑公司的组织架构和企业文化，解决数字化转型"不会转""不能转"和"不敢转"的难题。

以微软为例。在PC互联网时代，微软的自我定位是一个软件公司，向企业提供软件服务，从软件开发到卖出去，每个部门独立工作。考核机制也是让员工分个高下，只有少部分员工能升职加薪，这导致微软形成了各部门各自为政、内斗盛行的企业文化。

但微软决定转型云计算后，云计算要求微软持续地提供服务，这意味着要改变之前各个部门各自为政的企业文化，各个部门必须协作，共同向客户提供整体服务。微软前CEO史蒂夫·鲍尔默（Steve Ballmer）曾尝试引入"一个微软"（One Microsoft）理念，希望建立起跨团队的合作与分享，但由于企业文化没有根本改变，当时"一个微软"的理念没有获得成功。

2014年，微软现任CEO萨提亚·纳德拉（Satya Nadella）上任，要求高层管理人员阅读马歇尔·卢森堡（Marshall Rosenberg）的《非暴力沟通》，这一举动意味着萨提亚·纳德拉计划转变微软长期以来的内斗文化。此外，为了激励员工之间的协作，重新在公司内部凝聚共识，萨提亚·纳德拉还宣布公司将团队成功而非个人成绩作为评判标准。这些做法大大改善了微软的企业文化。

为了推进微软的企业文化变革，微软还提出了"现代工作文明"的概念。"现代工作文明"包括以下六大要素：①相互信任，重新在技术平台上建立相互信任；②团队协作，技术平台让大规模团队协作成为常态；③动态组织，基于技术平台的动态、灵活的组织架构和运行模式，没有工作时间约束以及部门归属和层级界限；④数据分析，基于数据的客观分析，确保组织、业务和个人都在正确的方向上；⑤业务整合，数字化的生产力工具和平台将组织内的人力资源、业务流程、系统应用无缝衔接；⑥安全可靠，通过技术平台保障工作中各环节的安全可靠、数据隐私、合法合规。

萨提亚·纳德拉还大力提倡"技术强密度"的概念，指的是从技术应用与技术能力两个角度推进数字化转型，并推动相互信任的企业文化，用公式表达就是：技术强密度=（技术应用 × 技术能力）^{信任}。总之，就是借助现代办公协作技术平台，构建灵活、动态、有韧性、有活力、相互信任的企业文化。

总之，企业要完成数字化转型，首先要用数字化的技术和应用推动组织内部的变革，而且要建立鼓励协同的企业文化，数字技术、应用和文化相互影响，而文化是推动企业数字化转型的保障。

案例导语 数字技术和应用改变了企业内部的管理方式,也改变了企业文化。反过来,管理方式和企业文化也能够推动这些数字技术和应用的落地,它们是相辅相成的关系。本章选择了字节跳动和奈飞的案例,从中可以看出技术、应用和管理、文化是如何相互影响的。

案例 9-1

字节跳动如何做到 5 万人在家协同办公

2020 年初暴发的新冠病毒疫情,让很多人不得不在家里办公。在家办公的好处不用多说,但弊端也很明显,比如线上沟通没有面对面沟通有效,各种工作协作困难,再加上工作氛围不够,各种干扰频繁,导致工作效率大幅降低。但有一家 5 万人的公司,员工在家办公,效率不降反升,这家公司就是字节跳动。很多人不知道字节跳动这家公司,但绝大多数人都知道今日头条和抖音,这是它旗下的产品。

字节跳动怎么做到的呢?字节跳动副总裁、飞书负责人 CEO 谢欣在一场名为"字节跳动 5 万人在家办公背后的故事"的直播中分享了字节跳动高效协同的成功经验,值得学习。

"工欲善其事,必先利其器。"字节跳动做的第一件事是准备好协同工具。针对部分同事回家没有带电脑的情况,IT 团队从工位上和库房里找出上千台电脑寄到各地。个别同事去了其他国家,字节跳动则从海外办公室调用电脑，寄到他们手中。

字节跳动非常重视对各种办公协同工具的投入和应用，它认为每个工具只要改进5%，就能对公司的效率产生巨大影响。以"健康报备"为例，为了统计5万名员工的健康状况和所在地点，字节跳动一开始让大家主动上报，随即发现两个问题：第一，上报比例不高；第二，数据庞大而且杂乱，无法使用。大年初一，字节跳动决定自己开发一个健康报备的应用，辅助员工填写健康信息，并要求两天内上线。

具体怎么做？字节跳动的数十名员工，在数十个城市远程联动，在线协同办公，用文档拆解任务步骤，通过排期表让每个人看到任务进程，同时通过各种反馈群接受大家的意见。最终完成的"健康报备"应用里有一个机器人每天提醒员工填写健康信息，如果没有及时填写，会反复提醒；如果还没有填写，会加急提醒。团队的领导者也能看到自己团队成员的填写情况，还可以提醒自己的成员尽快填写。

大年初三，字节跳动上线了这款产品，整个公司的填写率接近百分之百。两天时间，通过数十人的远程协作，字节跳动就将这款产品开发了出来。快速响应背后，其实是字节跳动对工具的投入和应用。

在在线沟通和协作软件方面，字节跳动一开始也是使用外部第三方软件，包括Skype、微信企业号、Slack和钉钉。但随着公司的发展，字节跳动发现这些工具都不能完全满足公司对于协作效率的要求，于是就自主开发了"飞书"这个工具。

飞书从一个沟通工具开始，慢慢变成了一个很完整的办公套件。截至2020年初，字节跳动有5万多人，分布在全球50多个国家和地区，主要工作都是基于飞书完成的。

除了沟通工具，字节跳动的协同工具也经历了同样的变迁。字节跳动最早使用的文档也是 Word，但是很快发现 Word、Excel 这种本地工具不便于协同，所以字节跳动换上了主流的在线协同文档，但后来发现还是不好用，于是字节跳动做了自己的飞书文档。飞书文档也是协同文档，很便捷、很高效，同时支持电脑端和手机端，还有很多新功能。

飞书还开发了一款日历产品，它的功能十分强大，可以方便地查找到其他人的空闲时间，以及这个时间段能够使用的会议室，还可以快速创建群聊，进行音/视频会议。对于一个管理者而言，日历也是一个很好的分析和管理工具，他可以通过团队成员的个人日历，了解大家的精力分配、资源投入、系统运转等，然后进行宏观和细节的调整与管理。

为了让大家在家也有"一起工作"的感觉，而不是"开一天会"的感觉，字节跳动还做了"线上办公室"的功能。同一个团队在同一个群里，打开"线上办公室"这个功能后就可以进行语音沟通。语音可以一整天都开启，但默认静音，有事情的时候可以直接沟通。

它并不是约个时间开个语音会议的模式，而是模拟了办公室的环境，让大家仿佛身处同一个空间，也让沟通变得轻松自然。这个功能 2020 年春节后才上线，无论是字节跳动的内部成员，还是外部用户，都反馈在"在家办公"的环境下很受用，因为它使用起来没有压力，也不涉及个人隐私。

字节跳动的员工经常需要一起讨论问题，需要一个可以协同的思维笔记，一边画思维导图，一边用线上办公室讨论，还可以互相评论。这也是一个非常实用的功能，一般打开视频会议就没有办法实现同时画思维导图，而字节跳动的思维笔记很好地解决了这个问题。

有了在线沟通和协作平台,开会并不必然就很高效,这和开会方式有关。一般开会都是一个人上去讲PPT,其他人在下面听,有的人听得懂,有的人听不懂,有的人觉得讲的慢,有的人觉得讲的快,这样就影响了效率。

字节跳动在摸索了很久之后,总结出一套开会的办法,也就是"飞阅会"模式,这是"飞书阅读会"的简称。"飞阅会"的开会模式大体可以分为以下几个步骤。

第一步,通过日历找到大家的空闲时间,自动创建会议群。第二步,在开会前,由一个人把本次会议的议题清晰、完整地写出来,通过文档发送到会议群里。第三步,会议的前15~20分钟,所有人一起默读这个文档,读到哪里有问题,就用评论功能写出来。第一次参会的新同事都觉得非常懵,怎么会议开始了十多分钟都没有人说话,实际上大家在读文档和写问题。第四步,当文档的作者收到评论提醒时,他也会用文字来回答。如果会议的主持人(通常不是文档的作者)回答不了这个问题,他就会在评论上@其他人来回答。就算是没有参会的人也可以@他,他会在手机上收到通知,然后到这个文档里来回答问题。第五步,默读结束后,会议的组织者说"我们进入会议的第二步",然后开始语音回答问题,将刚才大家在文档中提出来却没有回答清楚的问题全部过一遍,并问大家还有没有其他问题。在这个过程中大家可能会有一些互动和讨论,在全部问题回答完之后,这个会议就结束了,这就是一次"飞阅会"的完整过程。

"飞阅会"的开会模式和传统的PPT开会模式有什么区别呢?首先,它非常聚焦,没有什么可发散的内容,大家不会跑题,整个讨论都围绕问题进行。其次,会议的全过程都会用文档记录下来，没有参会的人也可以通过文档了解会议过程。"飞阅会"这种模式是字节跳动迭代了很久才形成的，实施起来有些难度，但是效果非常好。字节跳动在适应了这种模式之后，就受不了以往讲 PPT 的模式了。

在远程办公中，每个成员的工作过程是不可知的，因此目标管理就变得尤为重要。字节跳动很早就使用 OKR 进行目标管理了。OKR 是一个注重结果与关键目标的工作方式，在对齐大方向的基础上，员工自己思考实现的路径，设定目标和关键任务。因为是每个人设定自己的目标，所以在执行过程中员工会更加积极主动，并能更好地发挥自己的创造力。

疫情期间大家在家办公时，字节跳动还运用 OKR 有针对性地设立一个大目标或者总目标，就像打一场仗一样，设立项目、发起挑战、明确目标、一起冲锋。在这个过程中不必要求每个人每天应该干什么，却可以激励所有成员都像打仗一样完成目标，这对短期在家办公很有帮助。

简要做一个总结，要想实现远程高效率办公和协作需要做到三点：一个好的在线沟通和协作工具，一套高效的开会方法，OKR 的目标管理方法。这就是字节跳动的成功经验。

案例 9-2

奈飞如何打造企业文化

美国媒体巨头奈飞和 Facebook、亚马逊、谷歌并称"美股四剑客"。这家公司最早是做 DVD 租赁的，后来经历了两次转型，现在变成了一个影视制作和播放平台，比如《纸牌屋》的出品方就是奈飞。奈飞的成功转型在很大程度上得益于其独特的文化。

2009 年，奈飞公开发布了一份介绍企业文化的 PPT 文件

《奈飞文化集》，在网上累计下载超过 1500 万次，很多人对它的评价是"颠覆和创新"了传统的管理理念。后来，奈飞前首席人才官帕蒂·麦考德（Patty McCord）撰写了《奈飞文化手册》一书。

奈飞的企业文化的关键词是"自由"与"责任"。自由与责任的核心就是将权力还给员工，让他们能够在自由的环境中充分施展自己的能力，履行自己的责任。

具体来说，奈飞提出了八大文化准则。

（1）只招成年人。

（2）让每个人都理解公司的业务。

（3）绝对坦诚，才能获得真正高效的反馈。

（4）只有事实才能捍卫观点。

（5）现在就开始组建你未来需要的团队。

（6）员工与岗位的关系，不是匹配而是高度匹配。

（7）按照员工带来的价值付薪。

（8）离开时要好好说再见。

这八大文化准则背后是对组织中人的定义和假设。帕蒂·麦考德写道："当我介绍我们在奈飞开发的管理方法时，我会对所有关于管理的基本假设发起挑战，管理并不是在员工忠诚度、人员稳定和职业发展方面做工作，同时实施相关项目来提升员工的敬业度和幸福感。这里面没有一项是管理应该做的工作。"

下面是《奈飞文化手册》中对企业文化的一些基本阐述。

（1）管理者的本职工作是建立伟大的团队，按时完成那些让人觉得不可思议的工作。只有这一项是管理应该做的。

（2）人是拥有权力的。企业的任务不是对员工赋能，而是从员工踏进公司大门的第一天起，就提醒他们拥有机力，而且为他们创造各种条件来行使权力。

（3）尽管我从自己的词典里拿走了"政策"和"流程"，但是我喜欢纪律。废除了管理的那些繁文缛节之后，我们会辅导所有层级、所有团队的所有人，要求大家在一系列基本行为上做到自律。

（4）很多时候，人们把敬业当作最终目标，而不是把服务客户和创造业绩当作最终目标（所以那些激励员工敬业的做法并没能抓住人们之所以具备工作热情的真正驱动因素）。

（5）每个人都渴望与高绩效者合作，你能为员工做的最好的事情，就是只招聘高绩效的员工来和他们一起工作。优秀的同事、清晰的目标和明确的成果，远比桌球、免费寿司、一笔奖金更让人兴奋。

（6）伟大的团队是这样的团队：其中的每一位成员都知道自己要前往何方，并愿意为此付出任何努力。建立伟大的团队不需要靠激励、程序和福利待遇，靠的是招聘成年人，渴望接受挑战的成年人，然后清晰而持续地与他们沟通他们面对的挑战是什么。

（7）我们试验每一种能够想到的、可以把团队从不必要的规则和审批中解放出来的做法。随着我们有条不紊地分析哪些做法有效，以及如何才能让员工更具创新精神、更高效和更幸福，我们开始把这种新的工作方式称为"自由与责任的文化"。

（8）双向沟通至关重要。员工必须能够提出问题、批评和其他意见。在理想情况下，员工应该可以向上至CEO在内的所有管理者提问。这样做不仅能帮助员工更好地获取信息，而且逐渐在公司内部注入了一种好奇文化。这意味着管理者会经常因为有人问了一个好问题而收获一些重要的领悟。

（9）很多时候，高层管理者以为分享业务所遇到的麻烦会加剧员工的焦虑感，但其实更让人焦虑的是对信息一无所知。

（10）能够很好地理解公司业务的高绩效者能够更好地工作。如果让我挑选一门课来面向公司全员讲授，无论学员是不是管理者，我都会选公司业务运作和客户服务的基础知识，这才是员工最需要的信息。

（11）我们总是希望彼此之间能够友好相处，让对方感受良好，所以经常隐瞒真相，但事实上，开诚布公地告诉员工他们需要听取的意见，是获得他们的信任和理解的唯一途径。

（12）领导者能够承认错误，员工就能畅所欲言。鼓励员工把问题摊开来说的最好办法，就是让员工看到那些畅所欲言的人安然无恙。

（13）坚持你的观点，用事实为它辩护。员工不仅要有自己的意见，还要为之极力争辩。但是，意见应始终以事实为依据，尽力确保你的意见有充分的事实根据。

（14）你建立的是团队，而不是家庭。我们告诉团队领导者，（选择团队成员）最重要的是用现实的眼光看待员工能够带来何种绩效提升，以及是否能在规定时间内完成提升。

（15）为发展人才做特别投资，为员工提供晋升道路，努力确保员工的高保留率的想法已经过时了，甚至对员工来说也不是最好的做法。因为这种想法会导致员工陷入公司期望他们去做但并不是他们真正需要去做或无力做好的工作中，而不是去市场上寻找更好的工作机会。

（16）员工的成长，只能由自己负责。我们在面试应聘者时，会直截了当地告诉对方，这里不是一家职业生涯管理公司，我们认为员工应该自己管理自己的职业发展。

（17）伟大的工作与福利无关。员工在工作中的幸福不应该来自美味沙拉、睡袋或桌球。工作中真实和持久的幸福源于和优秀人才一起深入地解决一个问题,源于客户喜爱你付出辛勤努力所创造的产品或服务。

(18)做好招聘工作就是做好完美的匹配。一家公司的一流选手可能只是另一家公司的二流选手。看一个人是否匹配,他解决问题的方式比他过往的经验更加重要。

(19)我们有一句话叫"永远在招聘",我们的目标是让每个参加面试的人在离开时都希望得到这份工作,即便他们可能并不适合这份工作。但是我告诉招聘团队:"虽然这个人不合适,但也许他的邻居就是我们喜欢的人。"

(20)如果你有意招聘你能发现的最佳人选,并向他们支付最高的薪水,你会发现,他们为业务增长带来的价值总是会大大超过他们的薪水。

本章核心观点

1. 数字化时代的组织和管理息息相关,组织转型必然带来管理变革。在工业化时代,管理的主要职能是计划、组织、指挥、协调和控制,但在数字化时代,在面临知识工作者时,指挥和控制就不那么好用了。数字化时代的管理者不需要发号施令,而是要以身作则,让团队成员主动追随,管理上也要转换角色,从指挥变为教练,从控制变为赋能。

2. 数字化时代的管理也不再像以前那样强调自上而下的管理,各种自组织和自管理开始成为潮流。企业还需要重新调整制度和流程,让管理更好地赋能它们,考核也要从自上而下的KPI向自下而上的OKR调整。总的来说,就是不要为了管理去管理，而要让管理为业务服务，为目标服务，让管理激活组织、激活个体。

3. 数字化时代的管理者必须把自己调整为赋能者，成为帮助员工更好地发挥潜能的教练。他们也要考虑年轻一代的思维方式和价值观念，努力为他们创造一个能发挥潜能的地方，而且让企业文化变得更加有趣。有些网络游戏公司采用游戏的方式做项目管理和绩效考核，并取得了不错的效果，这也塑造了这个企业的组织文化。

4. 赋能有两层意思：一层是赋予能力，旨在通过认知、技能、态度的改变，最大限度地发挥个人的能力；另一层是激发潜能，也就是组织创造一个环境，激发每个人的能量和潜能，让组织里的每个人都能有更好的表现。正如谷歌创始人拉里·佩奇曾说："未来组织最重要的不是管理与激励，而是赋能。"

5. 数字化时代对制度和流程提出了新的要求。比如，数字化时代的公司往往会简化制度，而且一切都以客户和绩效为导向，流程也尽可能通过一些线上工具简化和自动化，这样的话，应尽可能让管理变成为员工赋能，而不是去控制他们。正如德鲁克所言，管理的本质就是激发每个人的善意和潜能，这也是对未来的制度和流程的新要求。

6. 激活个体就是要面对每一个被激活的个体，让他去创造和共享组织和个体的价值。这样的一种创造共享价值的要求会使得个体价值和组织价值结合起来。如果我们不把组织价值和个体价值结合起来，而只强调组织价值，就得不到优秀的人才。

7. 为了激活组织,管理者需要做好以下这些事情:打破内部的平衡,不能按原有的结构去做;建立一种新的激励,不仅能考核企业当期的业绩,还能考核未来;组织一定要真正地授权给各级员工,让他们能发挥主动性。

8. OKR 有两个典型特征:①在精不在多,因为它是用来明确工作重心的;②全体公开、透明,使你可以看到公司内部所有人的目标,从而确保"上下同欲"。可以说,OKR 是一套目标沟通、制定、展示和回顾的流程,它以季度为单位,对目标进行管理。

9. OKR 和 KPI 最大的不同在于:组织内部每个人的 OKR 在组织内部都是公开透明的,这一点 KPI 做不到;OKR 60% 的目标最初源于底层,是一个自下而上的过程,而 KPI 往往是用来解码公司战略的,是一个自上而下的过程;OKR 的结果不用于考核,它不是一个绩效考核指标,这和 KPI 主要用于绩效管理的目标完全不同。

10. 西奥多·莱维特有一句经典名言:"顾客不是想买一个 1/4 英寸的钻孔机,而是想要一个 1/4 英寸的钻孔。"培训管理者应该知道,业务管理者需要的不是那些学习工具和课程,而是如何利用这些学习工具和课程更好地培养人,从而有效地支持他们达成业务目标。培训管理者的价值不在于他的专业本身,而在于如何利用这些专业帮助别人达成目标。

第 10 章

数字化转型如何落地

数字化是大势所趋,这一点大家早已达成共识,但完成数字化转型的企业,现在看还并不多见,这是为什么呢?主要有以下两个原因。

一是**认知偏差**,就是对数字化理解比较片面化,往往只见树木不见森林。很多人一提到数字化,想到的是数字技术及其应用,包括数字化营销、数字化协同平台、在线学习等,对企业的数字化转型缺乏一个完整理解。数字化不仅仅是运营方面的数字化,而是整个组织的数字化,对管理者的思维方式也有新的要求,如果没有系统化思考方式,企业的数字化转型很难落地。

二是**路径错误**,领导者喜欢从上到下推动数字化,而且喜欢毕其功于一役。数字化转型是一把手工程,也正因如此,很多企业往往会从上往下推动数字化。它们请专业的咨询公司设立一个完整的数字化转型方案,从上往下推进。但在组织中,真正愿意变革的人往往是少数（大约 10%～20%），如果外部顾问只是做一个方案，而没有全面介入转型的落地，这样的转型大多会半途而废。

应该怎么做呢？我的建议是由点到面，循序渐进。外部顾问不仅参与方案的设计，而且参与转型的执行，大家共创，不断优化方案，才有可能转型成功。

企业变革八步法

在设计数字化转型路径时，哈佛商学院终身教授约翰·科特（John P.Kotter）在《领导变革（珍藏版）》⊖一书中介绍的"领导变革的八个步骤"值得我们借鉴。数字化转型也是企业变革的一种方式，因此这种方法论是值得借鉴的。

我们先来看看约翰·科特的"领导变革的八个步骤"。

第一步，树立紧迫感。

- 评估市场和竞争现状。
- 找出并讨论当前的危机、潜在的危机与重大的机会。

第二步，组建领导团队。

- 建立一个足够强大的变革领导联盟。
- 让领导联盟像一个团队那样工作。

第三步，设计愿景战略。

- 创立愿景来引领变革。
- 制定实现愿景的战略。

第四步，沟通变革愿景。

⊖ 本书已由机械工业出版社出版。

- 利用各种可能的方式持续地沟通新的愿景和战略。
- 变革领导联盟要以身作则,树立榜样。

第五步,善于授权赋能。

- 清除变革障碍。
- 改变阻碍变革愿景的制度系统和组织结构。
- 鼓励冒险和非传统的观念、活动和行为。

第六步,积累短期胜利。

- 制订计划,以实现看得见的绩效改进。
- 实现一个又一个的胜利。
- 公开表扬和奖励为胜利做出贡献的人。

第七步,促进变革深入。

- 充分利用人们日益增长的对变革的信任,改变所有与变革愿景不匹配的制度、结构和政策。
- 聘用、提拔和培养能够实施变革愿景的人。
- 以新的计划、主题和变革方式,促进变革深入。

第八步,成果融入文化。

- 通过顾客导向和成果导向的行为、更多更好的领导以及更有效的管理,创造更好的绩效。
- 阐明新的行为与组织成功之间的关系。
- 开发新的方法,确保变革型领导者胜任和代代相传。

在这八个步骤的实施中,有很多失败的陷阱。比如,如果一开始没有树立紧迫感,大家意识不够,在具体推进的时候就会遇到强大阻力。

科特曾说,分析成功案例,我们得出的最具普遍意义的一个启示是，变革过程是由若干阶段组成的，完成所有阶段需要相当长的时间，试图跳过其中某些阶段是行不通的，那只会制造变革神速的假象，并不能带来令人满意的结果。

另一个同样具有普遍意义的启示是，在变革的任何阶段犯下严重错误，都会造成灾难性后果——延缓变革进程，并抹杀先前好不容易取得的成绩。可能是由于人们普遍缺乏组织变革的经验，因此即使非常能干的企业领导人也经常犯重大错误。

在这篇经典文章中，科特从领导变革的八个步骤的反向着手分析——如果不按照这些步骤，会造成怎样的后果，还提供了处理问题的思路，以使转型朝正确的方向进行。

数字化转型七步法

结合约翰·科特的领导变革的八个步骤，还有数字化转型的特点，我提出了数字化转型七步法模型，这七个步骤分别是：

（1）引入外部顾问，规划转型体系。

（2）营造危机感，建立数字化认知。

（3）组建转型团队，数字化试点。

（4）阶段性复盘，规划下一步计划。

（5）推广先进经验，扩大数字化试点。

（6）制订全公司的数字化转型方案。

（7）全面落地，定期复盘，优化改进。

接下来，我们分别来讨论这七个步骤的要义。

第一步：引入外部顾问，规划转型体系

由于数字化转型是一件非常复杂和系统的事情，企业内部原有的经验很难指导全部实践，因此需要外部顾问的介入。外部顾问的优势是，对数字化转型有系统认知，而且有指导别的企业进行数字化转型的实践经验。外部顾问的介入能够帮助企业形成对转型系统的认知，而且能够帮助企业高层规划转型体系，并在落地的时候给予团队不断的辅导、教练和复盘支持。

很多企业都希望引入外部咨询机构，但需要避免一个误区，那就是把数字化转型"外包"给外部机构，希望它们帮助企业制订一套完整的转型方案，但不用参与转型的落地。这样的做法往往会导致转型失败，因为外部顾问很难比内部高管更加了解你的行业和企业，他们的方案可能逻辑上很完美，但在可行性方面会有问题，因此外部顾问最好能和内部高管共创。

外部顾问和内部高管如何共创，他们如何分工呢？

外部顾问是数字化转型的专家，他们的职责是传授有关数字化转型的知识，并带领内部高管一起制订一套完整的解决方案。他们的优势在于了解转型的知识，有丰富的转型案例以及引导和教练技巧；他们的缺点是不如内部高管了解行业的情况，尤其是企业的真实情况，更重要的是，他们不是方案的执行者，因此需要企业高管的协同和帮助。

内部高管是方案的共创者和执行者。他们的优势是熟悉所在的行业和企业，而且他们是真正的方案执行者。没有内部高管的参与，方案将很难真正符合企业的实际情况，而且没有他们的落

地，再完美的方案也是白纸一张。企业的数字化转型需要外部顾问和内部高管联合起来，不断优化解决方案，并确保方案落地。

外部顾问和内部高管协作的过程，也是一个团队锻炼的过程。古人有云，"人在事上磨"，企业进行数字化转型的过程，也是一个选拔和锻炼团队的过程。"赛马不相马"，通过一个有挑战的任务，优秀的人才往往会脱颖而出，而且因为有业绩的"强检验"，这样的提拔也会让人心服口服。此外，通过参与共创的过程，团队也能学习到很多东西。

第二步：营造危机感，建立数字化认知

转型先转心。转型要先营造变革的危机感，建立大家对数字化转型的迫切感，以及对企业转型的各个方面的系统认知。

转型最大的障碍是大家的思维惯性，因此要转型就必须改变思维惯性。思维惯性是人在长期进化中习得的，思考需要大量的能量，因此人们会下意识地不愿意思考，更不愿意改变。改变思维惯性很难，在一个组织里，真正愿意主动改变现状的人往往不到20%，其他人大多在观望，还有一部分人反对。

成功的企业家要改变也很困难。他们一直都很成功，会不自觉地把自己的成功归结于过去做的那些事情，并形成一套逻辑自洽的"成功模式"，进而塑造他们的思维模式。很多企业家总结出来的成功经验，基本上是这个路数，带有很强的经验主义色彩，殊不知时过境迁，那些曾经让他成功的东西，并不会让他继续成功，反而成为他成功路上的障碍。

因此，企业要转型，首先要改变企业家的思维惯性。这一方

面需要企业家的自觉改变，另一方面需要企业高层给他施加影响。好消息是，企业家大多很务实，只要让他们看到改变的好处，他们都很愿意改变。因此，如果他们能看到同行在数字化转型方面的成功案例，或者看到自己在数字化转型方面有阶段性成果，他们都愿意去尝试。

这个时候，企业家首先要善于学习，包括了解数字化转型的基本概念，以及一些企业数字化方面的成功案例，从而对数字化有一个基本了解，并建立一种紧迫感。当企业家开始意识到这是大势所趋时，他们可以安排企业的高层接受相关培训，并去一些标杆企业参观考察，让大家对数字化转型的必要性达成某种共识。这方面外部顾问和人力资源总监（HRD）可以联合施加影响。

第三步：组建转型团队，数字化试点

当企业家和其他高层对数字化有了系统认识，并且意识到数字化的迫切性之后，是不是就要全面开始了？通常来说，这样做效果未必好，要由点到面，循序渐进，逐步改善。

要转型，首先要组建转型团队，还要确定团队负责人。CEO、HRD和外部顾问可以通过前面的培训课程，发现最有变革意愿，也有相对实力的团队负责人。团队负责人最好来自一线，尤其是那些需要和客户打交道的销售、营销和渠道部门。这是因为，他们对外部环境的变化感觉更敏锐，变革的意愿更强烈，转型的结果也比较直接和可衡量。

虽然没有统计数据表明哪些人具备变革意愿和能力，但根据以往的经验，这些人往往具备这样的画像：10年以上的工作经验，对企业情况比较了解，对市场感觉比较敏锐，有敢闯敢试的拼劲，具备带团队的能力。找到这样的人，再授权他去组建团队。他的角色有点类似于特种兵部队的队长，他需要亲自挑选自己信得过的队友，并有一定的独立主导权。

数字化转型的试点，建议选择那些数字化比较显性、效果直接和可衡量的职能部门，或者一些新的事业部。由于数字化营销和电子商务相对最成熟，效果好不好短时间就可以衡量，通常建议从这两个职能部门入手。一些本身就和数字化相关的事业部可以独立于总部之外进行全面数字化试点。总的来说，就是要尽可能确保第一次试点成功，而且能够快速验证。

由于转型很难，而且充满了不确定性，需要一定的时间才能见到效果，因此 CEO 需要给这些转型团队足够的授权，并给予相应的资源支持，但不用过于干涉细节。CEO 也要把握好灰度管理，一方面要给予他们支持，另一方面不要事必躬亲。在考核方面，不要用公司惯用的 KPI 考核标准，而是设立总目标和关键结果，也就是我们常说的 OKR 体系。

在这个过程中，外部顾问一方面需要协助 CEO 选择转型试点的负责人，另一方面在后续工作中扮演好引导、教练的角色，并提供外部资源支持；HRD 除了尽好"选人用人"的职责，也要在转型试点中扮演好"政委"的角色，成为业务的合作伙伴，并总结转型中的经验教训。

第四步：阶段性复盘，规划下一步计划

数字化转型试点做了半年以后，就可以进行阶段性复盘了。

何为复盘？复盘本是一个象棋和围棋术语，就是在每次博弈结束后，双方棋手把刚才的对局重复一遍，这样可以有效地加深对这盘对弈的印象，也可以找出双方攻守的漏洞，是提高下棋水平的好方法。复盘把表面的过程重复一遍，把双方的心理活动比较全面和客观地表现出来，包括当时是如何想的，为什么走这一步，当初是如何设计下一步的，双方都有哪些经验和教训。

后来复盘这种方法被引用到工作中，并优化为五个步骤。

第一步，**回顾目标**：当初的目的或期望的结果是什么。

第二步，**评估结果**：对照原来设定的目标找出这个过程中的亮点和不足。

第三步，**分析原因**：事情做成功的关键原因和失败的根本原因，包括主观和客观两方面。

第四步，**总结经验**：包括体会、体验、反思和规律。

第五步，**行动计划**：包括需要实施哪些新举措，需要继续实施哪些措施，需要叫停哪些措施。

管理上经常会出现两大鸿沟：理论和实践的鸿沟、目标和结果的鸿沟。同理，企业在数字化转型试点一段时间后，必然会出现很多鸿沟，这就需要复盘并加以改进。

用复盘的五个步骤来说要问以下几个问题。

回顾目标：当初推动数字化转型试点的目标是什么？

评估结果：现在看来，哪些方面做得不错，哪些方面做得不够好？

分析原因：做得好的原因是什么，做得不好的原因是什么？

总结经验：我从中获得的体会是什么，客观规律是什么？

行动计划：接下来要坚持什么措施，要改进什么措施，要叫停什么措施？

复盘不仅是一个优化工作方法的过程，也是一个团队集体学习的过程。有挑战性的工作是提升团队能力最好的方式，通过工作之后的复盘，总结其中的经验教训，一方面可以清楚未来的改进方向，并为企业未来的试点推广总结经验；另一方面，这也是一个很好的学习过程，因为实战带来的经验比通过看书和听课掌握的知识给人的印象要深刻得多，实现从"知道"到"做到"，才能内化为企业的组织能力。

在这个阶段，CEO 的主要工作是听取试点汇报，并确定推广试点；转型试点负责人的职责是配合复盘工作并总结经验教训；HRD 的职责是牵头做项目复盘，并规划推广计划；外部顾问的职责是提供教练支持，协助 CEO 决策。这是一个需要集体配合的任务。

第五步：推广先进经验，扩大数字化试点

有了之前的数字化转型试点，CEO 就能看到企业数字化转型的必要性和好处，企业高层也更容易达成共识。"少数人因为相信而看见，多数人因为看见而相信"，试点的过程，就是让一小部分相信的人创造出大多数人都能看得到的结果，从而让大多数人也开始相信。

在第一个数字化试点成功后，要不断总结其中的经验教训，组织对成功案例的研讨会，对外传输成功经验。对数字化转型成功的负责人和团队要给予相应的奖励，包括物质和精神两方面。

这种奖励也能起到商鞅变法中"立木为信"的作用，激发整个团队变革创新的勇气。

简单解释一下什么叫"立木为信"。商鞅变法的时候，商鞅在都城的南门立一根大木柱，并宣布："谁能把木柱搬到北门，赏十两金。"国人不相信会有如此重赏，没有人肯搬。商鞅又把赏金提高到五十两。有个胆大的人把木柱搬到北门，商鞅立即如数发给赏金，于是信用立马就建立起来了。

当一些人开始意识到数字化转型是大势所趋，以及数字化转型的好处以后，必然会激发更多人参与到数字化转型中来。这个时候可以发动群众，让他们提交各自的数字化转型方案，包括具体的措施、需要的预算和预期收益等，然后CEO、HRD和外部顾问一起挑选下一批数字化试点。

在选择试点的时候可以往中后台方面倾斜，比如数字化学习、数字化协同等，一方面为未来的全面数字化做好准备，另一方面数字化的持续发展必须获得这些中后台的支持。这个试点有点类似承上启下的作用。

在这个过程中，CEO的主要职责是成立数字化转型委员会，授权更多数字化试点；HRD的主要职责是协助CEO选择试点负责人，为试点项目做好"政委"角色；外部顾问的主要职责是提供指导建议，推动赋能培训，组织内部研讨会。成功的项目小组可以对外输出经验和人才，实现裂变式创新。

第六步：制订全公司的数字化转型方案

有了从点到面的试点，公司就可以制订一个系统化的数字化转型方案了。前面提过,数字化转型最好从数字化营销和电子商务入手,因为这些职能板块的数字化比较容易感知,效果也比较容易衡量。但企业真正要成为数字化组织,还需要在组织、管理和运营方面实现数字化,这个数字化要比前面提到的数字化难度更大,结果也不像前者那么明显。

经过从点到面的数字化转型,以及不断的复盘,整个组织对数字化的理解越来越深入,对企业未来的方向有了共识,有很多经验和教训可以分享。这个时候,公司应该考虑制订一个全公司的数字化转型方案,包括公司的战略、产品、营销、渠道、组织、运营、管理、人才等模块,以及公司的顶层设计,如公司的使命、愿景和价值观,还有企业文化和领导力等。

在这个阶段,CEO需要参与数字化转型的整体设计,并决策是否全面推进数字化。数字化转型的整体设计还需要公司数字化转型委员会的其他成员参与,包括HRD、外部顾问和试点项目负责人,他们一起讨论和共创,以形成一个符合企业实际情况的方案。之前的试点大多是业务部门和职能部门的数字化,这个时候的数字化将走入"深水区",包括企业文化、领导力和组织结构等的数字化。

为什么这个时候需要重点讨论企业文化、领导力和组织结构呢?因为这是整个组织数字化最底层也最难的部分。有人会问:为什么不一开始就做组织结构的变革呢?这是因为组织结构的变革非常困难,并没有一个通用的参考模型,如果没有前面的试点成功,很难确定哪种组织结构是最合适的,也将不可避免地遇到很多阻碍。转型需要把握时间节奏。

第七步：全面落地，定期复盘，优化改进

最后就是全面实施企业的数字化转型，这个过程更像是一个"从树木到森林"的过程。

在这个过程中，CEO 要做的是授权并进行灰度管理，提供资源支持，推动供应链上下游的数字化转型；HRD 要做的是制定企业的数字化转型手册，总结组织文化的经验，提炼并固化新的文化行为；试点项目负责人要做的是推广成功经验，不断优化方案；外部顾问要做的是辅导并形成书面成果，提供指导建议，推动赋能培训，组织内部研讨会，传播成功案例。

数字化转型需要多方协作，如果把参与者分为四个部分——CEO、HRD、项目负责人和外部顾问，他们的分工如表 10-1 所示。

表 10-1 数字化转型参与者角色分工

角色 步骤	CEO	HRD	项目负责人	外部顾问
引入外部顾问，规划转型体系	• 学习数字化转型的知识 • 决策推动企业内部数字化转型	• 学习数字化转型的知识 • 协调 CEO 和外部顾问的时间	—	• 传授数字化转型的知识 • 调研企业，帮助 CEO 做出决策
营造危机感，建立数字化认知	• 企业内部研讨 • 倡议数字化转型	• 组织内部学习 • 数字化指数调研	—	• 内部培训讲授 • 协助调研 • 企业初步诊断
组建转型团队，数字化试点	• 选出试点负责人 • 授权并灰度管理 • 提供资源支持	• 协助 CEO 选择试点负责人 • 为试点项目做好"政委"角色	• 组建试点团队 • 主导试点项目	• 协助 CEO 选择试点负责人 • 引导、共创、教练 • 提供外部资源支持

（续）

角色 步骤	CEO	HRD	项目负责人	外部顾问
阶段性复盘，规划下一步计划	• 听取试点汇报 • 决策推广试点	• 牵头做项目复盘 • 规划推广计划	• 配合复盘工作 • 总结经验教训	• 提供教练支持 • 协助CEO决策
推广先进经验，扩大数字化试点	• 成立数字化转型委员会 • 授权更多数字化试点	• 协助CEO选择试点负责人 • 为试点项目做好"政委"角色	• 指定项目负责人 • 组建试点团队 • 主导试点项目	• 提供指导建议 • 推动赋能培训 • 组织内部研讨会
制订全公司的数字化转型方案	• 决策是否全面推进数字化 • 参与数字化转型整体设计	• 设计数字化转型整体方案 • 推动组织变革	• 参与数字化转型整体设计 • 推进项目试点，总结并固化经验	• 协助CEO和HRD设计数字化转型整体方案
全面落地，定期复盘，优化改进	• 授权并灰度管理 • 提供资源支持 • 推动供应链的上下游数字化转型	• 制定企业的数字化转型手册 • 总结组织文化的经验 • 提炼并固化新的文化行为	• 推广成功经验 • 不断优化方案	• 辅导形成书面成果 • 提供指导建议 • 推动赋能培训 • 组织内部研讨会 • 传播成功案例

数字化转型中顾问如何创造价值

在帮助企业数字化转型的过程中，咨询顾问的工作方法也需要转型。

传统的咨询通常是这样做的：咨询公司通常假定有一个企业管理的"最佳实践"，它们会研究各种公司，并从自己做过的案子中找到这个"最佳实践"，然后由咨询顾问对企业做几个月的调研和访谈，并对标"最佳实践"制作一份精美的报告，交由企业的内部团队去执行。咨询公司大多不参与执行，因此这份报告结果如何基本上和他们没有关系。

在一个相对静态的社会里，这种咨询的范式是有价值的，不过随着环境的变化越来越快，昨天的"最佳实践"很可能明天就变成笑话了。在苹果刚进入手机市场的时候，咨询公司如果参照诺基亚的"最佳实践"来给方案，还会有今天的 iPhone 吗？对于新兴行业来说，并不存在这样的"最佳实践"，因此这种扮演"全知全能神"的专家顾问也就慢慢过时了。

亨利·明茨伯格对那些踌躇满志的咨询顾问有一个很有趣的比喻：他们是一群候鸟，匆匆忙忙地在一个小岛上巡视一番后快速下结论，然后就飞走了。用他的理论来说，咨询顾问和管理者的职能非常相似，它是一门手艺，仅知道理论是远远不够的，很多东西需要多年的实践才能慢慢领悟到。如果一个咨询顾问只会谈一些大而无当的战略，甚至对企业缺少基本的了解，写一些放之四海而皆准的咨询报告，不能真正帮助企业解决问题，那么他们的价值就非常值得怀疑。

咨询公司也在变化，包括麦肯锡这样顶尖的咨询公司也在变革其咨询范式，一种新的咨询范式正在出现，它们将自己的角色从一个咨询方案的制订者变为一个群体方案的引导者。

实践永远领先于理论。其实早在 20 世纪 80 年代，通用电气的杰克·韦尔奇就开始在公司内部推行这种咨询范式了，他称之为"群策群力"（workout）。他要求公司高层都参与战略的制定，以真实问题切入，发动群体智慧，结合一些咨询模型和教练工具，以期解决真实问题,并且在这个过程中发展团队解决问题的能力,真正做到"干中学,学中干"!

这种"干中学,学中干"的做法就是现在比较流行的"行动学习"。很多人把"行动学习"理解成"引导技术",这是一个莫大的误解。行动学习其实是一种方法论和一套体系,它把咨询、培训和教练综合在一起,在解决问题的同时发展团队能力。在领导力发展、战略问题的解决以及组织变革转型方面,行动学习都得到了很好的运用。

这种"行动学习"的咨询范式有点类似于李小龙发明的"截拳道",初看上去似乎没有什么路数,有点野路子的感觉,但实战能力很强。它吸收了很多有价值的东西,并融会贯通自成一派,不强调理论的完美,而强调实战目标的实现——解决问题并发展能力,它充分发挥了群体智慧的优势,而且不断迭代更新,也体现了互联网时代的特质。

管理大师彼得·德鲁克说自己既是管理作家,又是咨询顾问。他认为,咨询顾问是"思想的试验场"。1943年,德鲁克到通用汽车做咨询顾问,在通用汽车待了18个月。其间,德鲁克会与通用汽车的总裁斯隆一道出席会议,并一起讨论出现的问题。之后,德鲁克根据在通用汽车的研究心得,出版了《公司的概念》。虽然德鲁克的很多想法并没有运用到通用汽车的实践中,但无疑对斯隆的很多管理思想还是有影响的。

德鲁克的工作方法值得现在的很多咨询顾问学习。咨询顾问首先应该是某个领域的专家,同时又对服务的企业有深入的了解。他以一个专家的学识,利用他或者同事积累的素材,通过深入调研企业，帮助企业找到其遇到的问题，为企业指明发展的方向。如果可以的话，他会给企业提供清晰的解决方案，帮助企业解决遇到的问题。

虽然咨询顾问是真正的专家，但他应该谦虚地认识到：真正的答案并不掌握在咨询顾问手里，而是掌握在那些对自己的企业和行业有深刻认识的客户手里，咨询顾问的责任是启发、引领他们找到真相。再资深的顾问，都别把自己当成知晓所有答案的"救世主"，客户往往更聪明。优秀的咨询顾问应该是企业家的"教练"，帮助其分析公司和行业的情况，帮助企业完成变革。

以 IBM 为例，它本是一家 IT 公司，但如果将它旗下的咨询和服务业务剥离出来，或许能成为全球最大的管理咨询公司。因为 IBM 的咨询业务规模是全球咨询行业中最大的，远远超过埃森哲和麦肯锡。IBM 曾宣称："我们给客户的药，都是我们先尝过的。"因为这样的业务关系，IBM 比别的咨询公司更了解客户需要什么，而且能够切切实实地提供相关的解决方案。越来越多的公司已经不满足于一纸咨询报告，它们要的是解决方案，以及由此产生的收益。

华为从 IBM 获得了完整的管理体系。1997 年，华为发展迅速，但是管理体系还比较落后，任正非居安思危，觉得公司有必要转型，向具有国际竞争能力的跨国公司迈进。那一年的圣诞节，任正非远赴美国，拜访 IBM、惠普、休斯和朗讯四家高科技公司，看了一圈下来，认为只有 IBM 可以做华为的老师。首先，IBM 从事的 IT 行业和华为从事的通信行业比较相近；其次，IBM 既有传统的业务部门，也有新兴的咨询和服务部门，能够帮助华为解决问题；最后，IBM 从 1995 年以来进行转型的经验，正是华为需要的。与华为分享管理经验、帮助华为再造流程的，正是1995年被郭士纳果断独立出来并在IBM中扮演龙头角色的全球企业咨询服务部。

任正非决定全面植入IBM的管理体系。其核心是所有工作都围绕一个核心——高绩效，途径是变封闭式的研发为开放式的服务，并将整个公司的成本都折算到各个产品线上。这一决定当时在华为内部遭到抗议，很多人认为，IBM的情况和华为相差甚远，这样"生搬硬套"没准会"水土不服"。面对内部阻力，任正非非常强势地提出，如果鞋子不合适，那就把脚削掉。任正非提出"先僵化，后优化，再固化"的要求，也就是说，先将IBM的那一套管理体系强力执行下去，等固化了之后，再根据企业实际情况进行优化。

IBM的全球服务部派出50位咨询顾问，在华为一待就是5年，和华为的中高层一起致力于改进工作。华为也积极配合，专门成立管理工程部，主抓流程再造。5年之后，华为投入了超过20亿元梳理流程和建立系统，终于将自己打造成一家有国际竞争力的企业。

当然，华为的这种路径并不是唯一的选择，对于大多数中小企业来说也未必合适，但华为的做法至少能够给很多中国企业提供以下启示：第一，把咨询当作战略层面的事情，有清晰的变革目标和路径。第二，咨询顾问应该是这方面的专家，而且能够长期待在公司内部，致力于和公司的内部人员一起解决问题。第三，公司从上到下都应该参与变革，其中公司高层的支持和参与尤为重要。第四，要有长远眼光，一旦认定是在做一件正确的事情，就要有坚持的勇气和决心。

"借来的光，点不亮自己的灯。"任何一个企业都是特殊的，没有一把能解决所有问题的"屠龙刀"。企业在聘请咨询顾问的时候，也要有一个清晰的预期——咨询顾问更像是教练，他们能告诉企业怎么做，但要真正实现目标，企业必须依靠自己持续不断地努力。从某种意义上来说，企业是在自己发现并解决问题，而一个优秀的咨询顾问能够很好地帮助企业发现并解决问题，他们带来的是"外来者的眼光"。

附录：企业在选择数字化转型顾问时需要注意的事项

管理者需要注意的事项：

（1）有长期的数字化转型规划。

（2）有数字化转型的基本知识。

（3）有改变的决心和共识。

（4）参与规划和执行。

（5）对顾问的角色有合理的预期。

（6）定期复盘并改进。

顾问需要注意的事项：

（1）具备系统的数字化转型知识。

（2）对企业所在行业有透彻理解。

（3）对企业的各方面有全面了解。

（4）有多年的实践和顾问经验。

（5）有丰富的与企业沟通的技巧。

（6）愿意长期陪伴企业一起成长。

（7）扮演好教练和引导者的角色。

（8）除了规划，也要参与执行。

案例导语 数字化转型是一件很难的事,尤其是对于传统行业的企业更是如此。本章的案例选择了两家传统行业的企业,它们的创办历史都超过了20年,它们原本都是劳动密集型的,但在引入数字技术以后,它们变得越来越智能化,业绩也大幅提升。除了自己完成数字化转型之外,酷特智能还输出了自己的能力,帮助其他企业完成数字化转型,颇值得借鉴。

案例 10-1

酷特智能如何实现数字化转型

2020 年 6 月,酷特智能成功上市,这家制造业数字化转型的"现象级企业"吸引了很多企业家的关注。

酷特智能很像高科技公司的名字,其实它的主业是西装定制。西装定制是一个历史悠久的传统行业,欧洲的一些西装定制精品店动辄拥有超过百年的历史。因为是手工定制,所以价格自然要比成衣西装高很多,一套定制西装通常要几千美元。但在酷特智能,大多数定制西装的价格只有几千元人民币,同样的面料,价格却和成衣西装相差无几。

酷特智能是怎么做到这一点的呢?简单来说就是"大规模定制"。我曾两次参访酷特智能的工厂,在长达几百米的西装生产线上,每天有几千件西装被生产出来,但没有两件西装是完全一样的,西装的版型、尺寸、布料、颜色等都不一样。酷特智能解决了"大规模生产"和"定制"无法兼得的矛盾，从而成为全球规模最大的西装定制公司。

"大规模定制"的背后是酷特智能在数字化转型方面的综合能力。也正因如此，酷特智能被工信部人才交流中心指定为"工业大数据驱动制造转型升级标杆企业学习培训基地"。经常会有来自全国各地的企业家代表团到酷特智能参观，希望能向这家企业学习数字化转型。酷特智能还成立了专门的运营团队，专门接待这些企业家。

有些企业家在参观完酷特智能以后很激动，希望酷特智能指导他们的企业进行数字化转型。为此，酷特智能还成立了"新动能治理工程研究院"和"酷特云蓝工程系统"，输出数字化转型的解决方案，截至2020年3月底，已经和100多家企业签约。这些企业涵盖了多个行业，包括纺织、服装、机械、装备、仪器、设备等。

酷特智能还吸引了很多领导和专家前去调研，他们都希望一探这家公司数字化转型的秘密。还有许多媒体对它做了专题报道，其中包括中央电视台、各地卫视、新华社、《人民日报》《经济日报》、瑞士国家电视台、澳大利亚天空电视台、韩国KBS电视台等。

酷特智能是如何一步一步走到今天的？这要从它创办的历史说起。

从代工企业到平台企业

酷特智能的前身是红领集团，由张代理创办于1995年（见图10-1）。在2003年之前，红领集团不过是中国数万家出口导向的服装代工企业之一。和其他出口代工企业一样，红领也存在订单数量不可控、交期冲突、原材料垫付费用高、客户拒收货拒付款、利润很低甚至赔钱等问题。

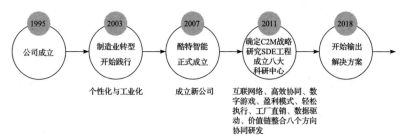

图 10-1　酷特智能的历史演进

2003 年,红领的董事长张代理痛定思痛,认为必须走转型升级的道路企业才有出路,才能更好地生存下去。简单来说,就是引进大规模流水生产线,实现大规模个性化定制。同时,红领也从一家手工定制西装的企业,转型成一家技术驱动的平台型企业。

2007 年,酷特智能正式成立,并在 2011 年确定了 C2M 战略。所谓 C2M,就是先有客户预约,然后由量体师上门量尺寸,选面料和款式(客户完成付款),并把这些数据传输给工厂,工厂生产出来后直接交付给客户。C2M 改变了服装企业原来先做后卖的商业模式,变成了卖了再做,解决了之前垫付材料成本的问题,以及库存的压力,实现了利润的倍增。

到目前为止,酷特智能拥有以西装厂、衬衣厂和西裤厂为主的三个专业智能制造工厂,产品品类覆盖个性化定制男装和女装。在服装制造个性化定制领域,酷特智能取得明显优势,形成了以"大规模个性化定制""企业治理体系"为代表的独特核心价值。

在 2020 年的新冠肺炎疫情防控期间,酷特智能发挥了其快速反应的能力,转产做疫情急需物资——口罩和隔离衣,业绩没有受到疫情影响,反而有所提升;另外,通过线上办公,迅速整理出一套实用、简单、高效的工具,远程服务有需要的企业,帮助企业在疫情防控期间更好地过渡。

2018年,基于多年数字化转型的经验,酷特智能摸索出了一套传统产业转型升级的彻底解决方案。这套解决方案适用于中国各种制造企业的转型升级,已经为全国多个行业的100多家企业提供帮助。

回顾酷特智能这些年的转型过程,其背后的逻辑都是以客户的需求、企业的利润为源点,不断提升企业满足需求的能力和盈利能力。

如今,张代理的女儿张蕴蓝已经接班,担任公司总裁,负责整个酷特智能的运营管理。张蕴蓝也为二代接班指明了一个新的方向,那就是只有在父辈的基础上不断创新,推动企业转型升级,提高企业的竞争力,才能确保企业基业长青。

数字化对酷特智能的价值

一提到智能制造,很多人就会想到"无人工厂",但酷特智能的工厂里有很多人在工作,属于典型的劳动密集型的工厂,因为定制西装还是需要手工缝制的,很难用机器替代。

但和其他传统服装企业不同的是,酷特智能的工厂里每个工位的生产流程都源于数据的驱动,因此大大提高了生产效率和组织的弹性。企业在不更换设备和不换人的情况下,建立了以客户需求数据驱动大规模定制的全价值链的智能制造体系,能够快速、精准地满足客户需求,实现了数据流动的自动化,以及全渠道、全过程、全产业链的数字化。

酷特智能自转型伊始,就对收集到的客户数据标准化进行探索,形成了服装款式数据库、服装物料清单(BOM)数据库、服装款式数据库、服装工艺数据库四大数据驱动引擎。服装款式数

据库能够匹配出 10^{18} 数据的订单版型，满足全球 99.99% 人体特征的个性化定制需求。

生产和服务的各个环节都会产生数据，包括文件、资料、模具、经验、工艺、流程、客户、员工，这些信息、指令、语言都是数字化的一部分。在这些信息数字化以后，应用互联网时代的新技术，以客户的需求驱动供应商、生产商、服务商等全产业链资源。

通过数字化转型，酷特智能取得了以下成效。

- 大幅提升了生产效率。依托互联网技术，来自全球的订单数据能够零时差、零失误传递。所有员工从网络云端获取数据，依照客户需求进行定制生产，充分释放了员工的生产力。所有员工直接对应客户需求源点，彻底改变为谁工作的盲区，员工执行更直接、更简单。
- 降低了生产成本。生产过程全程数据驱动，实时共享，设计、研发智能化，使研发、设计、管理人员比例下降，大大提高了企业资源的使用效率，缩短了交货期，降低了生产成本。
- 满足了个性化需求。酷特智能的客户交互平台支持全球消费者的自主设计，用户的个性化需求由 C 端直达 M 端，形成两点交互而非多点，彻底取消了中间环节。平台形成了海量的数字资源和完整的数据逻辑，很好地解决了个性化定制与规模化生产之间不可调和的矛盾。
- 实现了需求驱动。酷特智能模式突破了工业化与个性化的逻辑冲突，创造性地实现了以需求驱动大规模生产的全新逻辑，形成了独特的市场竞争力，把一个传统的服装企业变成了一个高附加值、智能制造的网络科技企业，利润是传统企业的数倍。当前酷特智能的国内外定制市场需求旺盛。

- 实现了零库存。酷特智能通过客户自主设计的定制系统做到了"先付款后生产",全程数据驱动的有效供给方式,做到了点对点高效供给,实现了零库存。原辅料实现了负库存,根治了由库存积压造成恶性循环的企业顽疾。

企业治理和组织发展体系

和数字技术配套的是企业治理和组织发展体系。酷特智能通过对十多年转型历程的总结和提炼,形成了一套可落地的企业治理体系,包括"五化"(规范化、标准化、体系化、数字化、平台化),以及"五去"(去领导化、去部门、去科层、去审批、去岗位),建立了组织生态系统的方法论,实现了从人治到自治、从管理到治理的转变。

首先是组织再造。酷特智能独创的"酷特云蓝企业治理体系"实现了"五去"和"五化",全员对应目标,目标对应全员,高效协同;变主观的监管为客观的监管,变人的监管为数据的监管,体现公平,符合人性,释放了企业源头价值。生产工厂没有管理人员,但返修率在原本就很低的情况下又降低了80%,生产效率提高了20%,行政人员减少了50%以上。

其次是流程再造。酷特智能通过流程再造、全程数据驱动,实现了流水线上不同面料、规格、元素的灵活搭配。以消费者需求数据驱动供应商、生产商、服务商,利用一组消费者的数据完成所有定制和服务全过程,实现了人机一体化有机交互,7个工作日就能满足全球订单的个性化需求,整个供应链体系就像一台大的3D打印机。

最后是 C2M 平台。酷特智能 C2M 平台是工业供给平台，彻底颠覆了传统的制造业微笑曲线，研发设计在线上众包，渠道用电子商务，经过改造的企业就会成为价值链的高端，企业同时也获得了充足的利润空间，为持续创新、创造提供了源源不断的利润支撑。

通过"五化"和"五去"，酷特智能将这套治理体系优化升级为平台化生态化治理体系，企业经营过程和客户需求以数字呈现，形成运营和生产的数据，并始终在企业的大数据平台上实时流动和呈现。这种平台化、数字化、数据化的改变，颠覆了传统管理模式，最终形成了完全独立创新的企业平台化生态化治理体系。

酷特智能在实施平台化生态化治理体系后，工厂产品的返修率在原来的基础上降低了 80%，生产效率提升了 20%；大部分管理节点可以节省人员 50%，个别节点甚至达到了 90%；全程数据驱动，计划调度时间、沟通协调时间均减少 90%；交货期由原来的 1 个月缩短到 7 个工作日。

为传统制造业赋能数字化

因为酷特智能的数字化转型非常成功，所以很多企业在参访完酷特智能以后，都希望把这一整套系统引进到自己的公司。2018 年，酷特智能开始输出传统产业转型升级的解决方案，目前已经帮助 100 多家企业进行转型升级的咨询、辅导和工程改造。

这些企业和酷特智能一样，都属于传统的劳动密集型行业，但通过数字化转型，这些企业的效率得到了大幅提升。以江苏省某家纺企业为例，酷特智能在帮助这家企业做完数字化转型的咨询、辅导和工程改造后，整个企业发生了下面五种变化。

（1）生产效率提升。原作业方式是每个员工独立完成整件家纺产品，没有实行流水作业，生产效率不高；改善后将产品品类、作业步骤进行工序细化，员工作业更专业，产品质量更有保证。

（2）交货周期缩短。实现"小单快反模式"，下单系统（同款合单）将订单信息传递给研发系统，自动匹配，订单工艺传递给制造执行系统指导员工作业，产品 BOM 信息指导仓库发料，完工与发货信息传递给系统完成发货，整个环节由数据驱动，交货周期大大缩短。

（3）产品质量提升。原来员工做整件产品，质量很难保证，流水线工序细分后，大大降低了员工的作业难度，员工的操作技能更专业；同时，通过产品工艺分析，引入自动化设备和辅助模具，方便员工操作，产品质量更加稳定；通过系统质量问题可追溯，责任人自己修返修产品，因要占用计件时间，员工的质量意识逐步加强，从而提升了产品品质。

（4）产品库存持续下降。原来开订购会预测订单，先生产再销售，造成了大量成品库存，通过从"备货式生产模式"到"小单快反模式"的转变，锻炼了制造端快速反应能力，首批订单只做铺店数量，当加盟商需要时，工厂端快速补货。

（5）产品附加值显著提升。原来做通用性、标准号的产品，后增加了定制元素：产品数量、个性化刺绣、产品尺寸等，提升了客户满意度，产品售价也随之提高。

酷特智能新动能治理工程研究院执行院长李金柱认为，因为输出的转型经验都是自己实践过的，其中的分寸感自己很清楚，所以对企业来说也更有说服力。酷特智能未来的目标是做一个以实践案例和解决方案为载体的生态系统，帮助更多的企业实现数字化转型。

案例 10-2

昆山沪光如何打造智能工厂

2019年,中国的汽车保有量高达2.5亿辆,属于典型的汽车大国。大多数人都知道奔驰、大众、通用、荣威、奇瑞、江淮这些汽车品牌,但知道昆山沪光这家公司的人并不多。它躲在上面这些品牌后面,专门为这些汽车品牌提供汽车线束,属于线束业界的"隐形冠军"。

很多人对汽车线束不是很了解。通俗的比喻是,汽车线束就是汽车的"神经系统",用于传输汽车内部的电源(强电)和信号(弱电),如果没有线束,汽车就没办法控制了。昆山沪光成立于1997年,成立23年来一直从事汽车线束总成及零部件的研发、制造和销售,并于2020年8月上市。

昆山沪光为什么能获得上面这些大品牌的青睐呢?除了产品品质过硬之外,一个很重要的原因是它的智能工厂让人印象深刻。很多汽车品牌采购商去昆山沪光考察之前,都以为线束是一个劳动密集型、技术含量不高的行业,但到昆山沪光现场考察后,立马就会改变这一固有认知,因为它的工厂比其他同类供应商智能太多,所以很多汽车品牌都愿意和昆山沪光进行战略合作。

昆山沪光的影响力已经超越了行业,经常有其他行业的工厂负责人去参观。一系列荣誉也证明了昆山沪光的影响力,它是工信部智能制造试点示范企业、江苏省示范智能车间、江苏省智能工厂、江苏省高新技术企业、江苏省管理创新优秀企业、江苏省企业技术中心。

昆山沪光如何在一个劳动密集型行业建成一个智能工厂?一切要从八年前说起。

打造智能工厂，软件、硬件和人才的投入

2012年的昆山沪光和其他汽车线束企业并没有大的不同。汽车线束在整车中主要起到连接各个部件的作用，对整车的可靠性及某些性能指标具有举足轻重的影响。然而，汽车线束的生产有量大面广、多品种、多规格和质量要求高的特点，一直都是劳动密集型行业。

面对具有多品种、大批量特征的汽车线束产品，传统一人一机的机群式生产模式面临诸多挑战，这些挑战包括：

（1）在制品数量巨大。由于采用机群式的生产方式，每个工序之间存在大量的在制品，在制品流转很慢。

（2）质量问题导致成本高。由于采用机群式生产方式，无法及时发现上道工序产生的不合格品，很多批次的零件往往在最终质量检验时才被发现有问题，无法及时反馈到生产工序，造成批量报废或批量返工。

（3）生产安排极不平衡，生产效率低下。由于机群之间的生产能力不平衡，经常造成节拍短的工序等工的现象，有效工作时间无法充分利用。同时，由于工序之间有大量的在制品需要搬运，因此设立了专职搬运工，这也降低了生产效率。

（4）劳动密集、一人一机，人力成本居高不下。近年来，我国出现的"用工荒"现象对于机群式生产方式更是雪上加霜。传统的刚性自动化生产线因其"专用性"已经无法满足市场对多品种、大批量产品的需求。

2012年，昆山沪光董事长成三荣做了一个重要的决定：建设全过程智能化的智能工厂。具体来说就是，集成应用智能制造领域的新工艺、新技术，研究并开发出具有自主知识产权的汽车线束智能制造关键工艺装备、智能物流系统及生产过程的自动化柔性生产线。

这样的智能制造解决了行业"用工密集、过程管控困难"的共性问题，减少了用工数量，缩短了生产周期，降低了生产成本，提高了产品质量，显著提升了行业的平均质量水平。

经过近八年的持续投入，昆山沪光打造出了全新的"智能化"制造体系，实现了智能制造的"四化"——数字化、互联化、绿色化、智能化。昆山沪光智能工厂建设的总体思路如图10-2所示。

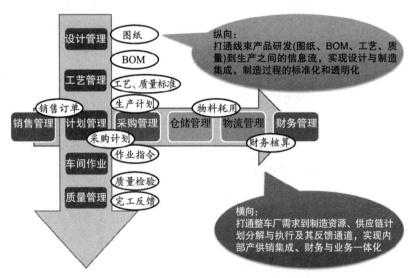

图10-2 昆山沪光智能工厂建设的总体思路

支持昆山沪光智能制造的是"四大智能"：智能加工中心与生产线、智能化仓储/运输与物流、智能化生产控制中心、智能化生产执行过程管控（见图10-3）。

和这"四大智能"相匹配的是"六大平台"——决策、管理、研发、制造、协同、集成。

通过对"四大职能"和"六大平台"的打造，昆山沪光终于建成了一个"数字化、互联化、绿色化、智能化"的智能工厂（见图10-4）。

图 10-3　昆山沪光智能工厂智能化制造核心

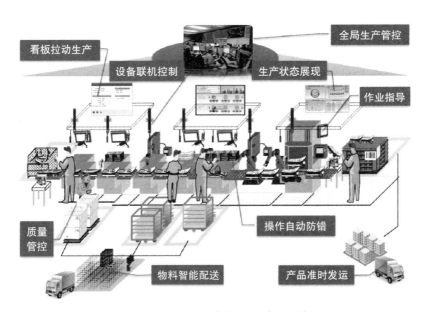

图 10-4　昆山沪光智能工厂车间现场

昆山沪光在智能制造转型过程中,也在探索高质量、精细化管理创新和人才培养机制,具体分为以下五个步骤。

第一,定期召开项目例会,检查、落实项目进度情况,协调、解决实施中存在的问题。

第二,推出积分制管理,激发员工的创造性和积极性,认可员工的努力与成绩。

第三,为及时发现问题、改善问题、提升生产效率,实施了数据采集与监视控制系统,有效促进了经营目标在资源配置方面的均衡搭配。

第四,在欧洲设立海外研发机构,并先后派多人去德国、美国等国家研修,学成归来后成为研发中心的骨干。

第五,与同济大学建立联合研究所,在研发管理、整车架构设计、原材料选型设计、模拟仿真、新技术导入等领域吸收先进的技术和管理理念,带动研发队伍整体的素质提升。

智能工厂给企业带来哪些改变

经过持续多年在软硬件和人才方面的投入,昆山沪光改变了汽车线束的传统制造工艺,填补了线束制造行业制造自动化的空白,开创了国内第一。制造自动化主要体现在两个方面:一是物流自动化,这可以让工厂内部的物料流更加智能;二是装配自动化,由"人管人"转变为"人管设备",可以大大减少劳动力的使用。

昆山沪光对智能工厂的投入,从五个维度提升了企业的生产效率。

(1)提升了劳动生产率。通过采用产品全生命周期管理系统、企业资源计划管理系统和车间制造执行系统,形成企业统一的数据平台,并且建立生产过程数据采集分析系统和车间级工业通信网络,充分采集制造进度、现场操作、质量检验、设备状态等生产现场的信息，并与车间制造执行系统实现数据集成，克服目前该行业制造工序多、离散程度高等带来的问题，实现工序、制造过程之间的信息快速交换，生产效率提高 37.3% 以上。

（2）缩短了产品研制周期。通过基于单一数据源的工艺和制造数据管理平台、大数据决策分析平台以及产品开发的研发管理体系集成与协同，公司整体的产品研发创新能力得到提高，产品研制周期缩短 30.4%。

（3）降低了劳动力成本。用机器代替人，建立自动化智能化的加工、装备、检验、物流等系统，降低制造过程对人的依赖程度，降低劳动力总成本，运营成本降低 20.5%。

（4）降低了产品不良率。通过工艺的数字化模拟、Capital 工程软件系统的自动分析，以及制造执行系统的在线防错、关键功能部件生产线质量检测和智能装配等，实现生产全过程的实时监测和生产装备的精确控制，产品不良品率降低 23.2%。

（5）降低了单位能耗。通过关键智能装备生产线的建设、生产线网络协作制造以及生产智能排程，构建车间的能耗监测，实现能耗动态控制与调配。万元产值综合能耗由 0.005 536 35 吨标准煤降至 0.004 859 69 吨标准煤，能源强度降低 12.2%。

从智能工厂到"智能大脑"

2019 年，昆山沪光在智能工厂的基础上，又开始进行"智能大脑"的打造。

智能制造"智能大脑"的合作方是奇弦智能。这家公司创始人兼 CEO 陆云波博士是同济大学经济与管理学院副教授、组织仿真中心主任，他曾主持和参与 10 多项国家级科研项目，其中"全息计算技术"荣获上海市"科技进步一等奖"。该技术能够为企业极速构建"智能大脑"，实现企业整体可计算：学习、推理和决策。即便放在全球来看，这都是一项非常领先的技术。

昆山沪光与奇弦智能合作，进行生产运营系统优化，构建生产系统全息计算模型，实现车间、产线、设备、劳动力、模具及厂内物流装备等所有生产要素和逻辑机理的还原，可计算，从而诊断生产流程、工时、节拍、批量设置的合理性，定位瓶颈，评价车间的生产运营状态，评估车间在计划、排班、资源配置等方面的可优化空间。

基于该全息计算模型，奇弦智能可开发并部署具有智能、协同、实时等特质的制造业全局智慧决策云平台，从而融合和协同需求预测、销售与运营计划、采购与库存管控、生产计划与排程、生产现场运营调度与决策、仓储与物流决策等供应链各环节，达到精准诊断制造企业历史健康状态，智能输出协同优化建议，实时敏捷调度运营，极速推演和测试方案，实现对制造企业智慧化运营管控的目标。

打造"智能大脑"的工作流程如图 10-5 所示。

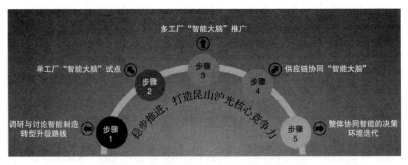

图 10-5　打造"智能大脑"的工作流程

在整个项目实施过程中，昆山沪光和奇弦智能分别组建项目小组，共同推进和完成以上工作。除了项目的整体实施主计划，每个阶段的工作都做了阶段任务和配合事项的分解，并针对阶段任务定义了各任务的输出物，责任到人，在保证进度的前提下，确保输出物的质量和效果。

项目组每日沟通项目进展并反馈当日已完项、未完项及其原因、紧急待办事项，且每周都会召开项目例会，对本周的工作进行总结，对下周的工作计划进行评审。在阶段工作的重要节点，向双方高层汇报项目的进度和成果，并对项目执行过程中存在的问题进行检讨，确保项目的进度和质量。

截至 2020 年 5 月，这个项目的第一阶段已经结束。在第一阶段，主要聚焦计划流程、开线中心派单、流水线产能平衡和劳动力分配、半成品仓库货位设置、场内物流等方面的优化，搭建全息计算模型，诊断和评估优化空间，最后进行优化改善。

经过近半年的实施，昆山沪光在以下几个方面取得了改善。

（1）全息排产算法按订单和交期智能排产，全息模型验证可行性，评估设备故障、异常事件对排产的影响，确保了排产计划的准确性和可落地性，以及动态响应插单等，以满足客户需求的变化。开线中心机台换型时间预计降低 50%，由于减少了停机、换产损失，产能预计可提高 10%。

（2）流水线劳动力平衡分配算法，综合考虑工位、工时、员工技能和熟练度，在满足生产节拍的同时，提高员工利用率，平衡产线工位劳动力负荷，为产线效率优化提供建议。后工程流水线因劳动力分配造成的时间损失降低 80%，增加了产线有效作业时间。

本 章 核 心 观 点

1. 企业数字化转型失败主要有两个原因：一是认知偏差，就是对数字化理解比较片面化，以为只是采用数字技术及其应用，仅是运营方面的数字化，没有意识到是整个组织的数字化；二是路径错误，领导者喜欢从上到下推动数字化，而且喜欢毕其功于一役。数字化转型是一把手工程，不过也需要外部顾问配合，但如果外部顾问只是制订方案，往往会导致转型半途而废。

2. 数字化转型的七个步骤：①引入外部顾问，规划转型体系；②营造危机感，建立数字化认知；③组建转型团队，数字化试点；④阶段性复盘，规划下一步计划；⑤推广先进经验，扩大数字化试点；⑥制定全公司的数字化转型方案；⑦全面落地，定期复盘，优化改进。

3. 由于数字化转型是一件非常复杂和系统的事情，企业内部原有的经验很难指导全部实践，因此需要外部顾问的介入。外部顾问的优势是，对数字化转型有系统认知，而且有指导别的企业进行数字化转型的实践经验。外部顾问的介入能够帮助企业形成对转型系统的认知，而且能够帮助企业高层规划转型体系，并在落地的时候给予团队不断的辅导、教练和复盘支持。

4. 外部顾问是数字化转型的专家，他们的职责是传授有关数字化转型的知识，并带领内部高管一起制订一套完整的解决方案。他们的优势在于了解转型的知识，有丰富的转型案例以及引导和教练技巧；他们的缺点是不如企业高管了解行业的情况，尤其是企业的真实情况，更重要的是，他们不是方案的执行者，因此需要企业高管的协同和帮助。

5. 内部高管是方案的共创者和执行者。他们的优势是熟悉所在的行业和企业，而且他们是真正的方案执行者。没有内部高管的参与，方案将很难真正符合企业的实际情况，而且没有他们的落地，再完美的方案也是白纸一张。企业的数字化转型需要外部顾问和内部高管联合起来，不断优化解决方案，并确保方案落地。

6. 数字化转型的试点选择那些数字化比较显性、效果直接和可衡量的职能部门，或者一些新的事业部。由于数字化营销和电子商务相对最成熟，效果好不好短时间就可以衡量，通常建议从这两个职能入手。一些本身就和数字化相关的事业部可以独立于总部之外实现全面数字化试点。总的来说，就是要尽可能确保第一次试点成功，而且能够快速验证。

7. 经过从点到面的数字化转型，以及不断的复盘，整个组织对数字化的理解越来越深入，对企业未来的方向有了共识，有很多经验和教训可以分享。这个时候，公司应该考虑制订一个全公司的数字化转型方案，包括公司的战略、产品、营销、渠道、组织、运营、管理、人才等模块，以及公司的顶层设计，如公司的使命、愿景和价值观，还有企业文化和领导力等。

8. 企业全面实施数字化转型是一个"从树木到森林"的过程。在这个过程中，CEO要做的是授权并进行灰度管理，提供资源支持，推动供应链上下游的数字化转型；HRD要做的是制定企业的数字化转型手册，总结组织文化的经验，提炼并固化新的文化行为；试点项目负责人要做的是推广成功经验，不断优化方案；外部顾问要做的是辅导并形成书面成果，提供指导建议，推动赋能培训，组织内部研讨会，传播成功案例。

9. 华为引入 IBM 做咨询的做法给中国企业的启示：第一，把咨询当作战略层面的事情，有清晰的变革目标和路径。第二，咨询顾问应该是这方面的专家，而且能够长期待在公司内部，致力于和公司内部人员一起解决问题。第三，公司从上到下都应该参与变革，其中公司高层的支持和参与尤为重要。第四，要有长远眼光，一旦认定是在做一件正确的事情，就要有坚持的勇气和决心。

10. 新的咨询范式有几个基本的假定条件：①没有人比公司高管更了解公司的现状和行业环境，因此公司高管必须参与公司战略的制定。②公司高管由于没有受过专业的咨询训练，因此需要外部顾问提供解决问题的方法辅导。③由于需要公司高管跳出自己现有的位置进行全局思考，因此需要专业的教练和引导师提供帮助。④只有当公司高管参与了方案的制订，他们才能在后续的执行中充分理解战略方案，而且有力地执行下去。

跋

不管是"前浪"还是"后浪",都要一直"浪"

本书的写作始于2020年春节后,当时还是新冠肺炎疫情防控期间,全国人民都在居家隔离,每个人的工作和生活都受到很大的影响。当时的情况还很不明朗,大家都对未来充满了不确定感,我开始思索一个问题:什么是未来比较确定的趋势?

通过观察和思考,我发现数字化是大势所趋。我们去公共场合都要出示个人健康码,这说明电子政务开始深入每个人的生活之中。除此之外,电子商务、网络视频、在线直播、在线教育和在线办公都深深地嵌入我们的生活之中。再看行业和企业,我发现那些数字化程度较高的行业和企业对疫情的"免疫力"都比较高,有些行业甚至迎来了爆发式增长。与之相对应的是,那些数字化程度较低的行业和企业都受到很大的影响,面临调整。过去几年互联网巨头也都在推动产业的数字化,包括阿里巴巴提出的"五新战略",腾讯提出的"产业互联网",百度提出的"智能经济",都是围绕数字技术如何助力传统产业数字化转型展开的。

现在市面上关于数字化的书不少,我也看了十几本这个主题的书,但我发现这些书要么浮于表面,要么比较片面,要么太过技术,适合企业家和高层管理者看的书很少。企业家和高层管理者需要一本什么样的数字化转型书籍呢?我咨询了几位企业家,发现他们希望这本书最好能对数字化转型有整体认识,既有理论分析,又有方法指导,还有成功案例,而且通俗易懂。于是,我就按照目标读者的需求,开始专注于撰写本书。

虽然本书的写作周期只有三个月,但其实我对这个话题研究了很多年,也积累了很多素材和案例。三年前我出版了《重塑价值:中国企业转型路径》一书,在这本书中我也提到,数字化是企业转型的一个很大的技术变量。这本新书部分沿用了上一本书的分析框架,可以看作上一本书的姊妹篇,但书中的素材和案例都是新的,是一本全新的书。为了撰写本书,我阅读了上百万字的素材,并尽可能做到准确和严谨,经得起时间的考验。

写书是一件很辛苦的事,每当写作陷入瓶颈,我就会去跑步,跑步时听听得到的课程,思考一些问题,回来继续写。写作期间我每个月的跑量都在200公里左右,我现在更能理解村上春树为什么喜欢跑步了。对于坚持写作的人而言,跑步是最好的休息方式,跑步的过程也是一个和自己对话的过程。跑步和写文章很类似,如果说写一篇2000字的专栏文章相当于跑5公里,那么写一本 20 万字的书就相当于跑 500 公里，生活需要非常自律和有节奏感，但和写作的难度完全不同。

撰写本书我参考了很多书籍和文章，参考文献只是其中一部分。我要特别感谢这些人给我的启发，他们中有海外的管理大家，如彼得·德鲁克、迈克尔·波特、亨利·明茨伯格、约翰·科特、拉姆·查兰、W. 钱·金、勒妮·莫博涅、彼得·圣吉、查尔斯·汉迪、克莱顿·克里斯坦森、菲利普·科特勒、戴维·尤里奇、尼古拉斯·卡尔等，也有国内的知名学者，如陈春花、肖知兴、忻榕、杨国安、吴晓波、罗振宇、曾鸣、吴军、彭剑锋、秦朔、王强、刘润、梁宁、刘松博、王煜全、何帆、施展、陈威如、侯正宇、王成、王玥、方军、林光明、李峰、郑兴山、谷来丰、尚振刚、许正、张伟俊、穆胜、高松、徐中、李家强、叶阿次、王赛、高杰、高红冰、王欣、白勇、邓斌、王明伟、谢祖墀、陆云波、于保平、郝亚洲等，也有企业家和投资人，如任正非、张瑞敏、张勇、李彦宏、马化腾、余承东、汤道生、张一鸣、宿华、雷军、刘德、叶国富、王兴、黄峥、陈睿、张磊、冯华伟、曲向东、萨提亚·纳德拉、埃里克·施密特、里德·霍夫曼、约翰·杜尔、蒂姆·布朗、埃米·乔·金、帕蒂·麦考德等。

感谢那些为我撰写案例提供过帮助的人，他们是：张蕴蓝、金成成、郑赞表、李翔、许维、唐立桦、樊杰、施重凌、罗新宇、纪飞峰、刘功润、康健、王立伟、刘罡、欧阳澄、戴志勇、杨耕升、陈媛媛、刘梅、李翔、宋睿、顾建兵、陈嫄、张欢、亓元凯、李金柱、马成功、李强、赵英著、何潇、杜军、徐继业、凡晓芝、汪继勇、杨志清、岳富涛、何华峰、梁晓妍、柯洲、洪华、王广永、张小平、杭佳一等。我在选择案例的时候，除了阿里巴巴、腾讯、百度、字节跳动、拼多多、快手等知名的互联网企业外，有意选择了一些现在还不是很知名但很有发展潜力的公司。事实证明我的眼光还不错，因为就在本书 5 月底交稿之后的不到 5 个月的时间里，就已经有 3 家案例企业成功上市，它们分别是 6 月上市的酷特智能，8 月上市的昆山沪光，以及 10 月上市的名创优品。另外，得到和快手已分别在 9 月和 11 月提交了招股说明书，均有望在近期上市。这在某种程度上也说明本书具有某种前瞻性。

在撰写本书的过程中，我也在打磨企业数字化转型的课程。我和马成功、赵英著、何潇和奚佳开过多次电话会议，他们的观点对于我完善第 10 章很有启发，在此特别表示感谢。

感谢机械工业出版社的编辑对撰写本书给予的支持，他们在我撰写本书的过程中提供了很多颇有价值的建议。

最后还要感谢家人对于我撰写本书的支持。写书需要静心和耐心，我在家里写作的时候，有时两个儿子会跑过来要求我带他们出去玩，我往往会带他们出去玩一会，然后回来继续写作，这让我对写作的节奏感提出了很高的要求。也要特别感谢我的太太魏霞、父母和岳父母一直以来对我的支持，他们的支持让我没有后顾之忧，借这个机会表达特别的感谢。

初稿完成正好赶上哔哩哔哩上的《后浪》刷屏，很多"后浪"看了这个视频后没什么感觉，但让很多"前浪"想到了自己的青春岁月，从而热泪盈眶。数字化就像一波波浪潮，无论是有些历史的"前浪"，还是创业时间不长的"后浪"，他们都是浪潮之上的一朵朵浪花，想要一直待在浪潮之巅很难，关键是不要被拍在沙滩上。企业的数字化转型也是如此，它们需要保持开放、创新和活力，才能踏浪而行，勇立潮头。

翻腾吧，不管你是"前浪"还是"后浪"，都要一直浪！

陈雪频

2020 年 5 月 26 日初稿

2020 年 11 月 11 日修订

参考文献

[1] 陈雪频. 重塑价值：中国企业转型路径 [M]. 北京：中国友谊出版公司，2017.

[2] 朱晓明. 走向数字经济 [M]. 上海：上海交通大学出版社，2018.

[3] 布莱恩·阿瑟. 技术的本质 [M]. 曹东溟，王健，译. 杭州：浙江人民出版社，2019.

[4] 吴军. 智能时代 [M]. 北京：中信出版集团，2016.

[5] 吴军. 全球科技通史 [M]. 北京：中信出版集团，2019.

[6] 冯国华，尹靖，伍斌. 数字化：引领人工智能时代的商业革命 [M]. 北京：清华大学出版社，2019.

[7] 施展. 溢出：中国制造未来史 [M]. 北京：中信出版集团，2020.

[8] 曾鸣. 智能商业 [M]. 北京：中信出版集团，2018.

[9] 曾鸣. 智能战略：阿里巴巴的成功与战略新蓝图 [M]. 北京：中信出版集团，2019.

[10] 亚历山大·奥斯特瓦德. 商业模式新生代 [M]. 黄涛，郁婧，译. 北京：机械工业出版社，2016.

[11] 亨利·明茨伯格. 战略规划的兴衰 [M]. 张猛，钟含春，译. 北京：中国市场出版社，2010.

[12] 王成. 战略罗盘：新时代下持续增长的战略逻辑 [M]. 北京：中信出版集团，2018.

[13] W 钱·金，勒妮·莫博涅. 蓝海战略 [M]. 吉宓，译. 北京：商务印书馆，2010.

[14] W 钱·金，勒妮·莫博涅. 蓝海转型2 [M]. 杭州：浙江大学出版社，2018.

[15] 埃里克·施密特，乔纳森·罗森伯. 重新定义公司：谷歌是如何运营的 [M]. 靳婷婷，译. 北京：中信出版集团，2015.

[16] 里德·霍夫曼，本·卡斯诺查，克里斯·叶. 联盟 [M]. 路蒙佳，译. 北京：中信出版社，2015.

[17] 约翰·杜尔. 这就是 OKR [M]. 曹仰锋，王永贵，译. 北京：中信出版集团，2018.

[18] 约翰·科特. 变革之心 [M]. 刘祥亚，译. 北京：机械工业出版社，2003.

[19] 许正. 工业互联网 [M]. 北京：机械工业出版社，2015.

[20] 杨国安, 戴维·尤里奇. 组织革新: 构建市场化生态组织的路线图 [M]. 北京: 中信出版集团, 2019.

[21] 吉福德·平肖, 罗恩·佩尔曼. 激活创新: 内部创业在行动 [M]. 郑奇峰, 于慧玲, 译. 北京: 中国财政经济出版社, 2006.

[22] 特雷弗·欧文斯, 奥比·费南尔德斯. 精益创业: 打造大公司的创新殖民地 [M]. 梁赛玉, 译. 北京: 中国人民大学出版社, 2016.

[23] 拉姆·查兰, 等. 领导梯队: 全面打造领导力驱动型公司 [M]. 徐中, 林嵩, 雷静, 译. 北京: 机械工业出版社, 2011.

[24] 约翰·科特. 领导变革(珍藏版)[M]. 徐中, 译. 北京: 机械工业出版社, 2014.

[25] 陈春花. 激活组织: 从个体价值到集合智慧 [M]. 北京: 机械工业出版社, 2017.

[26] 陈春花, 朱丽. 协同: 数字化时代组织效率的本质 [M]. 北京: 机械工业出版社, 2019.

[27] 杜博奇. 名创优品没有秘密: 通往未来的商业力量 [M]. 北京: 中信出版集团, 2016.

[28] 蒂姆·布朗. IDEO, 设计改变一切 [M]. 侯婷, 译. 北京: 北方联合出版传媒(集团)股份有限公司, 2011.

[29] 埃米·乔·金. 产品游戏化 [M]. 林爽喆, 译. 北京: 中信出版集团, 2019.

[30] 曹虎，王赛，乔林. 数字时代的营销战略［M］. 北京：机械工业出版社，2017.

[31] 忻榕，陈威如，侯正宇. 平台化管理：数字时代企业转型升维之道［M］. 北京：机械工业出版社，2020.

[32] 高松，陈晖. 赋能团队［M］. 北京：东方出版社，2020.

[33] 帕蒂·麦考德. 奈飞文化手册［M］. 范珂，译. 杭州：浙江教育出版社，2018.

[34] 高安德. 鲸鱼、布谷鸟和益生菌［J］. 商界评论，2006（7）.

[35] 尼古拉斯·卡尔. IT不再重要［M］. 闫鲜宁，译. 北京：中信出版社，2008.

[36] 杰夫·戴尔，赫尔·葛瑞格森，克莱顿·克里斯坦森. 创新者的基因［M］. 曾佳宁，译. 北京：中信出版社，2013.

[37] 李峰，陈雪频，包晨星. 全方位领导力［M］. 北京：中国友谊出版公司，2017.

[38] 李峰. 领导力语法［M］. 北京：机械工业出版社，2018.

[39] 林光明. 领导力基因［M］. 北京：机械工业出版社，2015.

[40] 林光明. 敏捷基因：数字纪元的组织、人才和领导力［M］. 北京：机械工业出版社，2019.

[41] 王强. 小米之家的新零售之"道"［R］. 北京：中国人民大学商学院，2020.

[42] 郝亚洲. 海尔转型笔记［M］. 北京：中国人民大学出版社，2018.

[43] 梁宁. 产品思维 30 讲. 得到, 2019.

[44] 刘松博. 公司治理 30 讲. 得到, 2019.

[45] 吴伯凡. 每周商业评论. 得到, 2020.

[46] 王煜全. 创新生态报告 12 讲. 得到, 2019.

[47] 刘润. 商业洞察力 30 讲. 得到, 2019.

[48] 何帆. 中国经济报告 25 讲. 得到, 2020.

[49] 得到(天津)文化传播有限公司. 得到品控手册. 得到, 2019.

[50] 阿里研究院. 智能经济: 迈向智能分工 2.0 [R]. 2019.

[51] 阿里研究院. 中国企业数智化转型趋势洞察报告 [R]. 2019.

[52] 阿里研究院. 中国数字化领军企业调查报告 [R]. 2019.

[53] 阿里研究院. 钉钉价值报告 [R]. 2019.

[54] 新华社. 2019 长三角新消费发展报告 [R/OL]. http://www.xinhuanet.com//tech/2020-01/14/c_1125461182.htm, 2020-01-14.

[55] 199IT. 2020 年第 45 次中国互联网络发展状况统计报告 [R/OL]. https://www.199it.com/archives/1041487.html, 2020-04-28.

[56] 中国科协, 百度. 科普中国 [DB/OL]. https://baike.baidu.com/science.

[57] 张勇. 新型基础设施建设拓展创新发展空间 [DB/OL]. http://opinion.people.com.cn/BIG5/n1/2020/0320/c1003-31640275.html, 2020-03-20.

[58] 埃森哲. 埃森哲中国企业数字化转型指数 [R/OL]. http://www.clii.com.cn/lhrh/hyxx/201809/P020180917102106.pdf, 2018-09-17.

[59] 朱晓培. 三次组织变革看腾讯的进化基因 [DB/OL]. http://kuaibao.qq.com/s/20181001A0Z3EI00?refer=spide, 2018-10-01.

[60] 非虚非实. 腾讯20年三次架构调整的6点启示 [DB/OL]. https://www.tmtpost.com/3859550.html, 2019-04-13.

[61] 山鹰. 一篇文章全面了解海尔数字化转型之路 [DB/OL]. https://zhuanlan.zhihu.com/p/46416415, 2018-10-10.

[62] HR大数据平台. 字节跳动5万人高效办公的背后, OKR是关键 [DB/OL]. https://www.sohu.com/a/375009784_120543510, 2020-02-22.

推荐阅读

读懂未来 10 年前沿趋势

一本书读懂碳中和
安永碳中和课题组 著
ISBN：978-7-111-68834-1

双重冲击：大国博弈的未来与未来的世界经济
李晓 著
ISBN：978-7-111-70154-5

元宇宙超入门
方军 著
ISBN：978-7-111-70137-8

量子经济：如何开启后数字化时代
安德斯·因赛特 著
ISBN：978-7-111-66531-1

思维与思考

三重专注力：如何提升互联网一代最稀缺的能力

作者：（美）丹尼尔·戈尔曼　彼得·圣吉
ISBN：978-7-111-57600-6　定价：35.00元

学会争辩

作者：（美）乔纳森·赫林
ISBN：978-7-111-59253-2　定价：45.00元

阈限思维：改变并没有想象的那么简单

作者：（美）戴夫·格雷
ISBN：978-7-111-59398-0　定价：49.00元

学会决断（原书第2版）

作者：苏·哈德菲尔德　吉尔·哈森
ISBN：978-7-111-58579-4　定价：45.00元

系统思考（白金版）

作者：（美）丹尼斯·舍伍德
ISBN：978-7-111-47024-3　定价：45.00元

如何系统思考

作者：邱昭良
ISBN：978-7-111-588589-3　定价：49.00元